シャドーイング

Shadowing

日本語を話そう!

Let's speak Japanese!

说日语！ 일본어로 말하자!

英語・中国語・韓国語 訳版

音声ダウンロード付

就職・アルバイト・進学面接編

- **The Employment Interview** 求职面试 취직면접
- **The Part-Time Job Interview** 打工面试 아르바이트 면접
- **University and Technical School Admissions Interviews**
  大学、专门学校入学考面试 대학・전문학교 입시 면접

斎藤仁志 深澤道子 酒井理恵子 中村雅子 | 著

くろしお出版

はじめに

本書は「面接試験」に特化した教材です。アルバイト探し・専門学校／大学入学試験・就職活動における面接に合格し、夢の扉を一つずつ開いていってもらいたい…本書はこうした想いで、留学生の日本語指導や就職指導を行ってきた教員が内容の吟味を重ね、３年という時間をかけてようやく完成させたものです。

本書に収録された面接での「質問」は、専門学校や大学の教職員・就職支援アドバイザー・企業の人事担当者の助言の下に厳選しました。質問に対する「回答」においても、就職支援アドバイザーの意見を反映させ、幾度となく推敲を重ねました。このような工程を経ることで、本書は従来の日本語教師が語学教員の視点で執筆した日本語学習用の教材とは一線を画すものになりえたと自負しています。

特に、就職活動では日本人学生でも面接に慣れるために数十社も受けるというようなことがあり、実体験が非常に大切だと言われています。本書を使用される皆さんには、同時通訳の練習方法であるシャドーイングで、「聞きながら復唱する」疑似体験を数多く積み、面接に慣れると共に、緊張しても揺らがない日本語力を身に付けてほしいと思います。ただし、厳しい面接を勝ち抜くためには、流暢な日本語だけでは不十分です。それは、日本企業は面接で応募者が一緒に働く仲間として相応しいかどうかを評価したいと考えているからです。そのためには、まず自分の長所や短所を客観的に把握し、短所についてはどう克服してきたかをよく見つめなおす必要があります。企業の採用担当者も応募者に対して本当に採用していいのか、常に不安を感じているはずです。こうした採用者側の不安を拭い去ることができれば、合格もぐんと近づきます。ぜひ、本書を参考に十分な面接準備を行い、志望する道で自己実現をしてほしいと思います。本書が皆さんの夢の一助になることを心から願っています。

最後に、執筆にあたり有益な助言をいただいたキャリア・デベロップメント・アドバイザーの山口聖孝さん、あきれるほど時間がかかった執筆活動を最後まで辛抱強く支え、導いてくださった編集担当の市川麻里子さん、また多くの示唆に富むご助言をいただいた企業ならびに学校関係者の方々、学生の皆さん、この場を借りて心からお礼を申し上げます。

2016年3月

著者一同

CONTENTS

Introduction

本書の構成

本書には、**アルバイトの面接**、**大学・専門学校入試の面接**、**就職面接**を想定した会話が収録されています。スクリプトを確認しながら音声を繰り返し聞き、シャドーイングのトレーニングをすることで、面接試験の対策ができます。自分の用途に合わせ、抜粋して練習してください。また、各章には

○**面接会話スクリプト**：様々な面接場面を想定した会話を練習する
○**通し練習（入室から退出まで）**：面接本番をシミュレーションできる
○**マイページ（面接官の音声のみ流れます）**：自分の応答を実際に考えて練習する（※書き込み式）

があります。これらを適宜使用して有意義に面接の練習をしてください。本書は以下の３ユニットで構成されています。

■ Unit１：アルバイトの面接

アルバイトの面接にあたって、面接の問合せや予約をするための電話、スモールトーク（面接前の雑談）、アポイントメントと実際の面接場面を練習します。

■ Unit２：大学・専門学校入試の面接

専門学校・大学の入学試験で行われる面接試験の練習をします。志望理由や将来の目標、自己ＰＲなどを具体的に話します。学費の工面などについても質問されることが多いのでしっかり答えられるようにしておきましょう。

■ Unit３：就職面接

就職のための試験は主に、書類選考（エントリーシート、履歴書）、学力試験、そして面接試験があります。企業によっては面接を複数回実施します。面接の形式は「グループ（集団）面接」、「グループディスカッション」、「個人面接」といった種類に大別できます。

グループ面接：応募者５人程度が横一列に座り、面接官の質問に応募者が順々に答えていく選考方法です。じっくり話ができる個人面接と異なり、外見や態度など表面的なことで評価されがちです。そのため第一印象が最も大切です。マナーや服装にも気をつけましょう。自己紹介で他の応募者と差別化できれば合格に近づきます。

グループディスカッション：３～５人程度で１つのテーマについて議論し発表まで行います。面接官がその議論を観察し、協調性や発言力などを評価する選考方法です。他の応募者を「ライバル」ではなく「仲間」と考え、建設的に議論に貢献できるような話し方を心がけましょう。

個人面接：就職面接の中でもっとも重視される面接です。あなたの特性（自己PR）、志望理由、企業への知識や想いなどを質問されます。面接内容も深く発展していくことが多いので、しっかり準備をして臨みましょう。

企業にもよりますが、個人面接では特に「自己PR」と「志望動機」が重視される傾向があります。本書では、そういった個人面接の「自己PR」「志望動機」の練習を重視し、数多くの場面の会話例を紹介しています。自分の用途に合わせて練習してください。

①グループ(集団)面接・グループディスカッションの練習　[Unit3-1]
⇒他者の回答を聞きつつ、自分の考えを端的に答える。

②自己PRを述べる練習　[Unit3-2]
⇒長所・短所、大学・学業(専門や卒論)、学業以外(サークル・ボランティア・アルバイト)、将来の計画、技術・能力(日本語能力・資格など)、個人の資質、外国人特有の質問に答える。

③志望動機を述べる練習　[Unit3-3]
⇒志望理由や業界・企業についての知識などを具体的に答える。業種別（メーカー、サービス業、商社など）に練習できます。

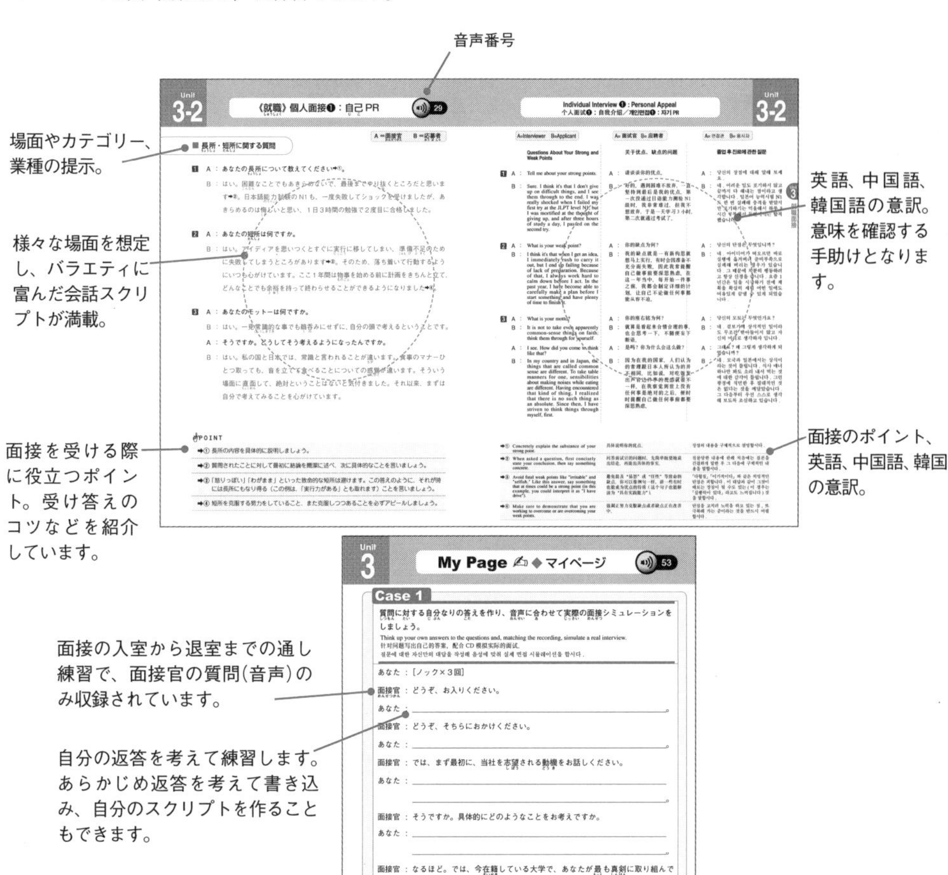

面接のマナー

面接は人と人とのコミュニケーションです。そのため、身だしなみや、きちんとした挨拶、声の大きさなど様々な点が、直接的間接的に面接評価に影響します。面接は第一印象が大切だと言われることがありますが、面接のマナーを身につけ、好印象を与えることが大切です。ここでは就職面接のためのマナーを中心にまとめます。アルバイト面接や大学受験の面接にも参考にしてください。

■身だしなみ

面接の身だしなみは、職種や業界、企業ごとに厳しさは異なりますが、下に紹介する例を参考にして、清潔で明るいイメージを心がけましょう。

◉アルバイト面接 / 大学入試面接の身だしなみ：「おしゃれ」より「清潔感」が大切です。
マニキュア、派手なピアス、カジュアルな服装、サンダル、ブーツは避けましょう。

◉就職面接の身だしなみ：

女 性

髪型 前髪はひたいを隠さない方が良い。長い場合は後ろでまとめる。ゴムやピンは黒か茶色。

アクセサリー ネックレス、ピアス、指輪、派手なマニキュア、ネイルアート、香水は避ける。

カバン 色は黒が基本。大きなロゴが入ったものは避ける。A4 サイズの書類が入るもの。

ストッキング 自分の肌色にあう自然な色が無難。黒や派手な色は厳禁。

メイク 健康的なナチュラルメイクが無難。マスカラや口紅のつけすぎは注意。

服装 上下がそろっているリクルートスーツ。シングルの２つボタンか３つボタンで、色は紺か黒、ダークグレーが基本。スカートの丈は立った状態で膝丈、シャツは白が基本。

靴 ヒール高３～5cm 程度のシンプルなパンプスで色は黒が無難。サンダルやブーツは不適切。

男 性

髪型 長髪、髭は不適切。清潔感がある短髪が好印象。

カバン 黒が基本。大きなロゴが入ったものは避ける。A4 サイズの書類が入るもの。

靴下 靴下は黒か紺が無難。白は避ける。くるぶし丈のような短い長さは不適切。

服装 上下がそろっているリクルートスーツ。シングルの２つボタンか３つボタンで、黒の無地が基本、光沢した生地やストライプは避ける。ジャケットの一番下のボタンはとめない。ズボンはきちんと折り目をプレスする。シャツは白が基本。

ネクタイ 色は青、オレンジ、黄色などで、チェックやドットの柄が無難。花柄や動物柄は避ける。

時計 赤や黄色の派手な時計、大きな時計は避ける。

靴 靴は黒が無難。きれいに磨いておく。

■入退室の仕方

《入室時》

①ドアを３回ゆっくりとノックし、「どうぞ」と聞こえたらドアを開け、「失礼いたします」と挨拶し入室します。開けたドアは、ドアに向き直って閉めます。

②面接官のほうに向き直り、「よろしくお願いいたします」と元気に挨拶してから一礼します。

③座席まで進み、椅子の横に立ち、「○○大学○○学部○○学科、○○(氏名)と申します。」と名乗ってから一礼します。

④着席の指示を受けたら「失礼いたします」と述べ、座ります。荷物は指定の場所か足元に置きます。女性は足をそろえて座り、男性は足を20cmほど広げて座ります。女性は手を脚の上で軽く重ね、男性は手を握り、膝の上に置きます。

《退室時》

①面接終了後、「ありがとうございました」と座ったまま、お礼を述べてから一礼します。

②椅子の横に立ち、「失礼いたします」と述べてから一礼します。

③ドアの前まで歩き、面接官の方に向き直り、再度、「失礼いたします」と述べてから、一礼します。

④ドアを開け、面接官のほうに向き直り一礼し、静かにドアを閉めます。

■面接の態度／姿勢

面接中は発言だけでなく、姿勢や表情、視線も評価されています。次の点に注意しましょう。

・着席したら、背中をまっすぐに伸ばし、きれいな姿勢を保ちます。話しながら自然に身振りや手振りをしても構いません。

・面接官の顔全体を見るようにします。目だけをじっと見るのは避けましょう。

・面接官が複数の時は、全員に視線を向けるようにします。

・ブライダルやホテル関連の接客業(サービス業)では表情も評価に含まれています。顔の表情を曇らせないように注意しましょう。

■面接の話し方

・大きく明るい声で、はっきりと丁寧に話します。

・答え方は、結論から先に述べ、理由や具体例を示し、再度結論を述べる形が基本です。

・自分の言いたいことを簡潔に分かりやすく伝えることが大切です。

普段の表現	面接での表現
僕，俺，わたし	わたくし
失礼します	失礼いたします
この会社	御社(おんしゃ)　※貴社(きしゃ)は履歴書などの文章中で使用します。
…です。だから… …です。なので…、	…です。そのため（文頭に「なので」は使わない）
～んじゃないですか	～のではないでしょうか

シャドーイングについて

シャドーイングってなに？

シャドーイングとは流れてくる音声を聞きながら、「影」のように音声のすぐ後をできるだけ忠実に復唱する練習方法です。もともと、同時通訳のトレーニング法として高い運用力を求める外国語学習者の間で長く行われていました。「聞く」と「話す」という二つの課題を同時に行うトレーニングです。一般的に、課題を二つ同時に行おうとするとエラーが起こりやすく、反応時間が長くかかるという傾向が見られます。しかし、こうした認知負荷の高い課題であっても、毎日同じ教材を繰り返し学習することで負荷が軽減し、より忠実に復唱することが可能になります。

そしてこのトレーニングを日常的に反復練習することで、会話で使われている語彙や表現が、自分自身の日常的な言葉として口をついて出るまで定着します。つまり、結果として読めばわかるといった「知識レベル」であった表現が、流暢に口をついて出るという「運用力レベル」にまで引き上げられます。シャドーイングは短い時間でも毎日続けることが効果的です。同じスクリプトを繰り返し練習しましょう。

シャドーイングの進め方

まずは、自分に必要な場面、自分に適した難易度のユニットを自由に選んでください。難易度も場面により異なります。練習方法は下の Step 1～5 を参考にしてください。

Step 1 意味の把握

シャドーイングをする前に、スクリプトを見ながら音声を聞き、会話の内容や言葉の意味、聞き取れない箇所を確認します。またページ下部にあるポイントを読み、答え方の注意点や面接のコツなどを確認してください。

Step 2 サイレント・シャドーイング（音をつかむ）

音声を聞きながら、声には出さずに頭の中だけで復唱します。

Step 3 スクリプト付きシャドーイング（口を動かす）

スクリプトを見ながら音声を聞き、すぐ後を復唱します。面接官に聞き取りやすい自然なスピードではっきり言うための口慣らしの練習として行いましょう。

マンブリング

スクリプトを見ずにブツブツつぶやきながら復唱します。つぶやくように復唱するため、大きく口を動かす必要がなく、言いにくい文も復唱しやすくなります。

Step 4 プロソディー・シャドーイング（発音を意識して口を動かす）

スクリプトを見ずに、音声に忠実にシャドーイングをします。スピード、アクセント、イントネーション、声の強弱（プロミネンス）や間（ポーズ）に忠実に復唱してください。この練習の目的は流暢さなので、会話の内容が意識されなくても構いません。

Step 5 コンテンツ・シャドーイング（意味を意識して口を動かす）

スクリプトを見ずに、意味内容を意識しながらシャドーイングをします。アクセントやイントネーションを崩さずに、会話の意味を意識しながらシャドーイングしてください。

Organization of This Book

This book contains conversations from hypothetical part-time job interviews, university and technical school admissions interviews, and employment interviews. By repeatedly listening to the audio while looking at the script and doing shadowing training, you can learn how to handle the interviews. Select the sections that fit your needs and practice those. Also, in each section you will find:

○Interview conversations: practice various hypothetical interview scenarios
○Full practice (from entrance to exit): you can practice simulations of real interviews
○My Page (only the interviewer's voice is played): practice actually thinking about your answers (※ write-in format)

Use these as you see fit for meaningful practice. This book is composed of the following three units.

■ Unit1: Part-Time Job Interview

Practice phone calls asking about and making an appointment for an interview, small talk (before the interview), making the appointment, and actual interview scenarios that you will find in the part-time job interview.

■ Unit 2: University and Technical School Admissions Interviews

Practice admissions interviews done for technical school and university admissions exams. Talk concretely about your reasons for applying, future goals, personal appeal, etc. It is often the case that you will be asked about how you will handle things like tuition, so make sure you can answer clearly.

■ Unit3 : Employment Interviews

Employment interviews generally have a document selection (entry sheet, résumé), an achievement test, and an interview test. Some companies have more than one interview. Interviews can roughly be divided into three formats: group interviews, group discussions, and individual interviews.

Group interview: In this selection process, about five applicants sit next to each other in a row and answer the interviewer's questions in turn. Unlike in individual interviews, in which you can talk in-depth, outward aspects like appearance and attitude tend to be evaluated. Because of that, your first impression is most important. Pay attention to things like your manners and clothes. You will have a better chance of passing if you can distinguish yourself from the other applicants.

Group discussion: About 3-5 people discuss one theme and give a presentation. In this selection process, the interviewer observes the discussion and evaluates your abilities to cooperate, express yourself, etc. Think of the other applicants as partners, not rivals, and try to contribute constructively to the discussion.

Individual interview: This is the most important of the employment interviews. You will be asked about your distinctive characteristics (personal appeal), reasons for applying, understanding and thoughts about the company, etc. These interviews often get very deep. Go into the interview well prepared.

It depends on the company, but there is a tendency to view "personal appeal" and "reasons for applying" as important. In this book, we stress practicing "personal appeal" and "reasons for applying" in this kind of personal interview and present example conversations from many scenarios. Practice the ones that suit your purposes.

① **Group Interviews and Group Discussion Practice [Unit 3-1]**

⇒ Listen to others' answers and clearly give your answers.

② **Practice Giving Personal Appeal [Unit 3-2]**

⇒Answer questions about your strong and weak points, university and studies (major, senior thesis, etc.), extracurriculars (clubs, volunteer activities, part-time job), future plans, skills and abilities (Japanese ability, certifications, etc.), and personal character, and questions specific to foreigners.

③ **Practice Stating Your Reasons for Applying [Unit 3-3]**

⇒ Answer concretely about your reasons for applying, knowledge of the industry and the company, etc. You can practice each industry separately (manufacturing, service, trade, etc.).

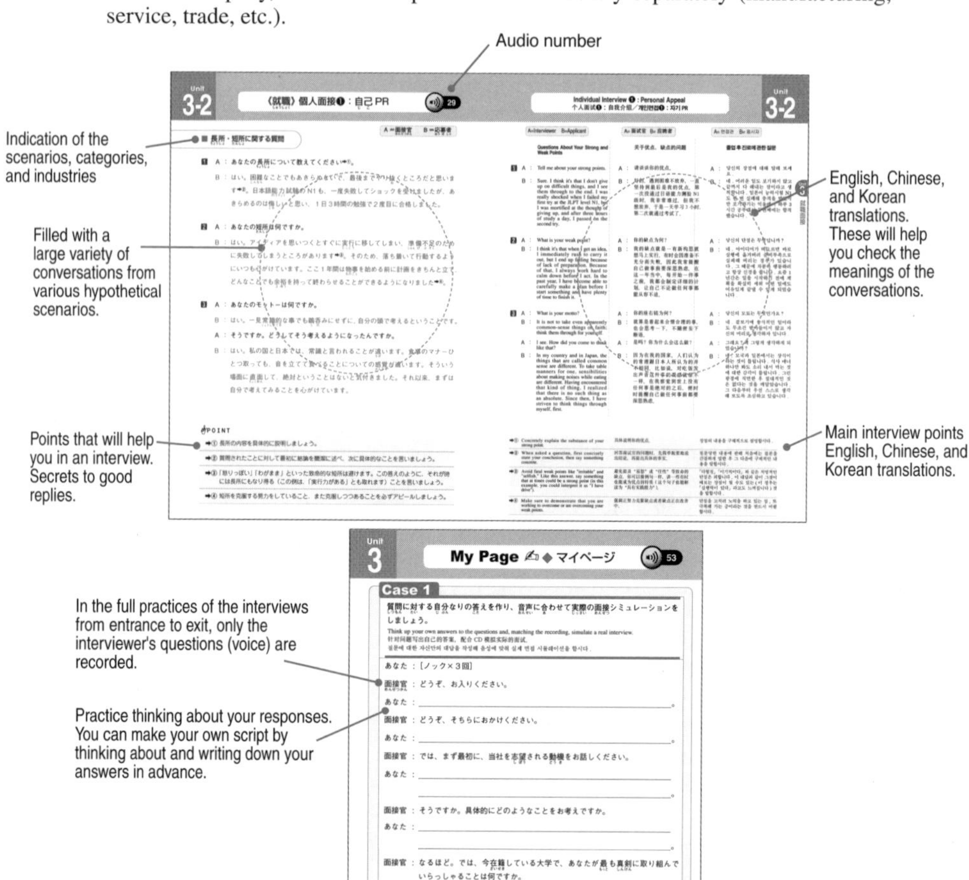

Audio number
Indication of the scenarios, categories, and industries
Filled with a large variety of conversations from various hypothetical scenarios.
Points that will help you in an interview. Secrets to good replies.
English, Chinese, and Korean translations. These will help you check the meanings of the conversations.
Main interview points English, Chinese, and Korean translations.
Unit 3-2
Unit 3
My Page ✍ ◆ マイページ
Case 1
In the full practices of the interviews from entrance to exit, only the interviewer's questions (voice) are recorded.
Practice thinking about your responses. You can make your own script by thinking about and writing down your answers in advance.

Interview Manners

An interview is person-to-person communication. Therefore, various things, like personal appearance, good greetings, and loudness of your voice, will directly and indirectly affect your evaluation. It is sometimes said that first impressions are important at interviews, but learning good interview manners and giving a good impression are important. Here, good manners for employment interviews are the main focus. Use them as a guide for part-time job and admissions interviews, too.

■ Appearance

Strictness about personal appearance at interviews differs by type of work, industry, and company, but using the examples below as a guide, try to create a clean, bright image.

◉ **Personal appearance at part-time job and university admissions interviews:** "cleanliness" is more important than "style." Avoid manicures, loud earrings, casual clothes, sandals, and boots.

◉ **Appearance at Employment Interviews :**

Women

Hairstyle It's better not to cover your forehead with your bangs. If it's long, tie it in back. Use a black or brown band or pin.

Accessories Avoid necklaces, earrings, rings, loud manicures, nail art, and perfume.

Bag Black is standard. Avoid bags with large logos. One that fits A4 documents.

Stockings A natural color that matches your skin color is safe. Purple, green, etc. are strictly prohibited.

Make-up Healthy, natural make-up is best. Be careful not to put on too much mascara or lipstick.

Clothes A recruiting suit with matching top and bottom. A navy, black, or dark grey single-breasted suit with two or three buttons is standard. A skirt should be knee-length when you are standing. A white shirt is standard.

Shoes Simple black pumps with a 3-5cm heel are safe. Sandals and boots are inappropriate.

Men

Hairstyle Long hair and beards are inappropriate. Clean, short hair gives a good impression.

Bag Black is standard. Avoid bags with large logos. One that fits A4 documents.

Socks Black or brown socks are safe. Avoid white. Short socks, like ankle-length, are inappropriate.

Clothes A recruiting suit with matching top and bottom. A plain black single-breasted suit with two or three buttons is standard. Avoid glossy fabric and stripes. Do not button the bottom button on the jacket. Neatly press a crease in the pants. A white shirt is standard.

Tie Colors like blue, orange, yellow, etc., and check and dot patterns are safe. Avoid flower and animal patterns.

Watch Avoid bright colors, like red and yellow, and large watches.

Shoes Black shoes are safe. Cleanly polish them.

■ How To Enter and Exit the Room

《Entering the Room》

① Knock slowly three times. When you hear " どうぞ ," open the door, say " 失礼いたします ," and enter. Turn to face the door you opened and shut it.

② Face the interviewer, greet them cheerfully with " よろしくお願いいたします ," and then bow once.

③ Move to your seat, stand next to it, say " ○○大学○○学部○○学科、○○(氏名)と申します。" and then bow once.

④ When you are told to sit, say " 失礼いたします ," and then sit. Put your belongings in the designated place or at your feet. Women should sit with your legs together, men with them about 20cm apart. Women should lightly place your hands on top of each other on your legs. Men should clasp your hands and place them on your knees.

《Leaving the Room》

① When the interview is over, while still seated, say " ありがとうございました " and then bow.

② Stand beside your chair, say " 失礼いたします " and then bow.

③ Walk to the door, turn to the interviewer, say " 失礼いたします " again, and then bow.

④ Open the door, turn toward the interviewer, bow, and quietly close the door.

■ Attitude and Posture in the Interview

In the interview, not only what you say, but also your posture, expression, and eye-contact are being evaluated. Pay attention to the following points.

- When you sit, keep your back straight, and maintain good posture. It is okay to move and gesture naturally when you speak.
- Try to look at the interviewer's entire face. Avoid staring at only the eyes.
- If there is more than one interviewer, make sure to look at all of them.
- In service industries like wedding- and hotel-related ones, your expression will also be evaluated. Make sure not to frown.

■ How to Speak in the Interview

- Speak polite language distinctly and in a loud, clear voice.
- When answering, it is standard form to first state your conclusion, then give reasons and examples, and then state your conclusion again.
- It is important to convey what you want to say clearly and concisely.

Common Expressions	Expressions in the Interview
僕, 俺, わたし	わたくし
失礼します	失礼いたします
この会社	御社 ※ Use " 貴社 " in sentences in your résumé and other documents.
…です。だから… …です。なので…、	…です。そのため（文頭に「なので」は使わない）
～んじゃないですか	～のではないでしょうか

About Shadowing

■ What Is Shadowing?

Shadowing is a method of practicing in which you listen to the recording and then, like a "shadow," repeat what is said as faithfully as possible right after the recording. Originally, this was a simultaneous translation training method used for a long time by foreign language students seeking a high skill level. This training uses two skills, "listening" and "speaking," simultaneously. Usually, when you try to do two tasks simultaneously, you tend to make mistakes more easily and your reaction time slows down. However, even with tasks with this kind of high cognitive load, repeatedly practicing the same material daily will reduce the load, and allows you to repeat more faithfully.

By repeatedly practicing this training daily, the vocabulary and expressions used in the conversations will eventually roll off your tongue as part of your own everyday vocabulary. As a result, expressions that were at a knowledge level, i.e. you know them when you see them, will rise to a skill level, i.e. they roll fluently off your tongue. Shadowing is effective even if you do it for a short time every day. Practice the same script over and over.

■ How to Use Shadowing

First, feel free to choose the scenes that you need and the units that have the right level of difficulty for you. Difficulty also varies among scenes. Use Steps 1-5 below as a guide for your practice.

Step 1 Understand the Meaning

Before you do shadowing, listen to the recording while looking at the script and check any parts where you don't understand the meaning of the content or the words. Also, read the hints at the bottom of the page, and check the important points about answering and tips for interviews, etc.

Step 2 Silent Shadowing (getting the sounds)

Listen to the recording and repeat silently in your head.

Step 3 Shadowing with the Script (speaking)

Looking at the script, listen to the recording and immediately repeat. Do this as an oral exercise to get you to speak clearly at a natural speed that will be easy for the interviewer to understand.

Mumbling

Without looking at the script, repeat in a whispered mumble. Since this practice is whispered, you don't have to move your mouth very much, and even sentences that are difficult to say become easy to repeat.

Step 4 Prosody Shadowing (speaking while paying attention to pronunciation)

Faithfully shadow the recording without looking at the script. Faithfully repeat the speed, intonation, and strength of and pauses in the voice. Because the goal of this exercise is fluidity, you don't have to pay attention to the meaning.

Step 5 Content Shadowing (speaking while paying attention to meaning)

Without looking at the script, faithfully shadow the recording paying attention to its meaning. Without losing the intonation, pay attention to the meaning of the script and shadow the recording.

本书内容

本书收录打工模拟面试、大学 / 专门学校的入学模拟面试、求职模拟面试的会话。请以“跟述”的方式，一边确认文稿一边反复聆听音频来准备面试，并按照个人目的选择适合的内容进行练习。每章都包括以下三个部分。

○面试会话文稿：可练习各种面试情况的会话
○完整练习（从进入至退出面试房间为止）：可模拟真正的面试情况
○我的页面（仅收录面试官的声音）：想好自己的回答，然后进行实际练习（※ 填写式）

请按照个人目的使用这些内容，进行有意义的面试练习。本书由以下三个单元构成。

■ Unit 1：打工面试

练习打工面试前的电话询问和预约、闲谈（正式面试前的聊天）、面试预约以及实际的面试情况。

■ Unit 2：大学、专门学校入学面试

练习专门学校和大学入学考的面试。具体说明报考理由、未来的目标及自我介绍等。对于筹措学费等热门考题要多加练习，以便在面试时能顺利作答。

■ Unit 3：求职面试

求职考试主要包括书面材料审查（报名表、履历表）、学力测验以及面试。有些企业会进行多次面试。面试的形式可分为“小组面试”、“小组讨论”、“个人面试”。

小组面试：5 名求职者横坐一排依序回答面试官的问题。这种面试方式跟能够充分表现自己的个人面试不同，外表和态度等外在因素也容易影响评价。因此，第一印象是最重要的，礼节和服装也不容忽视。若能在自我介绍时胜过其他求职者，就离合格不远了。

小组讨论：3 ~ 5 名求职者针对某个论题进行讨论并发表。面试官观察讨论的情况来判断每位求职者的协调性及发言能力等的优劣。切记，其他求职者是“伙伴”而非“对手”，发表时请针对论题提出有建设性的意见。

个人面试：这是求职面试中最受到重视的面试。面试官会询问你的特质（自我介绍）、应征理由、是否了解企业的相关知识及对该企业的想法等，而且会追根究底地询问，因此在面试前必须准备妥当。

虽然无法一概而论，但是越来越多的企业特别重视个人面试里的“自我介绍”及“应征理由”。本书也加强个人面试里的“自我介绍”及“应征理由”的练习，提供各种情况的会话范例。请配合个人目的进行练习。

①练习小组面试、小组讨论[Unit3-1]
⇒聆听他人的回答并清楚地表达自己的想法。

②练习自我介绍　[Unit3-2]
⇒回答关于优缺点、大学和课业（专业、毕业论文）、学业之外的事情（社团、志愿者、打工）、将来的计划、技术和能力（日语能力、资格等）、个人资质、一些关于外国人的特殊问题。

③练习说明应征动机　[Unit3-3]
⇒具体说明应征理由以及对该行业、企业的相关知识等。可练习各种不同的行业（制造业、服务业、贸易公司等）。

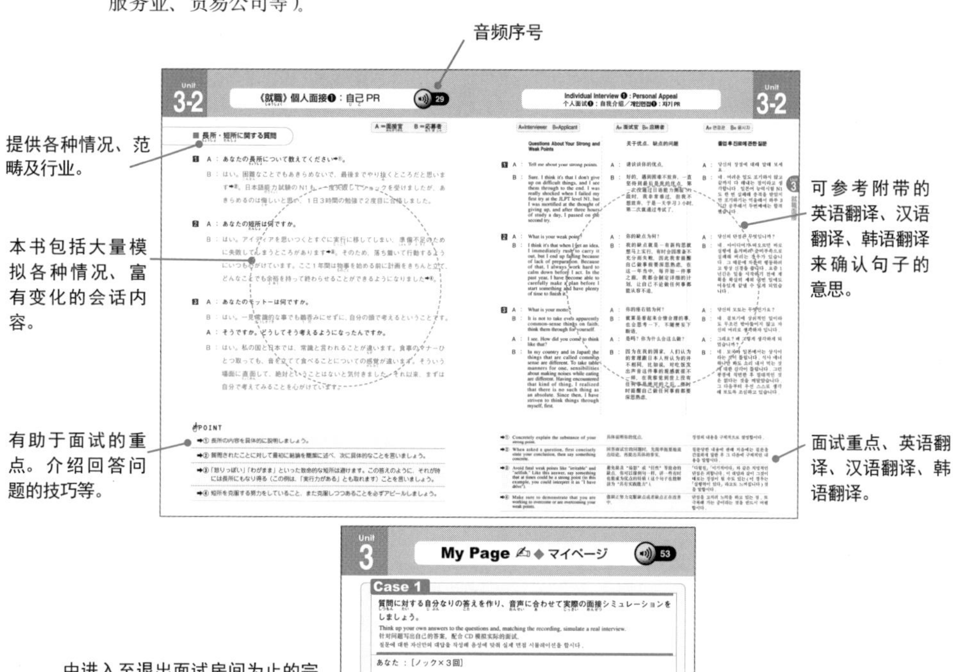
音频序号
提供各种情况、范畴及行业。
本书包括大量模拟各种情况、富有变化的会话内容。
有助于面试的重点。介绍回答问题的技巧等。
可参考附带的英语翻译、汉语翻译、韩语翻译来确认句子的意思。
面试重点、英语翻译、汉语翻译、韩语翻译。
Unit 3-2
《就職》個人面接❶：自己PR
29
Individual Interview ❶ : Personal Appeal
POINT
Unit 3
My Page ◆ マイページ
53
Case 1
由进入至退出面试房间为止的完整面试练习，仅收录面试官的询问部分（声音）。
想好自己的回答然后进行练习。事先填写欲回答的内容，制作专属于自己的文稿。

面试礼节

面试是一种人与人之间的交流。因此，仪容、打招呼时的态度、音量大小等许多因素都直接或间接地对面试的评价造成影响。在面试中，第一印象相当重要。为了给面试官留下好印象，强化面试礼节是不可或缺的。此处内容以求职面试的礼节为主，但也适用于打工面试或报考大学的面试。

■仪容

对于面试仪容的要求会因职别、业界而有所不同，各企业的要求也不一。请参考以下介绍的范例，给面试官一个干净整洁且充满活力的感觉吧。

◉打工面试 / 大学入学面试的仪容：关键在于“整洁”而非“时尚感”。请勿擦指甲油、佩戴过于花哨的耳环、穿着非正式的服装或拖鞋、靴子等。

◉求职面试时的仪容

女 性

发型　刘海以不盖住额头为佳。太长时夹到后面。使用黑色或棕色的发圈和发夹。

装饰品　勿佩戴项链、耳环、戒指，也不要擦颜色鲜艳的指甲油、美甲图案或香水。

包　以黑色为主，包上不要有大型标志。能放得下 A4 材料。

丝袜　适合自己肤色的自然色即可。严禁黑色或鲜艳的颜色。

妆容　看起来有精神的淡妆即可。勿过度涂抹腮红和口红。

服饰　穿着上下统一的就职应试用西装。两至三个纽扣的简单款式、颜色以深蓝、黑和深灰为主，搭配白衬衫。裙长为站立时能到达膝盖的长度。

鞋子　鞋跟为３～５公分的素面无扣无带皮鞋。黑色为佳。勿穿着拖鞋或靴子。

男 性

发型　勿蓄长发和胡子。干净的短发可以给面试官留下好印象。

包　以黑色为主，包上不要有大型标志。能放得下 A4 材料。

鞋子　穿着黑或深蓝的袜子。勿穿只到脚踝的短袜。

服饰　穿着上下统一的就职应试用西装。两至三个纽扣的简单款式。以黑色为主，勿穿着光面或条纹西装。不扣西装外套最下面的纽扣。西裤裤线要笔直。基本上穿着白衬衫。

领带　颜色以蓝色、橘色、黄色等为主，格子或圆点领带为佳。勿系花纹或动物图案的领带。

手表　勿佩戴红色或黄色等过于显眼的手表，过大的手表也不适合。

鞋子　黑色为佳，记得擦光磨亮。

■进入及退出面试房间的方式

《进入面试房间时》

①轻敲三下门，听到“どうぞ”再开门。进入面试房间前说声“失礼いたします”。关门时得转身面向门之后再关。

②转身朝向面试官，精神抖擞地说声“よろしくお願いいたします”然后行礼。

③走到座位附近，站到椅子旁边，报上“〇〇大学〇〇学部〇〇学科、〇〇(氏名)と申します。”之后行礼。

④面试官让你入座时，说声“失礼いたします”之后再就座。随身行李放到指定的位置或脚边。就座时，女性双脚并拢，男性双脚间隔约 20 公分。女性双手轻放脚上，男性握拳放在膝上。

《从面试房间退出时》

①面试结束后，坐着说“ありがとうございました”并行礼。

②站到椅子旁边，说声“失礼いたします”然后再行礼。

③走到门前，转向面试官，再说一次“失礼いたします”然后行礼。

④先打开门，然后转向面试官行礼，最后轻轻地把门关上。

■面试时的态度 / 姿势

面试时不仅是发言内容，姿势、表情或视线也是评判的标准。请注意以下几点。

・就座后，坐正挺胸，保持姿势端正。说话时自然产生的动作或手势无伤大雅。

・避免只盯着眼睛看，视线要停留在面试官脸上。

・不只一位面试官时，视线要顾及到所有的面试官。

・在婚庆或饭店等服务业的面试里，表情也是评价的标准之一，请注意不要垮着脸说话。

■面试时的说话方式

・用明亮的声音，清楚并仔细地回答问题。

・回答的方式如下。先阐述结论，然后说明理由或举例，最后再复述一遍结论。

・最重要的是能简单明了地说明想陈述的内容。

平时的表现	面试时的表现
僕，俺，わたし	わたくし
失礼します	失礼いたします
この会社	御社(おんしゃ)　※ 履历表等文章中使用“貴社”。
…です。だから… …です。なので…、	…です。そのため（文頭に「なので」は使わない）
～んじゃないですか	～のではないでしょうか

关于跟述

何谓跟述?

“跟述”就是一边听声音，一边像“影子”般地跟在声音后面，尽量如实地复述内容。这原本是训练同声传译的方式，在需要精准使用外语的学习者之间实行已久。这种训练同时进行“听”和“说”两项课题。一般来说，同时进行两项课题，容易产生错误且会加长反应时间。不过，即便是这种容易造成高度认知负担的课题，只要每天使用同一教材加以反复练习，便能减轻负担，复述后的准确度也会提高。

另外，日常反复进行这种练习，在会话中使用的词汇或表现便能成为自己的词汇，在日常生活中脱口而出。换句话说，就是把停留在“知识层面”的表现提升至“运用能力的层面”，平时说不出来但阅读时能理解的表现都能轻松地脱口而出。即使每天的练习时间不长，只要能坚持下去就能达到良好的效果。请反复练习同一篇文稿。

跟述的练习方式

首先，请自由选择适合个人情况以及程度的单元。文稿的难易度因情况而异。练习方法参照下面的 1 ~ 5。

Step 1 了解意思

进行跟述之前，先一边读文稿一边听录音，确认会话内容、生词的意思以及听不懂的地方。另外，阅读页面下方的重点，确认回答时的注意点或面试技巧等。

Step 2 默述（掌握声音）

听录音时不发出声音，仅在脑中复述。

Step 3 看着文稿跟述（复述）

一边看文稿一边听录音然后立刻复述。如此一来，便能不假思索地以自然的速度说出让面试官听得清楚的话语。

小声跟述

不看文稿，像咕哝一样地小声复述，咕哝时无需张大嘴，因此难念的句子也能轻易复述。

Step 4 跟述韵律（复述时只需专注于发音）

不看文稿，如实地模仿声音。忠实地呈现出速度、重音、语调、声音的强弱（轻重音）和间隔（停顿）。此练习着重于话语的流畅，因此无需在意会话内容。

Step 5 跟述内容（一边思考意思一边复述）

不看文稿，一边思考意思和内容一边跟述。维持相同的重音和语调，一边思考会话意思一边跟述。

이 책의 구성

이 책에서는 아르바이트 면접 , 전문학교 / 대학입시 면접 , 취직 면접을 가정한 회화가 수록되어 있습니다 . 스크립트를 확인하면서 음성를 여러번 반복해 듣고 쉐도잉 트레이닝을 하는 것으로 면접 시험을 대비할 수 있습니다 . 자신의 용도에 맞춰 발췌해 연습하십시오 . 또한 각 장에는

○면접 회화 스크립트 : 다양한 면접장면을 가정한 대화를 연습한다
○전체 연습 (입실에서 퇴실까지): 실제 면접을 시뮬레이션 할 수 있다
○마이 페이지 (면접관의 음성만 나옵니다): 자신의 응답을 실제로 생각해 연습한다
(※기입식)

이 있습니다 . 이를 적절히 활용하여 면접 연습을 하십시오 . 이 책은 아래의 3 유닛으로 구성되어 있습니다 .

■ Unit 1: 아르바이트 면접

아르바이트 면접을 할 때 면접에 관한 문의나 예약을 하기 위한 전화 , 스몰 토크 (면접 전의 잡담), 약속과 실제 면접 장면을 연습합니다 .

■ Unit 2: : 대학・전문학교 입시 면접

전문학교・대학 입학시험에서 실시되는 면접 시험을 연습합니다 . 지망이유나 장래 목표 , 자기 PR 등을 구체적으로 이야기합니다 . 학비 마련등에 대해서도 질문받는 경우가 많으므로 잘 대답할 수 있도록 준비해 둡시다 .

■ Unit3 : 취직면접

취직을 위한 시험은 주로 서류전형 (입사원서 , 이력서), 학력 시험 , 그리고 면접시험이 있습니다 . 기업에 따라서는 면접을 여러 번 실시합니다 . 면접 형식은「그룹 (집단) 면접」「그룹 토론」「개인 면접」이라는 종류로 크게 나눌 수 있습니다 .

그룹면접 : 응모자 5 명 정도가 나란히 일렬로 앉아 면접관의 질문에 순서대로 대답해 가는 전형방법입니다 . 차분히 이야기 할 수 있는 개인 면접과는 달리 외견 , 태도 등 표면적인 것으로 평가되기 쉽습니다 . 때문에 첫 인상이 가장 중요합니다 . 매너나 복장에도 신경씁시다 . 자기 소개에서 다른 응모자와 차별될 수 있으면 합격에 가까워집니다 .

그룹 토론 : 3 ～ 5 명 정도로 하나의 테마에 관해 토론한 후 발표합니다 . 면접관이 그 토론을 관찰해 협조성과 발언력등을 평가하는 전형방법입니다 . 다른 응모자를「경쟁상대」가 아닌「동료」로 생각해 , 건설적으로 토론에 공헌할 수 있도록 말투에 신경을 쓽시다 .

개인 면접 : 취직 면접 중에서도 가장 중시되는 면접입니다 . 당신의 특성 (자기 PR), 지망이유 , 기업에 대한 지식과 생각등을 질문받습니다 . 면접내용도 심도깊게 발전해 가는 경우도 많습니다 . 확실하게 준비해 임합시다 .

기업에 따라 다르지만 개인 면접에서는 특히「자기 PR」「지망 동기」가 중시되는 경향이 있습니다 . 이 책에서는 그러한 개인 면접의「자기 PR」「지망동기」연습을 중시해 많은 장면의 회화예를 소개합니다 . 자신의 용도에 맞춰 연습하십시오 .

①그룹 (집단) 면접・그룹 토론의 연습 [U [Unit 3-1]
⇒다른 사람의 대답을 들으면서 자신의 생각을 짧게 대답한다 .

②자기 PR 을 말하는 연습 [[Unit 3-2]
⇒장점・단점 , 대학・학업 (전공이나 졸업논문), 학업 외 (서클・자원봉사・아르바이트), 장래 계획 , 기술・능력 (일본어 능력・자격 등), 개인의 자질 , 외국인에 대한 특유의 질문에 대답한다 .

③지망 동기를 말하는 연습 [Unit 3-3]
⇒지망이유나 업계・기업에 관한 지식 등을 구체적으로 대답한다 . 업종별 (제조업 , 서비스업 , 상사 등) 으로 연습할 수 있습니다 .

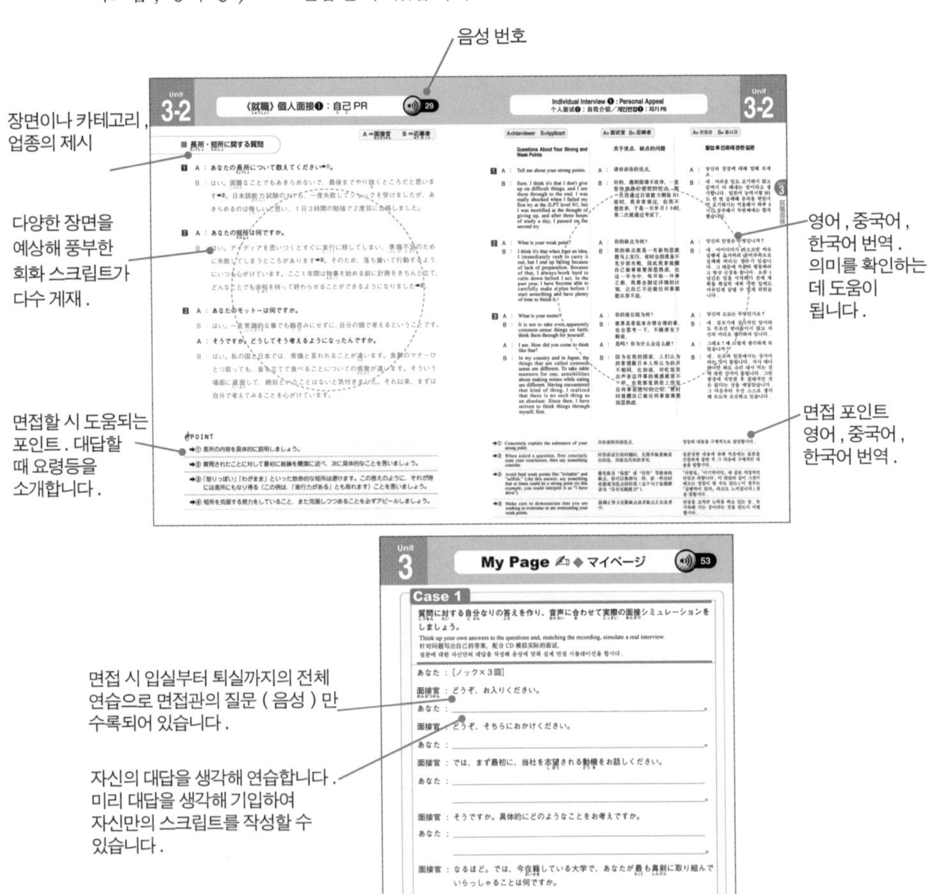

음성 번호
장면이나 카테고리 , 업종의 제시
다양한 장면을 예상해 풍부한 회화 스크립트가 다수 게재 .
면접할 시 도움되는 포인트 . 대답할 때 요령등을 소개합니다 .
영어 , 중국어 , 한국어 번역 . 의미를 확인하는 데 도움이 됩니다 .
면접 포인트 영어 , 중국어 , 한국어 번역 .
면접 시 입실부터 퇴실까지의 전체 연습으로 면접관의 질문 (음성) 만 수록되어 있습니다 .
자신의 대답을 생각해 연습합니다 . 미리 대답을 생각해 기입하여 자신만의 스크립트를 작성할 수 있습니다 .

면접 매너

면접은 사람과 사람과의 커뮤니케이션입니다 . 이를 위해 차림새나 적절한 인사 , 목소리 크기 등 다양한 점이 직・간접적으로 면접 평가에 영향을 줍니다 . 면접은 첫 인상이 중요하다고 합니다만 , 면접 매너를 익혀 좋은 인상을 주는 것이 중요합니다 . 여기서는 취직 면접을 위한 매너를 중심으로 정리했습니다 . 아르바이트 면접이나 대학 입시 면접에도 참고하시길 바랍니다 .

■차림새

면접의 옷차림은 직종이나 업계 , 기업에 따라 엄격함은 다르지만 아래에 소개하는 예를 참고로 , 청결하고 밝은 이미지를 주도록 합시다 .

◉아르바이트 면접 / 대학입시 면접의 옷차림 : 「멋」보다「청결감」이 중요합니다 . 매니큐어 , 화려한 귀걸이 , 캐주얼한 복장 , 샌들 , 부츠는 피합시다 .

◉취직 면접의 옷차림 :

여성

머리형 앞머리는 이마를 덮지 않는 편이 좋다 . 긴 경우는 뒤로 묶는다 . 고무줄이나 핀은 검정색이나 갈색 .

액서세리 목걸이 , 귀걸이 , 반지 , 화려한 매니큐어 , 네일아트 , 향수는 피한다 .

가방 색은 검정이 기본 . 커다란 로고가 들어간 제품은 피한다 . A4 사이즈의 서류가 들어가는 것 .

스타킹 자신의 피부색에 맞는 자연스런 색이 무난 . 검정이나 화려한 색은 피할 것 .

화장 건강한 내추럴 화장이 무난 . 진한 마스카라나 립스틱은 주의 .

복장 상하를 맞춘 취업활동용 정장 . 싱글의 2 버튼이나 3 버튼으로 색은 짙은 네이비 , 검정 , 진한 회색이 기본 . 치마 길이는 서있는 상태에서 무릎길이 , 셔츠는 흰색이 기본 .

구두 힐 높이　3～5㎝ 정도의 심플한 펌프스로 색은 검정이 무난 . 샌들이나 부츠는 부적절하다 .

남성

머리형 장발 , 수염은 부적절 . 청결한 짧은 머리가 좋은 인상 .

가방 검정이 기본 . 커다란 로고가 들어간 제품은 피한다 . A4 사이즈의 서류가 들어가는 것 .

양말 양말은 검정이나 짙은 네이비가 무난 . 흰색은 피한다 . 길이는 복사뼈 길이 정도의 짧은 것은 부적절 .

복장 상하를 맞춘 취업활동용 정장 . 싱글의 2 버튼이나 3 버튼으로 무늬없는 검정이 기본으로 광택있는 소재나 스트라이프는 피한다 . 재킷의 가장 아래 버튼은 잠그지 않는다 . 바지는 깔끔하게 앞주름을 잡아준다 . 셔츠는 흰색이 기본 .

넥타이 색은 청색 , 오렌지 , 노란색 등으로 체크나 도트 무늬가 무난 . 꽃무늬나 동물 무늬는 피하자 .

시계 빨간색이나 노란색의 화려한 시계 , 큰 시계는 피한다 .

구두 구두는 검정이 무난 . 깨끗하게 닦아 놓는다 .

■입퇴실 방법

《입실시》

①문을 3 번 천천히 노크하고「どうぞ」라는 말이 들리면 「失礼(しつれい)いたします」라고 인사하며 문을 열고 들어갑니다 . 문을 닫을때는 몸을 문쪽으로 돌려서 닫습니다 .

②면접관 쪽으로 몸을 돌려「よろしくお願(ねが)いいたします」라 활기차게 인사하며 가볍게 목례합니다 .

③좌석까지 가서 의자 옆에 서서「○○大学(だいがく)○○学部(がくぶ)○○学科(がっか)、○○(氏名(しめい))」라 소개한 후 목례합니다 .

④착석하라는 지시를 받고나서「失礼(しつれい)いたします」라 말하고 앉습니다 . 소지품은 지정 장소나 발 아래 놓습니다 . 여성은 다리를 모으고 앉고 , 남성은 다리를 20㎝ 정도 벌리고 앉습니다 . 여성은 손을 다리 위에 가볍게 모으고 , 남성은 손을 쥐어 무릎 위에 내려놓습니다 .

《퇴실시》

①면접 종료 후 , 앉은 채「ありがとうございました」라고 인사하면서 목례합니다 .

②의자 옆에 서서「失礼(しつれい)いたします」라 말하면서 목례합니다 .

③문 앞까지 걸어가 면접관 쪽을 향해 다시 한 번「失礼(しつれい)いたします」라고 말하며 목례합니다 .

④문을 열고 , 면접관을 향해 몸을 돌려 목례한 후 조용히 문을 닫습니다 .

■면접 태도 / 자세

면접 중에는 발언 만이 아니라 자세와 표정 , 시선도 평가됩니다 . 다음 점을 주의합시다 .

- 착석하면 등을 똑바로 펴고 보기 좋은 자세를 유지합니다 . 말하면서 자연스럽게 몸짓이나 손짓을 해도 괜찮습니다 .
- 면접관의 얼굴 전체를 보도록 합니다 . 눈 만을 응시하는 것은 피합시다 .
- 면접관이 여럿일 경우는 전원에게 시선을 향하도록 합니다 .
- 웨딩이나 호텔관련의 접객업 (서비스업) 에서는 표정도 평가에 포함됩니다 . 어두운 표정을 짓지 않도록 주의합시다 .

■면접 화법

- 크고 밝은 목소리로 명확하면서 정중하게 이야기합니다 .
- 대답할 때는 결론부터 먼저 이야기 한 후 이유와 구체적인 예를 제시하고 다시 결론을 말하는 형식이 기본입니다 .
- 자기가 말하고 싶은 것을 간

평소 표현	면접시 표현
僕, 俺, わたし	わたくし
失礼します	失礼いたします
この会社	御社(おんしゃ) ※"貴社 (귀사)" 는 이력서 등의 문장 안에서 사용합니다 .
…です。だから… …です。なので…、	…です。そのため（文頭に「なので」は使わない）
～んじゃないですか	～のではないでしょうか

쉐도잉에 관해

쉐도잉이란 ?

쉐도잉이란 음성을 들으면서「그림자」처럼 음성을 될 수 있는 한 충실하게 바로 따라하는 연습 방법입니다 . 원래 동시통역의 훈련법으로 높은 운용력을 필요로 하는 외국어 학습자 사이에서 오랫동안 행해왔습니다 .「듣기」와「말하기」라는 두가지 과제를 동시에 행하는 훈련입니다 . 일반적으로 두가지 과제를 동시에 행하면 실수하기 쉽고 , 반응 시간이 오래 걸린다는 경향이 보입니다 . 하지만 이러한 인지부하가 높은 과제라도 매일 같은 교재를 반복해 학습하는 것으로 부하가 경감되어 , 보다 충실하게 따라 할 수 있게 됩니다 .

그리고 이 훈련을 일상적으로 반복 연습하는 것으로 , 회화에서 사용되는 어휘나 표현이 자기 자신의 일상적인 말로 사용할 수 있게 정착됩니다 . 즉 , 결과적으로 읽으면 이해가 되는「지식 레벨」이었던 표현이 유창하게 입에서 나오는「운용력 레벨」까지 향상됩니다 . 쉐도잉은 짧은 시간이라도 매일 계속 하는 것이 효과적입니다 . 같은 스크립트를 반복해 연습합시다 .

쉐도잉의 진행 방법

먼저 자신에게 필요한 장면 , 자신에게 적합한 난이도의 유닛을 자유롭게 선택해 주십시오 . 난이도도 장면에 따라 다릅니다 . 연습방법은 아래의 Step 1 ~ 5 를 참고하십시오 .

Step 1 의미의 파악

쉐도잉을 하기 전에 스크립트를 보면서 음성을 듣고 , 회화 내용과 말의 의미 , 못 알아 듣는 부분을 확인합니다 . 또한 페이지 하단에 있는 포인트를 읽고 대답할 시 주의점과 면접 요령 등을 확인해 주십시오 .

Step 2 사일런트 쉐도잉 (소리 잡아내기)

음성을 들으면서 목소리는 내지 말고 머리 속으로만 따라합니다 .

Step 3 스크립트 보면서 쉐도잉 (입을 움직이기)

스크립트를 보면서 음성을 듣고 바로 따라합니다 . 면접관이 알아 듣기 쉬운 자연스러운 스피드로 확실히 말하기 위한 구두 연습으로 실시합시다 .

멈블링

스크립트를 보지 않고 중얼거리면서 따라하십시오 . 중얼거리듯 따라하기 때문에 크게 입을 움직일 필요가 없고 , 말하기 어려운 문장도 따라하기 쉬워집니다 .

Step 4 프로소디 쉐도잉 (발음을 의식하며 입을 움직이기)

스크립트를 보지않고 음성에 충실히 쉐도잉을 합니다 . 속도 , 악센트 , 억양 , 목소리의 강약 (prominence) 과 휴지부 (pause) 를 충실하게 따라해 주십시오 . 이 연습의 목적은 유창하게 말하는 것이므로 대화 내용을 의식하지 않아도 괜찮습니다 .

Step 5 콘텐츠 쉐도잉 (의미를 의식해 입을 움직이기)

스크립트를 보지않고 의미 내용을 의식하며 쉐도잉합니다 . 악센트와 억양에 주의하고 , 대화의 의미를 의식하며 쉐도잉해 주십시오 .

Unit 1 アルバイトの面接

Part-Time Job Interviews
打工面试
아르바이트 면접

〈アルバイト面接・電話アポイントメント スモールトーク〉

The Part-Time Job Interview・Appointment by Phone・Small Talk
打工面试・电话预约・闲谈／아르바이트 면접・전화 약속・스몰토크

1-1 … スモールトーク
⇒面接を受ける前の雑談(ざつだん)や世間話などを練習する

1-2 … 電話アポイントメント
⇒電話で面接の予約をする

1-3 … アルバイト面接
⇒アルバイトの面接を練習する

1-4 … 通し練習 ⇒アルバイト面接と電話アポイントメントを疑似体験(ぎじたいけん)する

1-1 Small Talk
⇒ Practicing chatting and small talk before the interview.
1-2 Appointment by Phone
⇒ Making an interview appointment by phone
1-3 The Part-Time Job Interview
⇒ Practicing for a job interview.
1-4 Full Conversation Practice
⇒ Experience simulated phone appointments and job interviews.

1-1 闲谈
⇒练习正式面试前的聊天和闲谈
1-2 电话预约
⇒打电话预约面试
1-3 打工面试
⇒练习打工面试
1-4 完整练习
⇒模拟打工面试和电话预约

1-1 스몰토크
⇒면접 전의 담소나 잡담을 연습한다
1-2 전화 약속
⇒전화로 면접 예약을 한다
1-3 아르바이트 면접
⇒아르바이트 면접을 연습한다
1-4 전체 연습
⇒아르바이트 면접과 전화 약속을 모의체험한다

Unit 1では、アルバイト面接、電話アポイントメント、スモールトーク（面接前の雑談(ざつだん)）を練習します。アルバイト面接は勤務(きんむ)条件と印象(いんしょう)で決まる傾向があります。まず元気に挨拶(あいさつ)をしましょう。日本語力や一緒に働く上でコミュニケーションの問題がないかなど、面接全体を通して評価(ひょうか)されます。以下のようなことに気をつけて面接にのぞみましょう。

○身だしなみは清潔(せいけつ)に。
○面接には遅(おく)れない。（万が一遅れそうだったら連絡して時間を変更してもらう）
○勤務可能な曜日など条件を出しておく。
○面接前に口座(こうざ)番号等を控(ひか)えておく。（アルバイト代は銀行(ぎんこう)や郵便局(ゆうびんきょく)に振(ふ)り込(こ)まれる場合がある）

In Unit 1 you will practice making appointments by phone, pre-interview small talk, and job interviews. The success of a job interview tends to be decided by the conditions of employment and the impression you make. First of all, greet your interviewer cheerfully. You will be evaluated on all aspects of the interview, such as your Japanese proficiency, whether you could effectively communicate when working together, and so on.

○ Be well-groomed.
○ Don not be late to the interview. (If something happens and it looks like you will have to be late, contact the interviewer and ask for a time change.)
○ Let the interviewer know what days you can work, etc.
○ Take your bank account information with you to the interview. (In some cases, your pay will be directly deposited into your bank account.)

Unit 1 练习打工面试、电话预约和闲谈（正式面试前如何聊天）。打工面试是否能顺利成功，取决于工作条件和给人的印象，因此要精神抖擞地跟面试官打招呼。面试官将通过面试考察你的日语能力以及是否能在工作时进行良好的沟通等。面试时需注意以下事项。

○仪容整洁。
○不可迟到。（万一无法准时赶到，要打电话更改时间。）
○先提出能上班的时间等条件。
○面试前准备好银行账号等信息。（打工薪资大部分由银行或邮局汇款至账户）

Unit 1 에서는 아르바이트 면접 , 전화 약속 , 스몰토크 (면접 전의 잡담) 을 연습합니다 . 아르바이트 면접은 근무 조건과 인상으로 정해지는 경향이 있습니다 . 우선 활기차게 인사합시다 . 일본어 능력이나 함께 일할 때 커뮤니케이션에 문제가 없는지 등을 면접 전체를 통해 평가받습니다 . 아래 사항에 유의하면서 면접에 임합시다 .

○차림새는 청결하게 한다 .
○면접에는 늦지 않는다 .(늦을 것 같으면 연락해 시간을 변경한다)
○근무 가능한 요일 등 조건을 제시해 둔다
○면접 전에 구좌 번호등을 미리 적어 둔다 . (아르바이트 급료는 은행 혹은 우체국에 입금되는 경우가 있다)

スモールトーク

A＝面接官　B＝応募者　C＝社員・従業員

1 B：［ノック3回］失礼します。今日、2時から面接の予約のカインです。

A：あ、はい。聞いています。じゃ、ちょっとこちらでお待ちください。

2 A：当社に来るまでに道に迷いませんでしたか。

B：いいえ、ネットで調べてきましたので迷いませんでした。

3 A：ベンさんは日本に来てどれくらいになるんですか？

B：半年ぐらいです。

4 A：じゃあ、日本語は学校で勉強しているんですか？

B：はい、毎日勉強しています。それから日本人のシェアメイトにも少し教えてもらっています。

5 A：今日は土曜日なのにわざわざ来てもらって悪いね➡①。

B：いいえ、こちらこそ面接していただき、ありがとうございます。

6 C：ピエールさん、こちらでお待ちください。担当の者が迎えに来ますので。

B：はい、ありがとうございます➡②。

7 A：ケイトさんのうちは、横浜なんですね。ちょっと時間かかりますね、ここまで。

B：はい、今日は1時間ぐらいかかりました。でも、乗り換えが上手くいけばそんなにかからないと思います。

POINT

➡①「わざわざ来てもらって悪いね」という言葉は「来てくれてありがとう」と同じ意味で使われます。このように言われたら、「いいえ」と一度否定し、「面接の機会をもらえて嬉しい」という気持ちを伝えましょう。また、面接官がカジュアルな言い方をしても、必ず丁寧な日本語で答えましょう。

➡②「はい」だけではなく、必ず「ありがとうございます」とお礼を言うようにしましょう。

Small Talk ／闲谈／스몰 토크

A=Interviewer B=Applicant C=Employee

A= 面试官 B= 应聘者 C= 职员、职工

A= 면접관 B= 응시자 C= 사원、종업원

1
A：[Knock.] Excuse me. I'm Cain, and I have an appointment today at 2 o'clock.
B：Oh, yes. They told me about that. Okay, wait here for a bit, please.

A：[敲门] 您好。我叫凯恩。预约了今天两点参加面试。
B：啊，你好。正在等你。请先在这里等一会儿。

A：〔노크〕실례합니다. 오늘 2 시로 면접 예약한 카인입니다.
B：아, 네. 들었습니다. 그럼 이쪽에서 좀 기다리세요.

2
A：You didn't get lost on your way here, did you?
B：No, I looked it up on the Internet, so I didn't get lost.

A：来公司的路上有没有迷路？
B：没有，我在互联网上查了路线图才来的，所以没有迷路。

A：저희 회사까지 오는 데 길찾기 어렵지 않았어요?
B：아니요, 인터넷으로 검색하고 와서 잘 찾아왔습니다.

3
A：How long have you been in Japan, Ben?
B：About half a year.

A：贝恩到日本多长时间了？
B：大约半年左右。

A：벤 씨는 일본에 오신지 얼마나 되셨나요?
B：반 년 정도입니다.

4
A：So are you studying Japanese at school?
B：Yes, I study every day. My Japanese roommate is teaching me a little, too.

A：那么，现在在学校学习日语吗？
B：是的。我每天都学习日语。有时日本室友也会教我一点儿。

A：그럼, 일본어는 학교에서 공부하고 있습니까?
B：네, 매일 공부합니다. 그리고 일본인 룸메이트에게도 조금씩 배우고 있습니다.

5
A：I'm sorry to make you come here on a Saturday.
B：Not at all. Thank you for giving me this interview.

A：今天是星期六还让你跑一趟，真不好意思。
B：哪里哪里。我还得感谢公司给我这个面试的机会。

A：오늘은 토요일인데 일부러 오게 해서 미안하네.
B：아니요, 저야말로 면접보게 해 주셔서 고맙습니다.

6
C：Please wait here, Pierre. The person in charge will come get you.
B：Okay. Thank you.

C：皮埃尔，请在这儿等一下。面试官会来接你。
B：好的。谢谢。

C：피에르씨, 여기서 기다리세요. 담당자가 맞으러 올 겁니다.
B：네, 고맙습니다.

7
A：You live in Yokohama, right, Kate? It takes some time to get here, doesn't it?
B：Yes, it took about an hour today. But I don't think it takes that long if the transfers go smoothly.

A：凯特住在横滨，是吧？有点儿远呢，到这儿。
B：是的，我住在横滨。今天来大约花了一个小时左右。不过，换车挺顺利，不觉得特别远。

A：케이트 씨 집은 요코하마네요. 조금 시간이 걸리겠어요. 여기까지.
B：네, 오늘은 1 시간 정도 걸렸습니다. 하지만 잘 갈아타면 그렇게 걸리지 않을거라 생각합니다.

➡① The phrase "sorry to make you come here" can be used in the same way as "thank you for coming". If someone says this to you, refuse once with "not at all," and convey a feeling of, "I'm happy to have the chance to interview." Also, even if the interviewer uses a casual tone, always answer in polite Japanese.

"わざわざ来てもらって悪いね" 跟 "来てくれてありがとう" 这两句的意思相同，都表示 "感谢前来" 之意。对此，应先以否定词 "いいえ" 予以回应，接着再表达很高兴能得到这次面试机会。即使面试官使用口语，应聘者也必须有礼貌地以正式的日语回答。

「일부러 오게해서 미안하네」라는 말은 「와 줘서 고맙다」와 같은 의미로 쓰입니다. 이런 말을 들으면「아니요」라고 한 번 부정하고「면접 기회를 얻어서 기쁘다」라는 마음을 전합시다. 또 면접관이 가벼운 말투라 해도 반드시 정중한 일본어로 대답합시다.

➡② Always answer with the polite "thank you very much", never just "sure."

不要只说 "はい"，感谢之词 "ありがとうございます" 也不可少。

「네」만이 아닌 반드시「감사합니다」라고 인사를 하도록 합시다.

スモールトーク

8 A ： 今日は本当に暑いですねー。

B ： はい、そうですね。

A ： タンさんの国も暑いんですよね。

B ： はい、でも日本ほどは暑く感じません。湿気がないからかもしれませんが…。

9 A ： ザビエルさんは、日本語上手ですねー。

B ： ありがとうございます。でも、まだまだです。

A ： そんなことないですよ。発音もきれいだし。

B ： ありがとうございます。でも、敬語を使うのは難しいですね。今勉強中です。

10 A ： デヴィッドさん、今日はどうやって来ましたか➡③？

B ： はい、東西線で来ました。

A ： ああ、一本で来られるんですか。便利ですね。最寄り駅はどこですか？

B ： はい。東陽町です。

11 A ： 日本の生活はもう慣れましたか？

B ： はい、もう２年ですから、だいぶ慣れました。

A ： 国にはよく帰るんですか？

B ： ええ、１年に１回ぐらいです。

POINT

➡③「どうやって来ましたか」というのは、通勤経路を問う質問です。「○○線で来ました」のように具体的に説明しましょう。

Small Talk ／闲谈／스몰 토크

8

A : It's really hot today, isn't it!
B : Yes, it is.
A : Tan, your country is hot, too, right?
B : Yes, but it doesn't feel as hot as Japan. Maybe it's because there's no humidity….

A：今天真热啊！
B：是啊。
A：谭的国家也很热，对不对？
B：是的，不过不像日本那么热。也许是比较干燥的缘故吧…。

A : 오늘은 정말 덥네요 .
B : 네 , 그렇습니다 .
A : 탄 씨 나라도 덥죠 .
B : 네 , 하지만 일본 정도로 덥게 느껴지지 않습니다 . 습기가 없어서인지도 모르지만…

9

A : Xavier, your Japanese is good!
B : Thank you, but I still have a long way to go.
A : Not at all! And your pronunciation is very clear.
B : Thank you. But polite speech is difficult to use. I'm studying it now.

A：萨威，你的日语说得真好！
B：谢谢夸奖，我还差得远呢。
A：你太谦虚了。你的发音也非常标准。
B：多谢您的夸奖。不过，我觉得敬语很难，现在正在学习当中。

A : 자비엘 씨는 일본어 잘 하시네요 .
B : 고맙습니다 . 하지만 아직 멀었어요 .
A : 그렇지 않아요 . 발음도 좋으시고요 .
B : 고맙습니다 . 하지만 존댓말을 쓰는 것은 어려워요 . 지금 공부중입니다 .

10

A : How did you get here today, David?
B : I came by the Touzai Line
A : Ahh, you can get here on one line? That's convenient. What's the closest station?
B : Yes, it is. Touyouchou is the closest.

A：大卫，今天是怎么来的？
B：我是坐东西线来的。
A：哦，不用换车就能到啊，真方便！离你家最近的车站是哪个车站？
B：东阳町。

A : 데이빗 씨 , 오늘은 어떻게 왔어요 ?
B : 네 , 도자이선으로 왔습니다 .
A : 아 , 안 갈아타고 오실 수 있어요 ? 편리하네요 . 집에서 가까운 역은 어디예요 ?
B : 네 . 도요마치 입니다 .

11

A : Have you adjusted to life in Japan?
B : Yes. It's been two years, so I'm quite adjusted to it.
A : Do you go back home often?
B : Um, about once a year.

A：日本的生活已经习惯了吗？
B：是的，已经两年了，许多方面都已经习惯了。
A：常回国吗？
B：嗯，一年回去一次左右。

A : 일본 생활은 이제 익숙해졌어요 ?
B : 네 , 벌써 2 년 되었으니까 꽤 익숙해졌습니다 .
A : 모국에는 자주 가요 ?
B : 네 , 1 년에 한 번 정도입니다 .

➡③ "How did you get here?" is a question asking about your commuting route. Always explain concretely with an answer like "I came by the ○○ Line."

“どうやって来ましたか” 是针对上班路线提出的问题。这时需要进行具体说明，例如 “○○線で来ました”。

「어떻게 왔습니까」라는 것은 통근 경로를 묻는 질문입니다 .「○○선으로 왔습니다」와 같이 구체적으로 설명합시다 .

Unit 1-2

電話アポイントメント

A＝面接官　B＝応募者　C＝社員・従業員

1 B：もしもし、そちらでアルバイトを募集していると聞いたんですが。

C：ええ、今していますよ。応募の方ですか。

2 A：それじゃあ、一度こっちに面接を受けに来てくれませんか。

B：はい、分かりました。いつお伺いすればよろしいでしょうか。

3 B：すみません、アルバイト募集の件でお電話したんですが。担当の鈴木様➡④いらっしゃいますか。

C：はい。今鈴木に代わりますので、少々お待ちください。

4 B：すみません、インターネット求人サイトでアルバイト募集を知ったんですが…。

A：ああ、そうですか。アルバイト希望の方ですね。それではお名前を教えて頂けませんか。

5 A：じゃあ、今週の水曜から金曜の午前中で、お店に来られる日ありませんか。

B：すみません。午前中は学校があるので、土日でしたら伺えるのですが。

6 A：じゃ、土曜の2時ね。履歴書、写真を貼ったものを持ってきてください。

B：はい、土曜の2時、写真付きの履歴書ですね。わかりました。

7 B：もしもし、山川商事さんですか。今、電話をしていたケイトです。すみません。途中で切れてしまいまして。

A：いえいえ、こちらこそ。

POINT

➡④「面接担当の○○様」「採用（御）担当の○○様」「ご担当の方」というように面接をしてくれる人を呼んでもらいましょう。

Making an Appointment by Phone ／电话预约／전화 약속

A=Interviewer B=Applicant C=Employee

A= 面试官 B= 应聘者 C= 职员、职工

A= 면접관 B= 응시자 C= 사원、종업원

1

B : Hello, I heard that you were hiring part time?

C : Yes, we are. Would you like to apply?

B : 喂，请问贵公司是不是在招工？

C : 是啊，现在正在招人。你想应征吗？

B : 여보세요 , 아르바이트를 모집한다고 들었는데요 .

C : 네 , 지금 합니다 . 응모하실 분인가요 ?

2

A : Well then, would you come here for an interview?

B : Yes, of course. When would be a good time for me to go?

A : 那么，请来面试吧。

B : 好的。什么时候能去面试呢？

A : 그럼 , 한 번 이쪽에 면접보러 오실 수 있어요 ?

B : 네 , 알겠습니다 . 언제 찾아뵈면 좋을까요 ?

3

B : Excuse me, I called about the part-time job opening. Is Mr. (Ms.) Suzuki available?

C : Yes, I'll transfer you to Mr. (Ms.) Suzuki. Hold on a moment, please.

B : 您好，我想咨询一下招工的事情。请问负责人铃木先生在吗？

C : 他在。我把电话转给铃木，请等一下。

B : 죄송합니다 . 아르바이트모집 건으로 전화드렸는데요 . 담당이신 스즈키 님계십니까 ?

C : 네 , 지금 스즈키 씨를 바꿔드릴 테니 조금 기다리세요 .

4

B : Excuse me, but I learned from an online job search site that you were hiring….

A : Oh, is that right? You'd like to apply, right? Could you tell me your name please?

B : 您好，我在互联网的招聘网站中看到了您那边的招工信息……。

A : 哦，好的。你想应征，对吗？请先告诉我你的名字。

B : 죄송합니다 . 인터넷 구인 사이트에서 아르바이트 모집을 알게 되었는데요… .

A : 네 그러세요 . 아르바이트 희망하시는 분이군요 . 그럼 이름을 가르쳐 주시겠어요 ?

5

A : Okay, is there a day you can come to the store in the morning between Wednesday and Friday of next week?

B : I'm sorry. I have school in the morning, but I could come on Saturday.

A : 那么，这周的星期三到星期五的上午，有没有时间来店里面试？

B : 对不起，我上午得上课，周末的话就没问题。

A : 그럼 , 이번 주 수요일에서 금요일 오전 중에 가게로 오실 수 있는 날이 있어요 ?

B : 죄송합니다 . 오전 중에는 학교가 있어서 토 , 일이면 찾아뵐 수 있는데요 .

6

A : Okay, Saturday at 2 o'clock. Please bring your resume, with a photo on it.

B : So, Saturday at 2 o'clock. Got it.

A : 那就定在星期六两点半。请带上履历表，记住要贴照片。

B : 好的，星期六两点，附照片的履历表。我知道了。

A : 그럼 , 토요일 2 시요 . 이력서 , 사진을 붙인 걸 가지고 오세요 .

B : 그럼 , 토요일 2 시 , 사진을 첨부한 이력서라고요 . 알겠습니다 .

7

B : Hello, is this Yamakawa Enterprises? I'm the Kate who was just on the phone. I'm sorry, we got cut off in the middle.

A : Not at all. Sorry about that.

B : 喂，山川商事吗？我是刚刚打电话来的凯特。对不起，讲到一半电话突然断线了。

A : 没关系，也可能是我们这边儿的原因。

B : 여보세요 , 야마카와 상사입니까 ? 지금 전화를 했던 케이트 입니다 . 죄송합니다 . 도중에 끊어져 버렸습니다 .

A : 아니요 , 괜찮아요 .

➡④ Ask them to call someone like the person in charge of interviewing, the person in charge of hiring, or the person in charge, who will give you an interview.

称呼面试官时，可以使用以下三种说法："面接担当の○○様"、"採用（御）担当の○○様"、"ご担当の方"。

「면접담당이신 ○○님」「채용담당이신 ××님」「담당자 분」과 같이 면접 담당자를 불러달라고 합시다 .

電話アポイントメント

8

A：はい、コンテンドー株式会社でございます。

B：もしもし、ソンと申しますが、学校の掲示板でアルバイト募集の紙を見たんですが。まだ募集していますか。

A：ええ、今も募集していますよ。

B：あ、そうですか。よかったです。

A：面接ご希望ですか。

B：はい、お願いします。

9

A：それでは、一度面接に来てください。会ってみて色々話を聞きたいので。

B：はい、分かりました。

A：いつがいいかな。ええっと、来週の初めはどうですか？　月曜日の10時は。

B：はい、大丈夫です。来週月曜10時ですね。

10

A：面接の時には履歴書を持ってきてくださいね。

B：りれきしょ…。すみません、それは何ですか。

A：名前とか住所とか卒業した学校とか書いてある紙ですよ。

B：はい、分かりました。

11

B：もしもし、アルバイトの広告を見てお電話しました。

A：ああ、すみません。ちょうどさっきアルバイトの人が決まってしまって…。

B：あ、そうなんですか。

A：また募集するので、その時にまた応募してください。

Making an Appointment by Phone ／电话预约／전화 약속

8

A：Hello, Kontendo Incorporated.	A：您好，这里是肯天堂股份有限公司。	A：네，컨텐도 주식회사입니다.
B：Hello, my name is Song, and I saw your flier for a job opening on the bulletin board at school. Are you still hiring?	B：您好，我姓孙。我在学校的布告栏上看到了招工信息，现在还招人吗？	B：여보세요. 송이라고 하는데요. 학교 게시판에서 아르바이트 모집 종이를 봤거든요. 아직 모집하고 있나요?
A：Yes, we're still hiring.	A：是的，现在还在招人。	A：네，지금도 모집하고 있어요.
B：Really? Great!	B：是吗？那太好了！	B：아，그래요. 다행이네요.
A：Would you like an interview?	A：你想来面试吗？	A：면접 희망하세요?
B：Yes, please.	B：是的，请给我一次面试的机会。	B：네，부탁드립니다.

9

A：Well, then, please come for an interview. I would like to meet and discuss some things with you.	A：那好，请来面试，我们当面谈谈。	A：그럼，한 번 면접하러 오세요. 만나보고 여러가지 이야기를 들어보고 싶으니 말이죠.
B：Yes, sir (ma'am).	B：好。	B：네，알겠습니다.
A：Let's see, when's good? Umm, How's the beginning of next week? Monday at 10 o'clock?	A：你什么时候方便？嗯，下个星期一或二怎么样？星期一10点？	A：언제가 좋으려나. 어디보자，다음주 초는 어떻습니까? 월요일 10시는.
B：Yes, that's good. Next Monday at 10 o'clock.	B：没问题。那就下个星期一10点见。	B：네，괜찮습니다. 다음주 월요일 10시요.

10

A：Please bring your rirekisho to the interview.	A：面试时请带上履历表。	A：면접 때는 이력서를 가지고 오세요.
B：Rirekisho…. I'm sorry, what is that?	B：Rirekisho...？对不起，请问那是什么意思？	B：리레키쇼…. 죄송한데 그게 뭔가요?
A：It's a piece of paper with your name, address, the school you graduated from, etc. written on it.	A：就是写着你的名字、住址和学历的材料。	A：이름이나 주소라든가 졸업한 학교라든가가 쓰인 종이요.
B：Ah, I understand.	B：好的，我明白了。	B：네，알겠습니다.

11

B：Hello, I'm calling because I saw your ad for a part-time job.	B：喂，我看到了招工广告，想打电话咨询一下。	B：여보세요. 아르바이트 광고를 보고 전화했습니다.
A：Oh, I'm sorry. We just decided on someone for that position.	A：啊，抱歉！刚刚已经定下人了。	A：아，죄송합니다. 조금 전에 아르바이트할 사람이 정해져서….
B：Oh, is that right?	B：这样啊。	B：아，그렇습니까.
A：We'll be hiring again, so please apply then.	A：我们还会招人，到时候请再来应征吧。	A：또 모집할테니 그 때 다시 응모해 주세요.

Unit 1-2

電話アポイントメント

⑫ A：お名前は？

B：トッツ　タン　コン　トゥエン　と申します。

A：あ、すみません。もう一度、ゆっくりお願いします。

B：すみません。コンと呼んでください。

⑬ A：じゃ、いつがいいかな。来週木曜日の2時頃はどう？➡⑤

B：来週の木曜日、13日の2時ですか、すみません…。

A：あ、都合が悪いんですか。

B：すみません。その日は大学の試験があって面接は…。

⑭ A：はい、人事部の山田です。

B：あ、もしもし、今日面接の予定のアルフレッドですが、すみませんが少し遅れてしまいそうなんです➡⑥。

A：あ、どうしたんですか？

B：電車が人身事故で止まってしまったんです。

⑮ A：そうですか。電車、どのくらい遅れそうですか。

B：あと15分ほどで動きそうです。

A：じゃ、待ってますから。気を付けて来てくださいね。

B：ありがとうございます。ご迷惑をおかけしてすみません➡⑦。

POINT

➡⑤ アルバイト面接では、お店の人がカジュアルな言い方をする場合があります。そういう場合でも、必ず丁寧な言い方で答えましょう。

➡⑥ 何かトラブルがあって遅れる時は、必ず連絡を入れましょう。

➡⑦ 電車の遅れなど、自分のせいでなくても謝った方がいいです。

12

A：What is your name?
B：My name is Totts Tan Kon Tuen.
A：Um, I'm sorry. One more time, please, slowly.
B：I'm sorry. Please call me "Kon."

A：你叫什么名字？
B：我叫 Totts Tan Kon Tuen。
A：啊，对不起，请再说一遍，能说慢一点儿吗？
B：对不起，请叫我 Kon。

A：이름은？
B：돗 탄 컴 투엔이라고 합니다．
A：아，죄송합니다．다시 한 번 천천히 불러주세요．
B：죄송합니다．컴이라 불러 주세요．

13

A：Let's see, when is good? How about next Thursday at around 2 o'clock?
B：Next Thursday, the 1 3th at 2 o'clock? I'm sorry….
A：Oh, it's not convenient?
B：I'm sorry. I have a test at university that day, so an interview….

A：那你什么时候方便？下周四的 2 点左右怎么样？
B：下周四 13 号的 2 点吗？对不起……。
A：啊，你有其他事？
B：对不起，那天大学考试，面试的话可能有点儿……。

A：자，언제가 좋을까．다음주 목요일 2 시 쯤은 어때？
B：다음주 목요일，13 일 2 시요？죄송합니다….
A：아，사정이 안 돼요？
B：죄송합니다．그 날은 대학 시험이 있어서 면접은….

14

A：Yes? This is Yamada from Personnel.
B：Oh, hello. My name is Alfred, and I have an appointment for an interview today. I'm sorry, but it looks like I'm going to be a little late.
A：Oh, why is that?
B：The trains were stopped because of an accident involving a person.

A：您好，我是人事部的山田。
B：啊，喂喂，我是阿尔弗雷德，今天预约了面试。对不起，我可能会迟一点儿才能到。
A：啊，怎么了？
B：发生交通事故，电车停运了。

A：네，인사부 야마다입니다．
B：아，여보세요．오늘 면접 예정인 알프레드인데요，죄송하지만 좀 늦을 것 같습니다．
A：아，왜요？
B：전철이 인신사고로 멈춰버렸습니다．

15

A：Really? How long does it look like the train will be delayed?
B：It looks like they'll get moving in about 15 minutes.
A：Well, I'll wait for you. Please get here safely.
B：Thank you. I'm sorry to cause trouble.

A：哦，电车会晚多长时间？
B：大概再过 15 分钟就会开了。
A：好，我们等你，一路小心。
B：谢谢。非常抱歉！

A：그래요？전철，어느 정도 늦을 것 같습니까？
B：앞으로 15 분 정도면 움직일 것 같습니다．
A：그럼，기다릴테니 조심해서 오세요．
B：고맙습니다．폐를 끼쳐 죄송합니다．

➡⑤ At part-time job interviews, there are times when the person from the store will take a casual tone. Even in that case, always reply in polite speech.

打工面试时，店里的面试官可能会以口语的形式进行对话。即便如此，应聘者也必须有礼貌地以正式的日语进行回答。

이르바이트 면접에서는 가세 사람이 가벼운 말투로 말하는 경우가 있습니다．그런 경우라도 반드시 정중한 일본어로 대답합시다．

➡⑥ If you run into trouble and are going to be late, always contact the interviewer.

如果发生意外事件不能准时赶到时，一定要跟面试方联系。

무슨 문제가 있어 늦어질 때는 반드시 연락을 합시다．

➡⑦ Even if it's not your fault, like when the train is late, etc., it's best to apologize.

即使是电车迟延等不可抗力的原因，也要向对方道歉。

전차 지연등 자신의 탓이 아니더라도 사과하는 편이 좋습니다．

Unit 1-3

アルバイト面接

A＝面接官　B＝応募者

1 A：ピエールさん、ご出身は？

B：フランスです。でも、小さい頃からずっとアフリカに住んでいました。

2 A：ここまで通勤時間はどのくらいかかりますか。

B：歩いて30分ぐらいです。自転車だと10分ぐらいで来られます。

3 A：今日、履歴書、持ってきていますか。

B：はい、よろしくお願いいたします。

4 A：日本語は大丈夫？

B：はい、話すのはまだまだですが、聞くのはだいたい大丈夫だと思います。

5 A：これまでに何かアルバイトした経験がありますか➡⑧。

B：はい、国で半年、レストランのホールスタッフをしていました。

6 A：週に何日ぐらい働けますか。

B：週に4日働けます。平日は火曜日と金曜日、週末も大丈夫です。

7 A：いつから働けますか。

B：来週初めから働けます。

8 A：アルバイトと勉強、これから大変になるよ。大丈夫？

B：はい、両立できるように頑張ります。

POINT

➡⑧ 以前した同じようなアルバイトの経験をできるだけ具体的に話しましょう。そのような経験がない場合でも、関係がある経験を話すといいでしょう。

The Part-Time Job Interview ／打工面试／아르바이트 면접

A=Interviewer B=Applicant	A= 面试官 B= 应聘者	A= 면접관 B= 응시자
1 A：Where are you from, Pierre? B：I'm from France. But I've lived in America since I was little.	A：皮埃尔，你是哪国人？ B：法国。不过我从小一直住在非洲。	A：피에르씨，출신은？ B：프랑스입니다．하지만 어렸을 때 부터 계속 아프리카에서 살았습니다．
2 A：About how long does the commute to here take? B：It takes about 3 0 minutes by foot. I could get here in about 10 minutes by bike.	A：到这里上班，路上要花多长时间？ B：走路的话，30 分钟左右。骑自行车，10 分钟左右就能到了。	A：여기까지 통근 시간은 어느정도 걸립니까？ B：걸어서 30 분 정도입니다．자전거라면 10 분 정도면 올 수 있습니다．
3 A：Did you bring your resume with you today? B：Yes. Here it is.	A：今天带履历表来了吗？ B：带来了。	A：오늘，이력서 가지고 왔습니까？ B：네，잘 부탁드립니다．
4 A：Can you speak Japanese? B：Well, I can't speak very well, yet, but I think my listening is okay.	A：日语没问题吗？ B：没问题，我还不太会说，不过基本上都听得懂。	A：일본어는 괜찮아요？ B：네，말하는 것은 아직 멀었지만 듣기는 거의 괜찮다고 봅니다．
5 A：Have you had any part-time job experience before? B：Yes. Back home, I worked as hall staff at a restaurant for half a year.	A：以前打过工吗？ B：打过。在法国的时候，曾在餐厅做了半年的大堂服务生。	A：여태까지 뭔가 아르바이트한 경험은 있어요？ B：네，모국에서 반 년，레스토랑의 홀스텝을 했습니다．
6 A：About how many days a week can you work? B：I can work 4 days a week. On weekdays, Tuesday and Friday, and weekends are good.	A：一周能工作几天？ B：一周能工作 4 天。平日的星期二和星期五，周末也可以。	A：일주일에 며칠 일할 수 있습니까？ B：일주일에 4 일 일할 수 있습니다．평일은 화요일과 금요일，주말도 괜찮습니다．
7 A：When can you start? B：I can start the beginning of next week.	A：什么时候能开始工作？ B：下周就能开始工作了。	A：언제부터 일할 수 있어요？ B：다음 주 초부터 일할 수 있습니다．
8 A：With work and study, things are going to get tough. Are you okay with that? B：Yes, I'll do my best to handle both.	A：又要打工又要学习，接下来会很辛苦，没问题吗？ B：没问题，我会努力把两件事都做好。	A：아르바이트와 공부，앞으로 힘들거예요．괜찮아요？ B：네，병행할 수 있도록 노력하겠습니다．

➡⑧ Talk as concretely as you can about past similar work experiences. Even if you don't have that kind of experience, you should talk about some related experience.

若做过同样的工作，尽可能进行具体的介绍。即便没有做过同样的工作，也可以谈谈自己的相关经历。

이전에 한 비슷한 아르바이트 경험을 가능한 한 구체적으로 말합시다．그런 경험이 없을 경우에도 관계가 있는 경험을 말하면 좋습니다．

アルバイト面接

9 A：今日はご苦労様です➡⑨。

B：いいえ。お時間いただき、ありがとうございます。

A：それじゃ、面接を始めましょうか。

B：はい、お願いします。

10 A：ワンさん、初めまして。

B：初めまして。今日は面接よろしくお願いします。

A：お、いい笑顔だね。接客には笑顔が一番大切だからね。

B：そうですか。ありがとうございます。

11 A：フレデリックさんはどうして日本に来たんですか。

B：子どもの時から日本のゲームに興味があって、日本語を勉強したいと思って来ました。

A：そうでしたか。

B：はい、私も早く日本語が上手になって、日本でゲームの仕事がしたいです。

12 A：どうしてここでアルバイトしようと思ったんですか？

B：こちらで働いている先輩から、いい職場➡⑩だと聞いていたからです。

A：あ、そうですか。

B：それに、日本や日本人をもっと理解するには、このお店でのアルバイトがいい経験になると思ったからです。

POINT

➡⑨「わざわざ来てくれてありがとう」の意味です。面接官の気づかいに対して御礼を言いましょう。

➡⑩「いい職場」とは「働きやすい場所」という意味です。先輩や知人が実際にそこで働いていて、いろいろな話を聞いているというのは最大のアピールポイントになります。

9

A：Thank you for coming in today.
B：Not at all. Thank you for giving me this time.
A：Well, then, shall we begin the interview?
B：Yes, please.

A：今天欢迎你来参加面试。
B：谢谢您给我这个机会。
A：那么，我们就开始吧。
B：好的，请提问。

A：오늘 수고했어요.
B：아니요. 시간 내 주셔서 감사합니다.
A：그럼, 면접을 시작할까요?
B：네, 부탁드립니다.

10

A：Nice to meet you, Mr. Wang.
B：Nice to meet you. Thank you for interviewing me.
A：Ah, that's a nice smile! The most important thing in customer service is a smile, you know.
B：Oh. Thank you!

A：王，你好。
B：您好。谢谢您今天给我面试的机会。
A：噢，你的笑容真灿烂！接待顾客时最重要的就是像你这样笑脸迎人。
B：多谢夸奖。

A：왕 씨, 처음 뵙겠습니다.
B：처음 뵙겠습니다. 오늘은 면접 잘 부탁드립니다.
A：어 웃는 얼굴이 좋네요. 접객에는 웃는 얼굴이 제일 중요하니까.
B：그렇습니까? 고맙습니다.

11

A：Frederick, why did you come to Japan?
B：I've had an interest in Japanese games since I was a child, and I came to Japan because I wanted to study Japanese.
A：Is that right?
B：Yes. I want to hurry up and get good at Japanese so I can do gaming work in Japan.

A：弗雷德里克，你为什么到日本来？
B：我从小就对日本电玩感兴趣，所以来日本学习日语。
A：原来是这样。
B：是的，我希望能早点儿学好日语，在日本从事电玩方面的工作。

A：프레데릭씨는 왜 일본에 오셨나요?
B：어릴 적부터 일본의 게임에 관심을 가져 일본어를 공부하고 싶어서 왔습니다.
A：그랬어요.
B：네, 저도 빨리 일본어를 잘 해서 일본에서 게임일을 하고 싶습니다.

12

A：Why do you want to work here?
B：I heard that it was a good place to work from an upperclassmen who works here.
A：Is that right?
B：And, as far as understanding more about Japan and the Japanese, I thought a job at this store would be good experience.

A：你为什么想在这儿打工呢？
B：因为我听在这儿打工的前辈说，这儿的工作环境很不错。
A：嗯。
B：而且在这儿打工可以让我更了解日本和日本人。

A：어떻게 여기서 아르바이트를 하려고 생각했죠?
B：여기서 일하는 선배한테 좋은 직장이라고 들었기 때문입니다.
A：아, 그렇습니까?
B：또 일본이나 일본 사람을 더 이해하기 위해서는 이 가게에서의 아르바이트가 좋은 경험이 될 것이라 생각했기 때문입니다.

➡⑨ This means "thank you for taking the trouble to come in today." Say something polite in response to the interviewer's show of concern.

这是"感谢你特意前来"的意思。别忘了对面试官的体贴表示感谢。

「일부러 와 줘서 고맙다」라는 의미입니다. 면접관이 신경써 주는 것에 대해 감사 인사를 합시다.

➡⑩ "A good workplace" means "a nice place to work". Having heard a lot about the place from an upperclassmen or a friend who actually works there is your biggest advantage.

"いい職場"有"舒服的工作环境"之意。提及在这里工作的前辈或友人的经历，会给面试官留下深刻印象。

「좋은 직장」이란「일하기 좋은 직장」이라는 뜻입니다. 선배나 지인이 실제로 거기서 일하고 있고, 여러가지 이야기를 들었다는 것은 최고의 어필포인트가 됩니다.

Unit 1-3

アルバイト面接

13 A：ここの仕事、朝早いし、きついし大変だよ。それでも大丈夫？

B：はい、大丈夫です。体力には自信があります。

A：そう。でも、途中で辞められるとこっちも困るんだけど。

B：そんなことありません。一生懸命頑張ります➡⑪。

14 A：人手が足りない時、時々残業とか休日出勤をお願いすることもありますが、大丈夫ですか？

B：はい、できる限り引き受けたいと思います。

A：そう、そうしてくれるとこっちも助かるよ。

B：はい。そうできるように頑張ります。

15 A：そうか、希望はホールスタッフなんですね。でも、今の日本語力なら、まずはキッチンスタッフで入って、うちのメニューとかをまず覚えてってもらいましょうか。

B：はい。わかりました。

A：調理とかの経験はありますか？

B：アルバイトでの調理経験はありませんが、自炊はしています。

16 A：勤務時間は9時スタートなら13時あがりか、4時半あがり。ま、バイトに慣れて忙しい時はラストまで、通しでお願いすることもあるかな。

B：ラストは何時までですか？

A：お客さんは9時までで、そのあと清掃して10時には終わります。

B：はい。早く仕事を覚えたいと思います。

POINT

➡⑪ 働く意識や覚悟があるか聞かれたら、「ここで頑張りたい」という気持ちをしっかり伝えましょう。

13

A：Working here, mornings are early, it's hard, and it's tough. Are you okay with that?

B：Yes, I am fine with that. I'm strong, and I have confidence.

A：I see. But if you quit on us, you'll put us in a spot.

B：No worry about that. I will work my hardest.

A：这儿的工作得早起而且很辛苦，你能胜任吗？

B：可以，没问题。我对自己的体力很有信心。

A：嗯。如果你干了不久就辞职的话，会给我们的工作造成很大影响。

B：不会。我会努力工作。

A：이곳 일，아침은 빠른데다 피곤하기도 하고 힘들거야．그래도 괜찮겠어？

B：네，괜찮습니다．체력에는 자신 있습니다．

A：그래．하지만 도중에 그만두면 우리도 곤란한데．

B：그럴 일은 없습니다．열심히 하겠습니다．

14

A：When we're short-handed, we'll sometimes ask you to work overtime and on your days off. Are you okay with that?

B：Yes, I would like to take on as much as I can.

A：Well, if you would do that, it would be a great help.

B：I will do my best to be able to do so.

A：人手不足时，时常会加班或要求你节假日来上班，没问题吗？

B：没问题，我会尽量配合。

A：是嘛，那太好了！

B：是的，我会尽最大努力工作。

A：일손이 부족할 때 가끔 잔업이라던가 휴일 근무를 부탁하는 경우도 있을텐데 괜찮겠어요？

B：네，가능한 한 맡아서 하겠습니다．

A：그래，그렇게 해주면 우리도 좋지．

B：네，그럴 수 있도록 열심히 하겠습니다．

15

A：I see. You want to be hall staff. But, with your present Japanese ability, let's have you start as kitchen staff and learn our menu first.

B：Okay, I understand.

A：Do you have any experience cooking?

B：I don't have any work experience cooking, but I cook my own meals.

A：嗯，你希望能当大堂服务生，是吗？不过以你现在的日语水平，还是先在厨房帮忙，先把店里的菜单等记住比较好。

B：好，我明白了。

A：做过烹饪的工作吗？

B：打工时没做过这方面的工作，不过我平时自己做饭。

A：그렇군，희망은 홀스텝이라고요．하지만 지금의 일본어 능력으로는 먼저 주방 스텝으로 들어가서 우리 가게 메뉴같은 걸 먼저 익혀줬으면 좋겠는데．

B：네，알겠습니다．

A：조리 같은 경험은 있습니까？

B：아르바이트에서 조리 경험은 없습니다만 자취는 하고 있습니다．

16

A：Hours start at 9:0 0 and end at either 1 3:00 or 4:3 0. Well, once you get used to the work, there are times when I'll ask you to work straight through to the last shift.

B：When is the last shift over?

A：Customers leave at 9:0 0, and after that you clean up and leave at 10:00

B：Okay. I'd like to learn the job as fast as possible.

A：工作时间从 9 点开始到下午 1 点结束，也可以到下午 4 点半。不过你上手后，店里忙的时候可能会请你工作到营业时间结束为止。

B：最晚会到几点呢？

A：顾客用餐时间到 9 点，之后做清洁，10 点结束。

B：明白了。我会尽快熟悉工作。

A：근무시간은 9 시 시작이면 13 시 끝이나 4 시 반이 끝．뭐 아르바이트에 익숙해지면 바쁠 때는 끝날 때 까지，쭉 부탁하는 일도 있지 않을까．

B：끝나는 것은 몇 시까지 입니까？

A：손님은 9 시 까지이고，그 후 청소하고 10 시에는 끝나요．

B：네，빨리 일을 익히도록 하겠습니다．

➡⑪ If you are asked whether you have some understanding or preparedness to work, strongly convey a sense of "I'll do my best."

被问及是否有做好工作的思想准备时，要明确地表达出“想在这儿努力工作”的决心。

일할 의식이나 각오가 있는지를 질문받으면「여기서 노력하겠다」라는 마음을 확실히 전합시다．

通し練習：電話アポイントメント

A＝面接官　B＝応募者　C＝店員

■ 電話アポイントメント

1

C ： お電話ありがとうございます。カフェレストラン大森でございます。

B ： もしもし、アルバイト募集の広告を見たんですが…。ご担当の方いらっしゃいますか。

C ： はい、少々お待ちください。

＝＝＝

A ： はい、お電話代わりました。店長の鈴木です。

B ： お忙しいところすみません➡⑫。私は韓国のユンと申します。アルバイト募集の広告を見てお電話しました。ぜひそちらでアルバイトをしたいんですけど。

A ： 留学生ですか。日本語は大丈夫ですか。

B ： はい、毎日日本語学校で勉強しているのでだいたいは分かります。

A ： そう。じゃあ、一度履歴書持ってきてください。

B ： はい、ありがとうございます。いつ伺ったらよろしいでしょうか。

A ： じゃ、木曜日の10時ぐらいはどうですか。

B ： あ、すみません。木曜日の午前中は授業があって…。午後なら大丈夫なんですが。

A ： そうですか、じゃ、2時はどうですか。

B ： はい、分かりました。木曜の2時ですね。

A ： はい。ここの場所は分かりますか。

B ： はい、調べて伺います。

A ： そう、じゃ、履歴書忘れないで持ってきてくださいね。

B ： はい、分かりました。よろしくお願いします。

A ： はい、じゃまた木曜日に。

B ： はい、失礼します。

POINT

➡⑫ 電話ではまず初めに相手の都合に配慮し、お詫びを言うようにしましょう。

Full Conversation Practice／完整练习／전체 연습

A=Interviewer B=Applicant C=Employee

A= 面试官 B= 应聘者 C= 职员、职工

A= 면접관 B= 응시자 C= 사원、종업원

Making an Appointment by Phone

1

C：Thank you for your call. This is Restaurant Café Ohmori.

B：Hello, I saw your help wanted ad.... Is there someone with whom I can speak?

C：Yes, please hold on a moment.

A：Yes, this is Ms. Suzuki, the manager.

B：I'm sorry to bother you. I'm Yun from Korea. I'm calling because I saw your help wanted ad. I would love to work there.

A：Are you a foreign exchange student? Can you speak Japanese?

B：Yes. I study every day at a Japanese language school, so I understand most of it.

A：Ah. Well, please bring your resume by.

B：Thank you. When should I come by?

A：Um, how about Thursday at about 10:00?

B：Oh, I'm sorry. I have class on Thursday morning.... I could come by in the afternoon.

A：Okay, then, how about 2:00?

B：That's good. Thursday at 2:00?

A：Yes. Do you know where we are?

B：I will look it up before I go.

A：Okay, then, don't forget to bring your resume.

B：I won't. Thank you very much.

A：Okay, so Thursday, then.

B：Yes. Good-bye.

电话预约

C：感谢您的来电，这里是咖啡餐厅大森。

B：喂，我看到了招工广告，想咨询一下，请问负责人在吗？

C：他在，请稍等。

A：您好，我是店长铃木。

B：百忙之中不好意思。我姓尹，是从韩国来的。我看到了招工广告，打电话来咨询一下。我想在贵店工作。

A：你是留学生吗？日语没问题吗？

B：没问题，我每天都在日语学校学习，日常会话大致都听得懂。

A：那么，你带上履历表来面试吧。

B：好，谢谢。什么时候方便？

A：嗯，星期四 10 点左右怎么样？

B：啊，对不起，星期四早上有课……。下午的话就没问题。

A：这样啊，那 2 点怎么样？

B：没问题。那就星期四 2 点。

A：好，你知道店铺地点吗？

B：我会查好再去的。

A：嗯，别忘了带上履历表。

B：好，我明白了。谢谢。

A：好，那就星期四见。

B：再见。

전화약속

C：전화 감사합니다. 카페 레스토랑 오모리입니다.

B：여보세요. 아르바이트 모집 광고를 봤는데요…. 담당자 분 계십니까?

C：네, 잠시만 기다리세요.

A：네, 전화 바꿨습니다. 점장인 스즈키입니다.

B：바쁘신 데 죄송합니다. 저는 한국사람 윤이라 합니다. 아르바이트 모집 광고를 보고 전화 드렸습니다. 꼭 거기서 아르바이트를 하고 싶은데요.

A：유학생이세요? 일본어는 괜찮으세요?

B：네, 매일 일본어학교에서 공부하고 있어서 거의 알아듣습니다.

A：그래요? 그럼, 한 번 이력서를 가지고 오세요.

B：네, 감사합니다. 언제 찾아뵈면 좋겠습니까?

A：그럼, 목요일 10 시 정도는 어떤가요?

B：아, 죄송합니다. 목요일 오전중은 수업이 있어서…. 오후라면 괜찮은데요.

A：그래요? 그럼, 2 시는 어떻습니까?

B：네, 알겠습니다. 목요일 2 시요.

A：네, 여기 장소는 아세요?

B：네, 검색해 보고 찾아뵙겠습니다.

A：그래요. 그럼 이력서 잊지말고 가지고 오세요.

B：네, 알겠습니다. 잘 부탁드립니다.

A：네, 그럼 목요일에 보죠.

B：네, 실례합니다.

➡⑫ On the phone, from the beginning, carefully consider the other person's convenience, and apologize appropriately.

对方可能工作很忙，因此接通后先向对方致上歉意。

전화에서는 제일 먼저 상대방의 사정을 배려해 죄송함을 전하도록 합시다.

通し練習：アルバイト面接

■ アルバイト面接

A＝面接官　B＝応募者

2

A：はい、では面接始めましょうか。

B：はい、金ユンヒと申します。本日はよろしくお願いします。

A：えっと、金さんは韓国の方ですね。

B：はい、そうです。

A：コンビニでアルバイトをした経験はありますか。

B：いいえ、コンビニではありませんが、ファミレスでしたことがあります。ホール担当でした。

A：じゃ、接客は大丈夫ですね。

B：はい。レジ打ちも少しはできます。

A：そうですか。うちは土日を含めて週４日➡⑬は入って欲しいんですが…。

B：はい。あの、時間帯は…。

A：午後５時から10時までの５時間です。大丈夫ですか。

B：はい。大丈夫です。

A：平日は何曜日に来られますか。

B：月曜日以外は大丈夫です。

A：じゃ、火曜日と金曜日にお願いできますか。

B：はい。分かりました。

A：じゃ、早速来週の火曜日からお願いします。最初の一週間は研修期間ですけどね。

B：はい、ありがとうございます。

POINT

➡⑬「土曜日・日曜日を入れて一週間に４日」という意味です。土曜日・日曜日、平日もできるだけ多くの日に働けるということをアピールすると有利になります。

Full Conversation Practice ／完整练习／전체 연습

A=Interviewer　B=Applicant　C=Employee

Part-Time Job Interview

2

A：So, shall we begin the interview?

B：Okay. My name is Yun Kim. Thank you for seeing me today.

A：Um, you're Korean, right, Mr. Kim?

B：Yes, I am.

A：Have you ever worked at a convenience store before?

B：No, not at a convenience store. But I have worked at a family restaurant. I was hall manager.

A：So, your customer service is okay, then.

B：Yes. I can also do the register some.

A：I see. We'd like to have you work four days a week here, including Saturdays....

B：Okay. Um, what times...?

A：The five hours from 5:0 0 in the afternoon to 10:00. Is that okay?

B：Yes, it is.

A：What weekdays can you come?

B：Any days but Mondays are good.

A：Then, can I ask you to work Tuesdays and Fridays?

B：Yes, that's good.

A：Then, right away, I'll ask you to start next Tuesday. Of course, the first week is a training period.

B：Okay. Thank you.

A= 面试官　B= 应聘者　C= 职员、职工

打工面试

A：好，那我们开始吧。

B：好的。我叫金英姬。今天请多多关照。

A：嗯，你是韩国人，对吗？

B：是的。

A：在便利店打过工吗？

B：没有，但是我在餐厅当过大堂服务生。

A：那在接待顾客方面没问题，对吗？

B：是的。我也会一些收银员的工作。

A：噢。包括周末在内，我们希望你一周能来 4 天...。

B：好的。嗯，请问每天的工作时间是......？

A：下午 5 点到 10 点，5 个小时。怎么样？

B：好的，没问题。

A：平日的话，星期几能来？

B：除了星期一以外都没问题。

A：那就请你星期二和星期五来吧。

B：好，我明白了。

A：请你下个星期二就来上班吧。第一周为实习期间。

B：好，谢谢。

A= 면접관　B= 응시자　C= 사원、종업원

아르바이트 면접

A：네 , 그럼 면접을 시작할까요 ?

B：네 , 김윤희라고 합니다 . 오늘 잘 부탁드립니다 .

A：그럼…金さん은 한국분이시군요 .

B：네 , 그렇습니다 .

A：편의점에서 아르바이트한 경험은 있어요 ?

B：아니요 , 편의점에서는 없지만 , 패밀리 레스토랑에서 한 적이 있습니다 . 홀 담당이었습니다 .

A：자 접객은 괜찮겠네요 .

B：네 . 카운터 계산기도 조금 사용할 수 있습니다 .

A：그래요 . 우리는 토 , 일을 포함해 주 4 일은 해 줬으면 하는데요 ...

B：네 . 저 , 시간대는… .

A：오후 5 시부터 10 까지 5 시간입니다 . 괜찮아요 ?

B：네 . 괜찮습니다 .

A：평일은 무슨 요일에 올 수 있어요 ?

B：월요일 이외는 괜찮습니다 .

A：그럼 , 화요일과 금요일 부탁할 수 있어요 ?

B：네 . 알겠습니다 .

A：그럼 , 바로 다음주 화요일부터 부탁해요 . 처음 1 주일은 연수기간이지만요 .

B：네 , 감사합니다 .

➡⑬ This means, "Four days a week including Saturday and Sunday." It is to your advantage to stress that you want to work as many days as you can, including Saturdays, Sundays, and weekdays.

这是“包括星期六和星期日，一周工作 4 天”的意思。告知面试官除了星期六和星期日，平日也能尽量安排工作。这样对你有利。

「토요일・일요일을 넣어서 1 주일에 4 일」이라는 의미입니다 . 토요일・일요일 , 평일도 가능한 한 많이 일 할 수 있다는 것을 어필하면 유리해 집니다 .

通し練習：アルバイト面接

A：じゃ、そういうことで。あ、そうそう、時給ですが、早番が1000円、遅番が1200円スタートですよ。遅番はまかない付きです。

B：はい。

A：それから、給料は15日締めの25日払い。交通費は全額支給します。銀行振込なので、今度来た時口座番号教えてくれませんか。

B：はい、分かりました。

A：それじゃ、また来週の火曜日にお待ちしています。

B：はい、ありがとうございました。

Full Conversation Practice ／完整练习／전체 연습

A：So, that's that. Oh, right. Pay starts at 1000 yen for the early shift, 1200 yen for the late shift. Dinner comes with the late shift.

B：Okay.

A：Also, pay period ends on the 15th, payment on the 25th. We reimburse you for your full transportation expenses. It's direct deposit, so next time you come, could you let me know your account number?

B：Yes, I will.

A：Okay, I'll see you next Thursday.

B：Yes. Thank you very much.

A：那就这样吧。啊，对了，时薪最初早班是1000日元、晚班是1200日元。晚班还包晚餐。

B：好的。

A：另外，每月15号结算薪水，25号支付。交通费全额支付。薪水都是通过银行汇款，下次来时记得告诉我你的银行账号。

B：好，我明白了。

A：那么，我们就下周二见吧。

B：好，谢谢。

A：자 그런 걸로 하고 . 아 맞다 . 시급 말인데 아침근무는 1000 엔 , 야간근무가 1200 엔으로 시작해요 . 야간근무는 식사가 제공되구요 .

B：네 .

A：그리고 급료는 15 일까지로 계산해서 25 일에 지급 . 교통비는 전액 지급합니다 . 계좌에 입금되니까 다음에 올 때 계좌번호를 가르쳐 주세요 .

B：네 , 알겠습니다 .

A：그럼 , 다시 다음주 화요일에 기다리겠습니다 .

B：네 , 감사합니다 .

My Page ◆ マイページ

質問に対する自分なりの答えを作り、音声に合わせて実際の面接シミュレーションをしましょう。

Think up your own answers to the questions and, matching the recording, simulate a real interview.

针对问题写出自己的答案，配合 CD 模拟实际的面试。

질문에 대한 자신만의 대답을 작성해 음성에 맞춰 실제 면접 시뮬레이션을 합시다 .

面接官：お待たせしました。担当の田中です。

あなた：＿＿＿＿＿＿＿＿＿＿＿＿＿＿＿＿＿＿。

面接官：この場所すぐ分かりましたか。

あなた：＿＿＿＿＿＿＿＿＿＿＿＿＿＿＿＿＿＿。

面接官：そうですか。ここまでどのくらいかかるんですか。

あなた：＿＿＿＿＿＿＿＿＿＿＿＿＿＿＿＿＿＿。

面接官：それでは面接、始めましょうか。

あなた：＿＿＿＿＿＿＿＿＿＿＿＿＿＿＿＿＿＿。

面接官：えー、〇〇さん、お国は？

あなた：＿＿＿＿＿＿＿＿＿＿＿＿＿＿＿＿＿＿。

面接官：日本に来てもうどれくらいになるんですか？

あなた：＿＿＿＿＿＿＿＿＿＿＿＿＿＿＿＿＿＿。

面接官：日本語の勉強はどうですか？　大変でしょう？

あなた：＿＿＿＿＿＿＿＿＿＿＿＿＿＿＿＿＿＿
＿＿＿＿＿＿＿＿＿＿＿＿＿＿＿＿＿＿。

面接官：以前こういう仕事をした経験はありますか。

あなた：＿＿＿＿＿＿＿＿＿＿＿＿＿＿＿＿＿＿
＿＿＿＿＿＿＿＿＿＿＿＿＿＿＿＿＿＿。

面接官：どうしてここでアルバイトしようと思ったんですか。

あなた：＿＿＿＿＿＿＿＿＿＿＿＿＿＿＿＿＿＿
＿＿＿＿＿＿＿＿＿＿＿＿＿＿＿＿＿＿。

My Page

面接官：週何日ぐらい働けますか。
(しゅうなんにち / はたら)

あなた：＿＿＿＿＿＿＿＿＿＿＿＿＿＿＿＿＿＿＿＿＿＿

面接官：仕事はいつから始められますか。
(しごと / はじ)

あなた：＿＿＿＿＿＿＿＿＿＿＿＿＿＿＿＿＿＿＿＿＿＿

面接官：じゃ、明日中にアルバイト採用の結果を電話でご連絡します。
(あしたじゅう / さいよう / けっか / でんわ / れんらく)

あなた：＿＿＿＿＿＿＿＿＿＿＿＿＿＿＿＿＿＿＿＿＿＿

この課の表現・ことば

Words and Expressions for This Section
本课表现与生词／이 과의 표현・어휘

〈動〉 = Verbs ／动词／동사　**〈表〉** = Expressions ／表现／표현

〈動〉	乗り換える（のりかえる） to transfer (as in between trains, etc.) ／换车、倒车 ／갈아타다	p.26
	新宿（しんじゅく）で山手線（やまのてせん）に乗り換え（のりかえ）ます。	
〈表〉	最寄り駅（もよりえき） closest train station ／（离～）最近的车站 ／집에서 가까운 역	p.28
	最寄り駅（もよりえき）は丸ノ内線（まるのうちせん）の新中野（しんなかの）です。	
〈動〉	～に応募（おうぼ）する to apply for ~ ／应征～ ／~에 응모하다	p.32
	このアルバイトに応募（おうぼ）するつもりだ。	
〈表〉	都合（つごう）がいい／悪い（わるい） is convenient / inconvenient ／方便／不方便 ／사정이 좋다 / 안 되다	p.34
	平日（へいじつ）の午後（ごご）はゼミがあって都合（つごう）が悪い（わるい）。	
〈表〉	～と～を両立（りょうりつ）する to be able to handle both ~ and ~ ／兼顾～和～ ／~와 ~을 병행하다	p.36
	学校（がっこう）の勉強（べんきょう）とアルバイトを両立（りょうりつ）するのは大変（たいへん）だ。	
〈動〉	接客（せっきゃく）する to do customer service ／接待顾客 ／접객하다	p.38
	以前（いぜん）、ホールの仕事（しごと）をしていたので、接客（せっきゃく）に慣れ（なれ）ている。	
〈表〉	休日出勤（きゅうじつしゅっきん） coming in to work on a day off ／节假日上班 ／휴일출근	p.40
	休日出勤（きゅうじつしゅっきん）は可能（かのう）だ。	
〈動〉	～を引き受ける（ひきうける） to take on ~ ／接受～、答应～ ／~을 떠맡다，(책임지고) 맡다	p.40
	いい経験（けいけん）になるので、その仕事（しごと）を引き受け（ひきうけ）た。	

【アルバイト用語（ようご）】

- □ ○時（じ）スタート、△時（じ）あがり …… Start at ○ o'clock, finish at △ o'clock ／从○点开始，到△点结束／○시에 시작해 △시에 끝남
- □ ラストまで …… Until the store closes ／指到商店结束营业为止／가게 폐점 시각까지라는 뜻
- □ 通し（とおし）で …… Working from daytime through the store's closing ／从早上工作到结束营业为止／시작부터 폐점 무렵까지 일한다는 뜻
- □ 早番（はやばん） …… In shift work, the early shift ／轮班制，上早班／교체제 근무에서 이른 시간에 출근하는 것
- □ 遅番（おそばん） …… In shift work, the late shift ／轮班制，上晚班／교체제 근무에서 늦은 시간에 출근하는 것
- □ まかない …… Meals provided by the workplace ／打工处提供的餐食 ／아르바이트 근무처가 제공하는 식사
- □ ○日締め（じじめ）の△日払い（ばらい） …… Getting paid on the △th for the pay period ending on the ○th ／到○号为止的薪水，在△号支付／○일까지의 급료를 △일에 지불한다는 뜻

Unit 2 大学・専門学校入試(だいがく せんもんがっこうにゅうし)の面接

University and Technical School Admissions Interviews
大学、专门学校入学面试
대학・전문학교 입시 면접

2-1 …大学・専門学校入試の面接

⇒志望(しぼう)理由や将来(しょうらい)の目標(もくひょう)、自己ＰＲなどを具体的に話す練習

2-2 …通し練習

⇒入試面接を疑似体験(ぎじたいけん)する

2-1 Conversations in Admissions Interviews for Universities and Technical Schools
⇒ Practice speaking concretely about your reasons for applying, future goals, personal appeal, etc.
2-2 Full Conversation Practice
⇒ Experience a mock admissions interview.

2-1 大学・专门学校入学面试的会话
⇒练习具体说明报考理由、未来目标及自我介绍等
2-2 完整练习
⇒模拟人学面试

2-1 대학・전문학교 입시의 면접회화
⇒지망 이유나 장래 목표 , 자기 PR 등을 구체적으로 말하는 연습
2-2 전체 연습
⇒입시 면접을 모의체험한다

Unit 2では大学・専門学校入試の面接を練習します。以下の内容の質問がよく問われます。

○ 大学や専門分野への志望動機(しぼうどうき)
○ 卒業後の進路(しんろ)
○ 日本語力
○ 自分の長所・短所
○ 学費(がくひ)や生活費(せいかつひ)の計画
○ 最近興味(きょうみ)のあるニュースや本

また、受験生からの質問を受け付けることもあるので、奨学金制度(しょうがくきんせいど)や寮(りょう)などの設備(せつび)、学費以外でかかる費用など、質問を用意して面接にのぞむことが大切です。

In Unit 2 you will practice university and technical school admissions interviews. You will often be asked about the following topics.

○ Your motivation for applying to the university or technical school
○ Your plans after graduation
○ Your Japanese proficiency
○ Your strengths and weaknesses
○ Your plans for tuition and living expenses
○ Recent news and books in which you are interested

Also, since schools sometimes solicit questions from applicants, it is important that going into the interview you have prepared questions about scholarships, dorms and other facilities, and non-tuition school costs.

Unit 2 练习大学、专门学校入学面试。以下内容是经常出现的问题。

○报考大学或专门领域的动机
○毕业后的出路
○日语能力
○个人优缺点
○学费和生活费的规划
○最近感兴趣的新闻或书籍

此外，面试人员会要求考生发问，因此面试时别忘了准备一些关于奖学金制度、宿舍等设备、学费之外的额外费用等问题。

Unit 2 에서는 대학・전문학교 입시 면접을 연습합니다 . 아래 내용의 질문을 자주 받습니다 .

○ 대학이나 전문분야의 지망동기
○ 졸업 후 진로
○ 일본어 능력
○ 자신의 장점・단점
○ 학비나 생활비 계획
○ 최근 관심있는 뉴스나 책

또 , 수험생에게 질문을 받는 경우도 있으므로 장학금 제도나 기숙사 등의 설비 , 학비 이외에 들어가는 비용 등 , 질문을 준비해 면접에 임하는 것이 중요합니다 .

Unit 2-1

大学・専門学校入試の面接

A＝面接官　B＝応募者

■ 志望動機・志望校への関心の高さ

1 A：参加されたオープンキャンパス➡①では、本学にどんな印象を持ちましたか。

B：はい➡②。あの、学生の方が案内してくれたのですが、学生の方々が充実した大学生活を過ごしているように思いました。

2 A：どうしてこの大学を志望したんですか。

B：はい。あのー、私の先輩がこちらの大学の経済学部にいます。その先輩から、留学生にとって学習環境が整っていることや、生活の支援、また奨学金なども充実していることを聞きました。そこで私も大学のホームページやパンフレットをよく読んで検討しました。そして私の学びたいことが学べるようですし、4年間学ぶのにとてもいい環境だと感じました。こうした理由からこちらの大学を志望しました。

3 A：本学➡③の経営学部を志望しているんですね。どうしてうちの経営学部を考えているんですか。

B：はい。卒業後の就職率が高いので、多くのことが学べる環境だと考えました。私は将来、起業したい➡④ので、マネージメントについても学びたいと考えています。

4 A：環境理工学部の中でも、どうしてこの学科を志望したんですか。

B：はい。持続可能な社会のためには環境について学ぶ必要があると思います。また、これからは環境ビジネスにチャンスがあると考えています。中でも私は緑地化や水、農業などに関心があり、こちらの学科で勉強したいと考えました。

POINT

➡① 専門学校や大学で行われる進学説明会のこと。模擬授業や施設案内、在校生や教職員との相談会などが行われることが多いです。

➡② 質問されたら、まず「はい」と言いましょう。「答える意志がある」という合図です。

➡③「私たちの大学」の意味です。大学に勤めている教職員が使う表現。

➡④ 次の質問は、当然、どのような分野で起業したいのかを聞かれます。もしまだ未定でも、分野やどのような方面か考えておく必要があります。

Admissions Interviews for Universities and Technical Schools
大学、专门学校入学面试／대학・전문학교 입시 면접

A=Interviewer　B=Applicant

Reasons for Applying・Level of Interest in the School

1
A：What impression of our school did you receive from the open campus in which you participated?

B：Yes, well, a student showed me around, and it looked like the students live a very full college life.

2
A：Why did you want to apply to this university?

B：Well, um, an upperclassman of mine is in the economics department here. I heard from him that there is a good study environment for the students, and that there is both a lot of help for students in their daily lives and a lot of scholarships. I also researched that by reading the university's home page and pamphlets. Also, I felt that I could study what I want to study and that it would be a great environment in which to study for four years.

3
A：You're applying to our management department, right? Why are you thinking about our management department?

B：Well, I think that because the post-graduation employment rate is high, this would be a good environment in which to learn a lot of things. Since I want to start my own business in the future, I would like to study management.

4
A：With in the Environmental Sciences and Engineering Department, why are you interested in this course of study?

B：Well, I believe studying the environment is important for creating a sustainable society. And, I think that going forward there will be opportunities for environmental businesses. I also have a strong interest in greenification, water, agriculture, and so on, and I would like to study them in this department.

A= 面试官　B= 应聘者

报考动机、对报考学校的了解程度

1
A：参加校园开放日的活动后，对本校的印象如何？

B：嗯，在校生给我们介绍校园，我觉得他们的大学生活过得很充实

2
A：为什么想进这所大学呢？

B：嗯，我学长就读于贵校经济系，他说这所学校为留学生提供良好的学习环境，对生活的关怀无微不至，奖学金制度也很完善。我仔细浏览了贵校网站，也看了宣传手册，认为贵校不仅学习环境佳，在这儿也能学到想学的知识，因此来报考。

3
A：你的志愿是本校经营系，对吧。为什么想进经营系呢？

B：经营系学生毕业后的就业率很高，而且我认为在这儿可以学到很多。将来我要自己创业，因此想学习管理方面的知识。

4
A：你为什么在环境理工学院的众多科系中选择报考本科系？

B：我认为社会要能存续，需要环境方面的相关知识。此外，环境产业的前景不错。在众多的环境相关知识当中，我对土地绿化、水和农业等感兴趣，因此想到这个科系就读。

A= 면접관　B= 응모자

지망동기 및 지망학교에 대한 관심도

1
A：참가하신 오픈 캠퍼스➡①에서는 저희 학교에 어떤 인상을 받으셨나요？

B：네 . 저기 , 학생분이 안내해 주셨는데 학생들이 충실한 대학 생활을 보내는 것처럼 보였습니다 .

2
A：왜 이 대학을 지망하셨나요？

B：네 , 저…제 선배가 이 대학 경제학부에 있습니다 . 그 선배한테 유학생에게는 학습환경이 잘 갖춰있고 생활 지원 , 그리고 장학금 등도 충실하다는 것을 들었습니다 . 그래서 저도 대학 홈페이지나 팜플렛을 잘 읽고 검토했습니다 . 그리고 제가 배우고 싶은 걸 배울 수 있는 듯하고 4 년간 배우는데도 매우 좋은 환경이라고 느꼈습니다 . 이런 이유에서 이 대학을 지망했습니다 .

3
A：본교경영학부를 지망하셨네요 . 왜 우리 경영학부를 생각하시고 계신가요？

B：네 , 졸업 후 취직율이 높기때문에 많은 것을 배울 수 있는 환경이라 생각했습니다 . 저는 장래 창업하고 싶기 때문에 매니지먼트에 관해서도 배우고 싶습니다 .

4
A：환경이공학부 중에서도 왜 이 학과를 지망하셨나요？

B：네 , 지속가능한 사회를 위해서는 환경에 관해 배울 필요가 있다고 봅니다 . 또 앞으로는 환경비지니스에 기회가 있으리라 생각합니다 . 그 중에서도 저는 녹지화나 물 , 농업 등에 관심이 있어 이 학과에서 공부하고 싶습니다 .

➡① This refers to the open campuses that technical schools and universities hold. They often hold model classes, tours, and talks with current students and faculty.
这是指专门学校和大学举办的升学说明会，内容大多包括模拟教学、介绍校园、与在校生和教职员恳谈等。
전문학교나 대학에서 시행하는 진학설명회 . 모의수업이나 시설안내 , 재학생과 교직원과의 상담회 등이 열리는 경우가 많습니다 .

➡② When asked a question, first answer with "hai." This signals that you intend to answer.
面试官提问后，你要先回答"はい"，表示"有回答问题的意愿"。
질문을 받으면 우선「네」라고 말합시다 .「대답할 의지가 있다」라는 사인입니다 .

➡③ This means "our university." This is an expression that faculty working at the university use.
这是"我们大学"的意思，在大学任职的教职员使用的表现。
「우리 대학」이라는 의미 . 대학에 근무하는 교직원이 사용하는 표현 .

➡④ The next question asked will be, of course, what kind of field you would like to start a business in. If you haven't decided that, you need to think about the field and what kind of direction you'd like to take.
面试官必定会在下个问题里，问及你要在哪个领域创业。即使尚未决定好，也要事先想一下回答的内容。
다음 질문은 당연히 어떤 분야에서 창업하고 싶은가라는 질문이 됩니다 . 만약 아직 정하지 못했더라도 , 분야나 어떤 방면일지 생각해 둘 필요가 있습니다 .

大学・専門学校入試の面接

5 A：志望は経済学部ですね。どうして経済学部を志望しているんですか。

B：はい。私の国、ベトナムは今まさに経済発展をしています。しかし、これは光の部分で陰の部分は地方と都市部の経済格差や、環境への影響などがあります。日本は経済成長を続ける中でこうした課題を上手に克服してきました。私は経済学を学び、経済成長を支えるための制度や規制を学びたいと思いました。以上が経済学部を志望した理由です➡⑤。

6 A：経営学部の志望動機は何ですか。

B：はい。父は海鮮食品を扱う仕事をしているので、ゆくゆくは私がその仕事を引き継ぐことになっています。この事業での今後の発展を考えると、世界市場に目を向ける必要があると考えています。そこで私は広く経営学や国際経済について学びたいと考えました。また、ビジネスツールとしてインターネットの重要性はますます大きくなると考えているので、コンピュータ技術もしっかり学びたいと考えています。

7 A：志望は外国語学部ということですが、どういったことで外国語学部を選んだんですか。

B：はい。あの、私は卒業後は日本でサービス業に就き、日本流の「おもてなし」の精神と方法を学びたいと思っています。そのためには総合的なコミュニケーション能力を高める必要があると考えました。そこで、まずは日本語をしっかり学び、続いて日本文化や日本的な考え方など、日本のスピリットを学びたいと思います。そして将来的には、日本語を駆使した仕事ができるようになりたいと思っています。以上が外国語学部を志望した理由です。

POINT

➡⑤「以上が～理由です。」という表現は、結論を最後に述べる際のひとつの模範的なスタイルです。

5 A：You're applying to the Economics Department, right? Why are you interested in the Economics Department.

B：Right now, my country, Vietnam, is developing economically. However, while this is the bright side, the dark sides are the economic disparity between the rural and urban areas and the effects on the environment. I want to learn about the economy, and I want to learn about the systems and regulations that support economic growth. These are the reasons that I am applying to the Economics Department.

A：你的志愿是经济系，对吧。你为什么想进经济系呢？

B：我的国家—越南的经济正在发展，表面上虽然光鲜，但背后隐藏了一些问题，比如说城乡经济差距日益加大，环境遭到破坏等。日本在维持经济成长的同时，成功解决了这些课题，因此我想学习经济学，了解经济成长时所需的制度和规则。这就是我报考经济系的理由。

A：지망은 경제학부군요. 왜 경제학부를 지망하시나요?

B：네, 제 조국 베트남은 확실히 지금 경제발전을 하고 있습니다. 하지만 이것은 밝은 면이고 어두운 면은 지방과 도시부의 경제격차나 환경으로의 영향등이 있습니다. 일본은 경제성장을 계속하는 가운데 이러한 과제를 잘 극복해왔습니다. 저는 경제학을 배워 경제발전을 지탱하기 위한 제도와 규제를 배우고 싶습니다. 이상이 경제학부를 지망한 이유입니다.

6 A：What is your reason for applying to the Management Department?

B：My father has a job handling seafood, and eventually I am going to take over that work. Thinking about the future development of this industry, I believe that we must turn our eyes toward the international markets. Thus I want to study widely about management studies and international economics. Also, because I think that the Internet will become increasingly important as a business tool, I would also like to study computers thoroughly.

A：你报考经营系的动机为何？

B：父亲从事海产业，以后我也会继承他的衣钵。我认为未来想要拓展海产业，必须得走向世界舞台，因此我要广泛学习经营学和国际经济的相关知识。此外，我还想学好电脑方面的技术，因为互联网已经成为一种商业工具，其重要性与日俱增。

A：경제학부의 지망동기는 무엇입니까?

B：네, 아버지가 해산물을 다루는 일을 하셔서 언젠가는 제가 그 일을 물려받게 되어 있습니다. 이 사업에서 향후 발전을 생각하면 세계 시장에 눈을 돌릴 필요가 있다고 생각합니다. 이에 저는 넓게 경영학이나 국제경제에 관해 배우고 싶다고 생각했습니다. 또 비지니스 수단으로 인터넷의 중요성은 더 커질것이라 보기 때문에 컴퓨터 기술을 확실히 배우고 싶습니다.

7 A：You're applying to the Foreign Language Department, but what made you choose the Foreign Language Department?

B：Yes, well, after graduation, I would like to go into the hospitality industry, and I would like to learn about the spirit and methods of Japanese-style hospitality. To that end, I think it is necessary to raise my general communication skill level. So after first learning Japanese well, I would like to continue on to learn about Japanese culture, the Japanese way of thinking, the Japanese spirit, and more. These are the reasons I applied to the Foreign Language Department.

A：你想报考外语系，对吧。是什么原因让你选择外语系？

B：嗯，毕业后我想在日本从事服务业，从中学习日本传统"接待顾客"的精神和方式，所以我得全面提升语言能力。我要先学好日语。然后再学习日式精神，了解日本文化及日本人的思考模式等。将来我希望能用日语工作，所以我选择报考外语系。

A：지망은 외국어 학부라고 되어있는데요 무슨 이유로 외국어 학부를 선택하셨나요?

B：네, 저는 졸업 후 일본에서 서비스업에 취직해 일본식의 おもてなし(성심껏 손님을 접대하는 태도) 정신과 방법을 배우고 싶습니다. 이를 위해 종합적인 커뮤니케이션 능력을 높일 필요가 있다고 생각했습니다. 이에 먼저 일본어를 확실히 배우고 계속해서 일본문화와 일본적인 생각 등, 일본의 정신을 배우고 싶습니다. 그래서 장래에는 일본어를 구사하는 일을 할 수 있게 되고 싶습니다. 이상이 외국어 학부를 지망한 이유입니다.

➡⑤ This expression is one of the textbook ways to state your conclusion at the end.

"以上が～理由です。"为最后陈述结论时的典型表现之一。

「이상이～이유입니다.」라는 표현은 결론을 마지막에 말할 때의 모범적인 대답 유형입니다.

8 A：大学で一番学びたいことは何ですか。

B：はい。一番という意味では専門の勉強です。しかし、それ以外にも就職活動のことを考えて、できるだけ人と多く接する機会を作り、様々な経験を積みたいと思っています。そのためにアルバイトをしたり大学行事に参加したいと思っています。また、一生付き合えるような日本人の友人や先生に出会えればと思っています。

9 A：本校についてはどうやって知ったんですか。

B：はい。インターネットで「日本」「専門学校」「アニメーション」といったキーワードで検索をしました。その際にこちらの専門学校が目にとまりました。そしてSNSでこちらの大学で学んでいる留学生と知り合いになり、学校生活や卒業後の進路などについて教えてもらいました。

10 A：どうしてこの専門学校を志望したんですか。

B：はい。観光学が学べること、学ぶための環境、そして生活するための環境が整っていること、この３つの点から専門学校を検討しました。大きな学校では教員一人に対する学生数が多く、また人と人との距離が離れているのではないかと思いました。そこで私は中規模あるいは小規模の専門学校が自分にとっては良いと考えました。私自身、韓国の地方都市の出身なので日本でも地方都市の方が居心地がいいだろうと思い、こうした理由からこちらの専門学校を志望しました。

8 A：What do you want to learn most at university?

B：As for the most, that would be my major course of study. However, in addition to that, and considering my employment search, I would like to make as many opportunities as I can to meet people and gain different kinds of experiences. Also, I would like to be able to meet Japanese friends and teachers that I will know all my life.

A：你在大学里最想学什么？

B：最想学习的当然是自己的专业，不过为了就职活动，我会去打工，还会参加大学举办的活动，尽可能多跟人接触，累积各种经验，同时我也期盼能结识值得深交的日本友人及恩师。

A：대학에서 제일 배우고 싶은 것은 무엇입니까？

B：네．제일이라고 하면 전공 공부입니다．하지만 그 이외에도 취직 활동을 생각해서 될 수 있는 한 사람과 많이 접하는 기회를 만들어 다양한 경험을 쌓고 싶습니다．이를 위해 아르바이트를 하거나 대학 행사에 참가하고 싶습니다．또，평생지기로 지낼 수 있는 일본인 친구와 선생님을 만나고 싶습니다．

9 A：How did you find out about our school?

B：On the Internet, I searched keywords like "Japan," "technical school," and "animation." When I did, this technical school caught my eye. Then I friended a foreign exchange student studying at this school on an SNS, and she told me about school life, post-graduation routes, and so on.

A：你怎么知道本校的？

B：我在互联网上输入“日本”、“专门学校”、“动漫”等关键词查到的。我对贵校很感兴趣，后来又在 SNS 上认识就读于这所学校的留学生，他们告诉了我许多关于学校生活和毕业后出路等的事情。

A：우리 학교에 관해서는 어떻게 알게 되었습니까？

B：네，인터넷에서「일본」「전문학교」「애니메이션」이라는 키워드로 검색했습니다．그 때 이전문학교가 눈에 띄었습니다．그리고 SNS 로 이곳 대학에서 공부하는 유학생과 알게 되어 학교생활이나 졸업후 진로 등에 대한 정보를 얻었습니다．

10 A：Why did you apply to this technical school?

B：I evaluated technical schools on three points: whether I could study tourism studies, the learning environment, and also whether there was a good living environment. At big schools, it seems that the number of students for one teacher is large and that people are too separated. So I thought that mid-sized and small-sized technical schools would be good for me. I myself am from a provincial city in Vietnam, so I thought that in Japan a provincial city would be good for me, too; and so for reasons like these, I applied to this technical school.

A：为什么你想报考这家专门学校？

B：报考的理由有三点，首先我能学到观光学，还有就是学习环境完善，以及生活环境良好。大规模学校里的老师得一人照顾多名学生，人与人之间的关系比较疏离。我觉得自己比较适合中等规模或小规模的专门学校。我老家是韩国的地方城市，来了日本，我还是觉得住在地方城市会比较舒服，因此来报考这间学校。

A：왜 이 전문학교를 지망했습니까？

B：네，관광학을 배울 수 있는 점，배우기 위한 환경，그리고 생활하기 위한 환경이 갖춰진 점，이 세 가지 점에서 전문학교를 검토했습니다．큰 학교에서는 교원 한 사람 당 학생수가 많고，또 사람과 사람의 거리가 멀지 않을까 생각했습니다．이에 저는 중간 규모 혹은 소규모 전문학교가 저에게는 맞다고 생각했습니다．제 자신，한국의 지방 도시 출신이어서 일본에서도 지방 도시가 살기 좋을것 같아，이런 이유에서 이 전문학교를 지망했습니다．

大学・専門学校入試の面接

A＝面接官　B＝応募者

卒業後の進路に関する質問

11 A：卒業後の進路について、どのようなことを考えていますか。

B：はい。チャンスがあれば学んだ専門を生かして、日本企業で働きたいと思っています。具体的なことはこれから考えていきたいと思います➡⑥。

12 A：卒業後の希望や予定を聞かせてください。

B：はい。あの、できれば日本でホテルや旅館などのサービス業に就職したいと考えています。そのため、これからの学生生活でコミュニケーション能力を高め、それを生かしながら、おもてなしの精神を学びたいと思います。そして、ゆくゆくは帰国し、日本で学んだことを生かして、起業したいと考えています。

13 A：卒業後、進学や就職といった目標がありますか。

B：はい。両親とも相談したのですが➡⑦、卒業後はさらに自分の知識を高めるため大学院への進学を考えています。ただ、まだ分からない点も多いので、大学に入学して、先生方にご指導をいただきながら、具体的な将来の進路を考えていきたいと思っています。

14 A：卒業後について今の段階で何か計画がありますか。

B：はい。卒業後は可能であれば日本の物流の分野で働きたいと思っています。インターネットショッピングを支えているのは物流の力だと思います。私は物流が経済のカギではないかと今は考えています。

POINT

➡⑥ 将来の進路について、漠然とした考えしか無い場合でも「まだよく分かりません。」などと答えずに、これから具体的に考える意志を伝えましょう。

➡⑦ 両親と相談していることで、計画的であること、また経済的に学習を支える環境があるように印象付けることができます。

A=Interviewer B=Applicant

A= 面试官 B= 应聘者

A= 면접관 B= 응모자

Questions About Post-Graduation Plans

关于毕业后出路的问题

졸업 후 진로에 관한 질문

11

A：As for your plans after graduation, what kinds of things are you thinking about?

B：If I have the chance, I would like to use what I learned in my major working for a Japanese company. I would like to start thinking more concretely about it, now.

A：毕业之后，你想做什么呢？

B：有机会的话我想发挥自己所学，在日本的企业工作。具体要做些什么还拿不定主义，但从现在开始已经在慢慢计划当中。

A：졸업 후 진로에 대해 어떤 것을 생각하고 있어요？

B：네，기회가 있으면 전공을 살려 일본 기업에서 일하고 싶습니다．구체적인 것은 지금부터 생각하려 합니다．

12

A：Tell me about your hopes and plans for after graduation.

B：Sure. Um, if I can, I'd like to look for work in a hotel or ryokan in Japan. To do that, I'd like to use my life as a student to increase my communication skills and learn about the spirit of omotenashi as I use those skills. Then, eventually, I would like to return home and use what I learn in Japan to start a business.

A：请谈谈毕业后希望从事的工作及预定计划。

B：嗯，有机会的话，我想从事服务业，在日本的饭店或旅馆就职。在接下来的学习中，我要提高语言能力，并学习传统的待客之道。最终我会回国创业，把在日本所学到的一切用在个人事业中。

A：졸업 후 희망이나 예정을 들려주세요．

B：네，저기，가능하면 일본에서 호텔이나 여관 등 서비스업에 취직했으면 합니다．그렇기 때문에 앞으로 학교 생활에서 커뮤니케이션 능력을 높이고 이를 살리면서 おもてなし정신을 배우고 싶습니다．그리고 언젠가는 귀국해서 일본에서 배운 것을 살려 창업하고 싶습니다．

13

A：Post-graduation, do you have any goals like continuing your studies or seeking employment?

B：Yes. I discussed this with my parents, and after graduation, I think I would like to continue on to graduate school to further increase my knowledge. But, since there are so many things I don't know yet, I would like to listen to the guidance of my teachers after I enter school and then think about concrete future plans.

A：毕业后，你是否想升学或就业？

B：是的。我跟父母商量过了，毕业后继续攻读硕士课程，提高知识水平。不过，很多事情我还搞不太清楚。进大学后，接受老师的指导之余，再慢慢考虑未来的出路。

A：졸업후，진학이나 취직 같은 목표가 있습니까？

B：네，부모님과 의논했습니다만，졸업후는 더욱 자신의 지식을 쌓기 위해 대학원 진학을 생각하고 있습니다，단，아직 모르는 점도 많아서 대학에 입학해 선생님들께 지도를 받으면서 구체적인 장래 진로를 생각하고 싶습니다．

14

A：At this stage, do you have any plans for after graduation?

B：Yes. If possible, I would like to work in the field of logistics in Japan. I think that the power of logistics is what sustains Internet shopping. I think that logistics may be the key to the economy.

A：目前你对毕业后的出路，是否有任何计划？

B：有。毕业后我想到日本的物流业就职，网购事业要成功全靠物流，所以我认为物流会成为经济的重要关键。

A：졸업 후에 대해 지금 단계에서 뭔가 계획이 있습니까？

B：네．졸업 후는 가능하면 일본의 물류 분야에서 일하고 싶습니다．인터넷 쇼핑을 지탱하고 있는 것은 물류의 힘이라 봅니다．저는 물류가 경제의 향방을 좌우하지 않을까 지금은 생각합니다．

➡⑥ Even if it's the case that you've only thought vaguely about your future path, rather than answer with something like "I don't really know," convey a determination to start thinking concretely about it.

即使对未来的出路还没头绪，你也要告诉面试官今后会慢慢考虑，别回答“まだよく分かりません。”。

장래 진로에 대해 막연한 생각밖에 없는 경우라도「아직 잘 모르겠습니다．」등으로 대답하지 말고，이제부터 구체적으로 생각하겠다는 의지를 표현합시다．

➡⑦ By the fact that you are consulting your parents, you can give the impression that you have planned and that you have an environment that financially supports your studies.

面试时提及跟父母商量过，会让面试官觉得你在学习上很有计划，而且在经济上也获得援助。

부모님과 의논하고 있다는 것으로 계획적이라는 것，또 경제적으로 학업을 지원해 줄 환경이 있는 것 같은 인상을 남길 수 있습니다．

大学・専門学校入試の面接

A＝面接官　B＝応募者

■ 学費や生活費に関する質問

15 A：学費は誰が負担しますか➡⑧。

B：はい。学費や生活費は父が支援してくれることになっていて、父からは勉強に専念するように言われています。

16 A：学費や生活費といった経済的なことはどのような計画ですか。

B：はい。学費は両親に送ってもらえることになっています。生活費はアルバイト代を充てたいと思っています。

17 A：学費や生活費といった経済的な計画をお聞かせください。

B：はい。3年間、国で働いて貯めた貯金があります。それを学費に充てたいと思います。また、アルバイトをして生活費に充てたいと思います。

18 A：学費は誰が負担しますか。

B：はい。えー、学費と当面の生活費は両親と親戚が負担してくれることになっています。しかし2年目からの生活費はアルバイトをしてまかなおうと思っています。贅沢をしなければやっていけると考えています。また➡⑨、3、4年次には就職活動のためのお金が必要だと聞きました。そこで夏休みや冬休みに一生懸命アルバイトして、就職活動の資金も計画的に貯金したいと思います。

POINT

➡⑧ 留学生の面接では、学習を継続する環境が整っているかを確認するため、経費（学費、生活費）を誰が負担するか質問されることがあります。

➡⑨「また」以降の文はなくても質問には十分答えていますが、答えることで、計画性の高さと進路意識の高さをアピールすることができます。

A=Interviewer B=Applicant

A= 面试官 B= 应聘者

A= 면접관 B= 응모자

Questions About Tuition and Living Expenses

15 A : Who will pay for your tuition?

B : My father will be paying for my tuition and living expenses; he tells me I am to focus on my studies.

16 A : What kind of plan do you have for financial matters like tuition and living expenses?

B : My parents will be sending the tuition for me. I am planning to apply my pay from my part-time job to my living expenses.

17 A : Tell me about your financial plans for things like tuition and living expenses.

B : Sure. I have three years of savings from working back home. I am planning to use that to pay my tuition. Then, I plan to cover my living expenses by working part-time.

18 A : Who will cover your tuition?

B : Well, my parents and relatives are paying for my tuition and current living expenses. However, I'm planning on covering my expenses from second year on by working part time. I think I can do it if I don't live extravagantly. Also, I have heard that you need money for your job search in the third and fourth years. For that, I'm planning to work as hard as I can in the summer and winter vacations to save money for the job search.

关于学费和生活费的问题

15 A : 谁支付你的学费？

B : 父亲希望我专心致力于学业，因此学费和生活费都由父亲支付。

16 A : 你在学费和生活费等经济方面有什么规划？

B : 学费由父母替我支付，打工赚来的薪水则用做生活费。

17 A : 请说明一下你在学费和生活费等经济方面的规划。

B : 好的。我在国内工作 3 年存的钱用做学费，打工赚的薪水则用做生活费。

18 A : 谁支付你的学费？

B : 嗯，学费和目前的生活费都由父母及亲戚支付。不过从第二年开始，我会打工挣生活费。生活不要太奢侈的话，基本上应该没问题。听说第三年和第四年参加就业活动时花费很大，因此我还会在暑假和寒假努力打工，有计划地攒下就业活动时所需要的钱。

학비나 생활비에 관한 질문

15 A : 학비는 누가 부담합니까？

B : 네 . 학비나 생활비는 아버지가 도와주시기로 했고 , 아버지께선 공부에 전념하라고 말씀하셨습니다 .

16 A : 학비나 생활비 같은 경제적인 것은 어떻게 할 계획입니까？

B : 네 . 학비는 부모님께서 보내주시기로 되어있습니다 . 생활비는 아르바이트비로 충당하려고 합니다 .

17 A : 학비나 생활비 같은 경제적인 계획을 들려주십시오 .

B : 네 . 3 년간 모국에서 일해서 모은 저금이 있습니다 . 그걸로 학비를 대려고 합니다 . 또 , 아르바이트를 해서 생활비를 충당하려 합니다 .

18 A : 학비는 누가 부담합니까？

B : 네 . 아 , 학비와 당장의 생활비는 부모님과 친척이 부담해 주시기로 했습니다 . 하지만 2 년째부터 생활비는 아르바이트를 하면서 조달하려고 합니다 . 사치를 하지않으면 해 나갈수 있을거라 생각합니다 . 또 , 3,4 학년 때에는 취직 활동을 위해 돈이 필요하다고 들었습니다 . 그래서 여름방학과 겨울방학에 열심히 아르바이트 해서 취직 활동의 자금도 계획적으로 저금하려 합니다 .

➡⑧ In international student interviews, you may be asked who will pay your costs (tuition, living expenses) to confirm that you have an environment suitable for continuing your studies.

在留学生面试中，为了确认是否能不间断地学习，面试官都会问及由谁支付经费（学费、生活费）的问题。

유학생 면접에서는 학습을 지속할 환경이 갖춰졌는가를 확인하기 위해 경비 (학비 , 생활비) 를 누가 부담할 지 질문하는 경우도 있습니다 .

➡⑨ Even without the part starting with "also," you have answered the question sufficiently. But you can show that you have planned well and have a strong sense of your future with the full answer.

即使不说“また”之后的部分，也算回答了问题，但加上那些话，可让面试官知道你很有计划且就业意愿强烈。

「또」이후의 문장이 없어도 대답으로 충분하지만 , 대답하는 것으로 계획성의 철저함과 높은 진로 의식을 보여줄 수 있습니다 .

大学・専門学校入試の面接

A＝面接官　B＝応募者

■ 語学力に関する質問

19 A：日本語はどうやって勉強しましたか。

B：はい。国で1年間、日本の日本語学校で1年間、勉強しました。今年の7月に日本語能力試験のN2レベルに合格しました。

20 A：日本語は国内で2年間、勉強したんですね。じゃ、日常生活では不自由なくといったところですか。

B：はい。聞いたり、話したりするのはあまり不自由はありません。大学では書いたり読んだりする機会が増えると思うので、頑張りたいと思っています。

21 A：英語能力はどのぐらいありますか。

B：はい。TOEICやIELTSは受けたことがありませんが、テレビやニュース、新聞など不自由なく理解できます➡⑩。

■ 個人の資質に関する質問

22 A：あなたの尊敬する人は誰ですか。

B：はい。私は父をとても強い人だと尊敬しています。人は誰でもいろいろな失敗や間違いをすると思います。私ももちろんたくさん失敗をしてきました。そういう時、私は失敗や自分の弱さを人にできるだけ隠そうとしてしまいます。しかし、父は息子の私に対してでさえ、自分を強く見せようとはしませんし、弱さを隠すこともありません。私はこういう人こそ本当に強い人だと思います。

POINT

➡⑩ 語学力を証明する資格を持っていなかったり、あるいは日本では知名度のない資格試験の場合は、その言語で何ができるのか目安を伝えましょう。

A=Interviewer B=Applicant

A= 面试官 B= 应聘者

A= 면접관 B= 응모자

Questions About Language Ability

19 A : How did you study Japanese?

B : I studied for one year back home and for one year in a Japanese language school in Japan. I passed the N2 level of the Japanese Language Proficiency Test this July.

20 A : I see you studied Japanese for two years in Japan. So, are you at the point where you don't have any problems with daily life?

B : Yes. I have no problems with listening or speaking. I think there will be more chances to read and write at university, so I pan to do my best.

21 A : About what level is your English?

B : Well, I've never taken the TOEIC or the IELTS, but I can understand TV, news, newspapers, and so on without any problems.

关于语言能力的问题

A ：你怎么学习日语的？

B ：我在国内学了1年，到日本，在日语学校也学了1年。今年7月通过日语能力测验N2级。

A ：你在国内学过2年日语，是吧。那日常生活会话都没什么问题了吧。

B ：是的。听和说基本上都没问题。但上大学之后，读和写的机会增加不少，我还是得加强学习。

A ：你的英语能力怎么样？

B ：我没考过TOEIC、IELTS，但是看电视剧或读报等都没问题。

어학력에 관한 질문

A ：일본어는 어떻게 공부했습니까？

B ：네．모국에서 1 년간，일본의 일본어 학교에서 1 년간，공부했습니다．올해 7 월에 일본어 능력 시험 N2 레벨에 합격했습니다．

A ：일본어는 일본에서 2 년간 공부했군요．그럼，일상생활에서는 불편한 게 없다라고 할 수 있겠네요？

B ：네．듣거나 이야기하는 것은 거의 불편이 없습니다．대학에서는 쓰거나 읽거나 할 기회가 늘 것이라 생각하므로 열심히 하겠습니다．

A ：영어 능력은 어느 정도입니까？

B ：네．TOEIC 나 IELTS 시험은 본적이 없습니다만 TV 나 뉴스，신문 등 불편 없이 이해할 수 있습니다．

Questions About Personal Character

22 A : Who is someone you respect?

B : I respect my father as a very strong person. I think that people fail and make mistakes, no matter who they are. Of course I, too, have made many mistakes. When that happens, I have a tendency to hide my mistakes and my weaknesses as best I can from people. However, my father doesn't try to appear strong or hide his weaknesses even from me, his son. I think this kind of person is truly a strong person.

关于个人资质的问题

A ：你最尊敬的人是谁？

B ：我最尊敬的是我父亲，因为他很坚强。只要是人都会有各种失败、犯各种错误，当然我也做错过许多事情。我总是尽量隐藏自己的失败和弱点，但是父亲即便在我面前也不硬撑，不隐瞒自己脆弱的一面。我认为这样的人才是真正的强者。

개인 자질에 관한 질문

A ：당신이 존경하는 사람은 누구입니까？

B ：네．저는 아버지를 매우 강한 사람이라고 존경합니다．사람은 누구든지 여러 실패나 잘못을 한다고 생각합니다．저도 물론 많은 실패를 해 왔습니다．그럴 때 저는 실패나 자신의 나약함을 다른 사람에게 가능한 한 숨기려 해버립니다．하지만 아버지는 아들인 저에게도 자신을 강하게 보이려고 하지 않고，나약함을 숨기는 일도 없습니다．저는 이런 사람이야말로 진정 강한 사람이라 생각합니다．

➡⑩ In the case that you have no certificate that can demonstrate your language ability or one from a test not well-known in Japan, give an estimate of what you can do in that language.

如果你没有语言能力证明书或者参加的资格考试在日本不具知名度，就需要说明大概能讲到什么程度。

어학력을 증명할 자격을 가지고 있지 않다던가，혹은 일본에서는 지명도가 낮은 자격 시험의 경우는 그 언어로 무엇이 가능한 레벨인지를 전합시다．

大学・専門学校入試の面接

23 A：どうして日本に留学しようと思ったんですか。

B：はい。えー、正直、ほかの国も留学先として考えました。しかし、日本には私の親友や先輩が住んでいることが一番大きかったと思います。やはり外国に留学するのはいろいろ不安ですし、友人が日本にいれば安心して勉強に専念できますし、何か困ったことがあっても心強いと思ったからです。

24 A：自分の長所と短所を教えてください。

B：はい。長所はモチベーションが高いところだと思います。家族や友人からは頑張り屋だと言われます。短所➡⑪は頑張りすぎるところです。それで、時々人にまで厳しくなってしまうことがあります。

A：なるほど、人に厳しく当たってしまうことがあるんですね。

B：はい。そうならないように気を付けています➡⑫。私は人に厳しいこと自体は悪いことだとは思いませんが、人に気持ちよく理解してもらえるようにコミュニケーション能力を高めたいと思っています。

POINT

➡⑪ 短所は「人と接するのが嫌い」といった致命的な短所を正直に述べる必要はありません。

➡⑫ 自分の短所を認識していること、短所を改善しようと努力していることを述べると印象が良くなります。

23

A：Why did you want to study in Japan?

B：Yes, well, honestly, I considered other countries as study destinations, too. However, the biggest thing was that I have friends and upperclassmen living in Japan. After all, I thought that, studying in a foreign country brings lots of worries, but that with friends living in Japan, I could relax and concentrate on studying, and if even if I run into some kind of trouble I could still feel safe.

A：你为什么想到日本留学呢？

B：嗯，老实说，我也想过去其他国家，不过在日本我有朋友和学长姐，这应该是最大的理由吧。在国外留学总会不安，有朋友在身边，就能安心并专心地学习。就算发生什么事情，也能互相有个照应，比较不害怕。

A：왜 일본에 유학하려 했습니까？

B：네．아．솔직히 다른 나라도 유학갈까 생각했습니다．하지만，일본에는 제 친한 친구나 선배가 살고 있다는 것이 가장 컸다고 생각합니다．역시 외국에 유학하는 것은 여러모로 불안하고，친구가 일본에 있으면 안심하고 공부에 전념할 수 있으니，무언가 곤란한 일이 있어도 든든하다고 생각했기 때문입니다．

24

A：Tell me about your strong and weak points.

B：Sure. I think my strong point is that I am highly motivated. My family and friends call me hardworking. My weak point is that I work too hard. Because of that, I sometimes end up being hard on other people, too.

A：I see. So you sometimes end up being too hard on people?

B：Yes. I'm working on not being that way. I don't think being hard on people is in itself a bad thing, but in order to get people to understand me comfortably, I would like to improve my communication skills.

A：请说出自己的优缺点。

B：我的优点是做事积极，做任何事情都很努力，这一点家人和朋友也常常夸我。缺点则是会太过努力，因而有时无法做到"宽以待人"。

A：是吗？你对他人很严格，是吧。

B：是的。我已经尽量避免这么做了。我认为对别人严格不能算是坏事，但得提高语言表达能力，让其他人理解自己的想法。

A：자신의 장점과 단점을 가르쳐 주십시오．

B：네，장점은 의욕이 높은 점이라 생각합니다．가족이나 친구로부터 노력가라 불립니다．단점은 너무 노력하는 점입니다．그래서 가끔 다른 사람한테도 엄격해질 때가 있습니다．

A：그렇군요，다른 사람에게 엄격할 때가 있다는 것이군요．

B：네，그렇게 되지 않도록 조심하고 있습니다．남에게 엄격한 것 자체는 나쁘다고 생각하지 않습니다만，다른 사람이 쉽게 이해해 줄 수 있도록 커뮤니케이션 능력을 높이고 싶습니다．

➡⑪ There is no need to state straightforwardly fatal weak points like "I hate being around people."

"讨厌与人接触"这种致命的缺点则无需明说。

단점은「사람을 접하는 것이 싫다」와 같은 치명적인 단점을 솔직히 말할 필요는 없습니다．

➡⑫ Stating that you recognize your weak points and are working to improve them will make a better impression.

告诉面试官你了解自身缺点并在试图改善，这可以给你的印象加分。

자신의 단점을 인식하고 있는 것，단점을 개선하려고 노력하는 점을 말하면 인상이 좋아집니다．

Unit 2-1

大学・専門学校入試の面接

A＝面接官　B＝応募者

■ 受験状況に関する質問

25 A：ほかの大学も受験しますか➡⑬。

B：はい。こちらの大学と地球市民大学とを受験しています。どちらも非常に魅力的な大学だと考えています。

26 A：今日の試験はどうでしたか。

B：はい。おおかた良くできたと思います。小論文では時間がギリギリでしたが、伝えたい内容は書けたと思っています。

■ 逆質問：受験者からの質問

27 A：では、最後に何か質問があればどうぞ➡⑭。

B：はい。合格が決まり次第、アパートやアルバイトを探そうと思っているんですが、 学校から紹介していただくことはできますか。

28 A：では、そちらから何か質問があればお聞きください。

B：はい。あのー、大学に寮があるようですが、寮に住むにはどういう手続きが必要ですか。

29 A：それでは逆に質問などがあれば受けますが。

B：はい。あの、ご助言いただきたいんですが。もし合格通知をいただいたら、入学までに２ヶ月ぐらい時間がありますが、どんな勉強をしておけばいいでしょうか。

POINT

➡⑬ 大学や専門学校が入学予定者数を把握するために聞く質問で、基本的に合否は左右しません。

➡⑭ 受験者からの質問を受け付ける場合があります。学内の設備や奨学金制度など、聞きたい質問を用意しておきましょう。

A=Interviewer　B=Applicant

A= 面试官　B= 应聘者

A= 면접관　B= 응모자

Questions About Application Circumstances

25
A：Are you applying to other universities?
B：Yes. I am applying to this university and to Global Citizens University. I think they are both extremely attractive universities.

26
A：How was the test today?
B：I think I probably did well. The short essay went down to the wire, but I think I was able to get across what I wanted to say.

关于报考情况的问题

A：你还同时报考其他大学吗？
B：是的。我报考贵校和地球市民大学。因为这两所大学都看起来很不错。

A：今天考得怎么样？
B：大部分都写得不错。写小论文的时间有点儿不够，但我把想写的都写上了。

수험상황에 관한 질문

A：다른 대학도 시험 보셨습니까？
B：네．이 대학과 지구시민대학을 시험 봤습니다．양쪽 다 매우 매력적인 대학이라 생각합니다．

A：오늘 시험은 어땠어요？
B：네．대체로 잘 본 것 같습니다．소논문은 시간이 빠듯했지만 전달하고 싶은 내용은 쓸 수 있었다고 생각합니다．

Reverse Questions: Questions From the Applicant

27
A：So, finally, if you have any questions, please ask them.
B：Sure. As soon as admission is decided, I want to start looking for an apartment and a part-time job. Can the school help me out with that?

28
A：So, if there are any questions from your end, please ask them.
B：Sure. Umm, it looks like there's a dorm at the university, but what is the correct procedure for applying to live in the dorm?

29
A：If there are any questions from your side, I'll take them now.
B：Sure. Um, I'd like to ask for some advice. If I get an acceptance letter, there will be about two months before school starts, so what kind of studying should I do?

反向提问：由报考者发问

A：最后，你有没有什么想问的？
B：有。收到合格通知书后，我就要找住处和打工。学校能帮我们介绍吗？

A：有问题的话，你可以发问。
B：有。嗯，大学好像有宿舍，入住需要办理什么手续？

A：如果你有什么问题的话，请发问。
B：有。嗯，我想听听您的建议。收到合格通知书到入学之间，大约有两个月的时间，我要预先学习些什么？

역질문：수험자 측의 질문

A：그럼 마지막으로 뭔가 질문이 있으면 물어보세요．
B：네．합격이 결정되는 대로 아파트와 아르바이트를 찾으려고 하는데요，학교로부터 소개받을 수 있습니까？

A：그럼，그 쪽에서 질문 있으면 물어보세요．
B：네．저…대학에 기숙사가 있는 것 같은데 기숙사에 살려면 어떤 수속이 필요합니까？

A：그럼 반대로 질문등이 있으면 받겠습니다．
B：네，저…조언을 받고 싶은데요．만약 합격 통지를 받으면 입학까지 2 개월 정도 시간이 있는데 어떤 공부를 해두면 좋을까요？

➡⑬ This question is to ascertain the number of students planning to enroll at universities and technical schools and basically has no effect on whether you are admitted.

这是大学或专门学校为了掌握预定入学人数而问的，跟能否合格无关。

대학이나 전문학교가 입학 예정자 수를 파악하기 위해 묻는 질문이므로，기본적으로 합・불합격을 좌우하지 않습니다．

➡⑭ Sometimes they take questions from applicants. Prepare questions you want to ask about things like school facilities, the scholarship system, and so on.

面试官会让报考者提问，所以事先得准备一些想咨询的问题，比如说学校里的设施或奖学金制度等等。

수험자로부터 질문을 받는 경우가 있습니다．학내 설비나 장학금 제도 등，물어보고 싶은 질문을 준비해 둡시다．

通し練習：大学入試面接

20

■ 大学入試面接

グエン：［ノック×３回］失礼いたします➡⑮。

面接官：どうぞ。受験番号と名前を教えてください。

グエン：EC１２５３、グエン・バンブンです。

面接官：はい。では、座ってください➡⑯。

グエン：はい。失礼いたします。

面接官：えー、面接の前の筆記試験はどうでしたか。

グエン：はい。えー、小論文のテーマが難しかったのですが、今の時点で考えていることが書けたと思います。

面接官：あ、そうですか。グエンさんは日本語はどのぐらい勉強したんですか。

グエン：ベトナムで半年、日本に来て日本語学校で１年勉強しました。

面接官：じゃ、１年半ですね。日本語能力試験を受けましたか。

グエン：はい。今年の7月にＮ２レベルに合格しました。そして、12月にＮ１レベルを受験しました。結果はまだ来ていませんが、可能性はあると思っています。

面接官：あ、そうですか。グエンさんは本学についてはどこで知ったんですか。

グエン：はい。インターネットで「大阪」、「大学」、「経営学」といったキーワードで検索をしました。その際にこちらの大学が目にとまりました。そして、SNSでこちらの大学で学んでいる留学生と知り合いになり、大学生活や卒業後の進路などについて教えてもらいました。

面接官：グエンさんは経営学部が第一志望ですね。では、志望動機をお聞かせください。

POINT

➡⑮「失礼いたします」はドアを開けて入室する時の挨拶です。退室してドアを閉める時にも、同様に「失礼いたします」と挨拶します。

➡⑯ 席を勧められたら、「失礼いたします」と言って椅子に座ります。席を勧められる前に何も言わずに座るのは失礼なマナーです。

Full Conversation Practice／完整练习／전체 연습

Interviewer=Int, Nguyen=Ngu	面试官=面，Nguyen=Ngu	
University Admissions Interview	**大学入学考试面试**	**대학 입시 면접**
Ngu：[Knock, enter.] Excuse me.	Ngu：[叩叩叩、进入房间]您好。	구엔：〔똑똑똑, 입실〕실례합니다.
Int：Come in. Please tell me your applicant number and name.	面：请进。请告诉我你的准考证号码和姓名。	면접관：들어오세요. 수험 번호와 이름을 말해 주세요.
Ngu：EC1253, Banbun Nguyen.	Ngu：我是 EC1253 的 Banbun Nguyen。	구엔：EC 1 2 5 3, 구엔 반분입니다.
Int：Okay. So, have a seat.	面：好，请坐。	면접관：네. 그럼 앉으세요.
Ngu：Thank you.	Ngu：谢谢。	구엔：네. 실례합니다.
Int：Uhh, how was the pre-interview paper test?	面：嗯，面试前的笔试考得怎么样？	면접관：면접 전에 필기시험은 어땠습니까?
Ngu：Well, the topic for the short essay was difficult, but at this point, I think I was able to write what I was thinking about.	Ngu：嗯，小论文的题目有点儿难，但我把目前能想到的都写下来了。	구엔：네. 저…소논문 테마는 어려웠지만 현 시점에서 생각하는 점을 쓸 수 있었다고 생각합니다.
Int：I see. About how long did you study Japanese?	面：是吗。你学了多长时间日语？	면접관：아, 그래요. 구엔씨는 일본어는 어느 정도 공부했습니까?
Ngu：I studied half a year in Vietnam and one year in a Japanese language school after coming to Japan.	Ngu：在越南学了半年，到日本后在日语学校又学了 1 年。	구엔：베트남에서 반 년, 일본에 와서 일본어 학교에서 1 년 공부했습니다.
Int：So, a year and a half. Have you taken the Japanese Language Proficiency Test?	面：那有 1 年半了。考过日语能力测验吗？	면접관：그럼, 1 년 반이군요. 일본어 능력시험은 보셨습니까?
Ngu：Yes. I passed level N2 this July. Then I took the level N1 test in December. The results aren't back yet, but I think I have a chance.	Ngu：考了。今年 7 月考过 N2 级。12 月考了 N1 级，结果还没下来，不过应该能过。	구엔：네. 올해 7 월에 N2 레벨에 합격했습니다. 그리고 12 월에 N1 레벨을 봤습니다. 결과는 아직 오지 않았지만 가능성은 있다고 봅니다.
Int：Oh, I see. Where did you learn about this university?	面：嗯。你是怎么知道本校的？	면접관：아, 그렇군요. 구엔씨는 우리 학교에 관해 어디서 알게 되었습니까?
Ngu：I searched keywords like "Osaka," "university," and "management studies" on the Internet. When I did, this university caught my eye. Then I friended a foreign exchange student studying at this school on an SNS, and she told me about school life, post-graduation routes, and so on.	Ngu：我在互联网上输入"大阪"、"大学"、"经营学"等关键词查到的。我对贵校很感兴趣，后来又在SNS上认识就读于这所学校的留学生，他们告诉了我很多关于学校生活和毕业后出路等的事情。	구엔：네, 인터넷에서「오사카」,「대학」,「경영학」이라는 키워드로 검색을 했습니다. 그 때 여기 대학이 눈에 띄었습니다. 그리고 SNS 로 여기 대학에서 공부하고 있는 유학생과 알게 되어 대학 생활이나 졸업후 진로 등에 대한 정보를 얻었습니다.
Int：The Management Department is your first choice, I see. So, tell me about your reasons for applying.	面：你的第一志愿是经营系，对吧。请谈谈你的报考动机。	면접관：구엔씨는 경영학부가 제 1 지망이군요. 그럼, 지망 동기를 들려주십시오.

➡⑮ "Excuse me" is the greeting you use when you open the door and enter the room. When you leave the room, as you shut the door, use the same greeting, "Excuse me."	开门进人面试房间时，要说"失礼いたします"。走出房间关门时也同样要说"失礼いたします"。	「실례합니다」는 문을 열고 입실할 때의 인사입니다. 퇴실하면서 문을 닫을 때에도 똑같이「실례합니다」라고 인사합니다.
➡⑯ When you are offered a seat, say "Excuse me" and then sit down in the seat. Sitting before you are offered a seat is bad manners.	面试官讲"请坐"时，你要说"失礼いたします"后再坐下，擅自坐下是很没有礼貌的行为。	앉도록 권하면「실례합니다」라고 말하며 의자에 앉습니다. 앉도록 권하기 전에 아무 말 없이 앉는 것은 실례가 됩니다.

通し練習：大学入試面接

グエン：はい。私は中小企業のマーケティングや市場戦略について学びたいと考えています。卒業後はできれば日本で就職して経験をつみ、その後、帰国して自分自身も起業したいと考えています。えー、まだ具体的に業界などは絞り込めていませんが、このように考え、経営学を志望しました。

面接官：分かりました。では、卒業後の希望はまずは日本での就職ということですね。

グエン：はい。卒業後は大学院の進学も考えましたが、経営学については知識と経験が必要だと考え、卒業後は日本での就職が何よりの学びの場だと考えています。ただ、まだ分からないことも多いので、大学に入学して先生方にご指導をいただきながら、具体的なことを考えていきたいと思っています。

面接官：そうですか。では、グエンさんの経済的な計画をお聞きしたいんですが、学費だとか生活費だとかは誰が負担する計画ですか。

グエン：はい。学費と当面の生活費は両親と親戚が負担してくれることになっています。しかし2年目からの生活費はアルバイトをしてまかなおうと思っています。また、夏休みや冬休みに一生懸命アルバイトして、勉強とアルバイトの両立をしたいと思っています。

面接官：そうですか。なかなか大変ですね。では、最後にグエンさんから何か質問があればお聞きください。

グエン：はい。あのー、少しアドバイスをいただきたいのですが…。もし合格できたら、入学までに2ヶ月ぐらい時間がありますが、どんな勉強をしておけばいいでしょうか。

面接官：えー、そうですね。まずは新聞や雑誌を読むといいですね。新聞や雑誌の記事には経営についてもいろいろなヒントや教訓になることが書かれています。難しいかもしれませんが、ぜひ読んで、その記事の裏側を考えてください。なぜだろうと疑問に思うことが何よりもまず大切だと思います。

グエン：はい。分かりました。ありがとうございます。

面接官：では、終わりにしましょう。

グエン：はい。ありがとうございました。[起立] 失礼いたします。[退室]

Full Conversation Practice ／完整练习／전체연습

English	中文	한국어
Ngu : Sure. I would like to learn about marketing and market strategies for small- and medium-sized businesses. After graduation, if possible, I'd like to gain experience working in Japan and then return home and start my own business. Umm, I haven't yet narrowed down the industry and all, but this kind of thinking led me to apply for management studies.	**Ngu** : 好的。我想学习中小企业的销售策略和市场策略。有机会的话，毕业后在日本就职，累积经验，然后回国创业。嗯，具体要进入哪个业界我还没决定，但目前的大方向是这样。以上是我报考经营学的理由。	**구엔** : 네 . 저는 중소기업의 마케팅이나 시장 전략에 대해 배우고 싶습니다 . 졸업후는 가능하면 일본에서 취직해서 경험을 쌓고 그 후 귀국해 스스로 창업해보고 싶습니다 . 아직 구체적으로 업계등은 정하지 못했지만 이렇게 생각해 경영학을 지망했습니다 .
Int : I see. Then after graduation, you first hope to find work in Japan, right?	**面** : 我明白了。毕业后想先在日本就职，是吧。	**면접관** : 알겠습니다 . 그럼 , 졸업 후의 희망은 우선 일본에서 취직한다는 것이군요 .
Ngu : Yes. I thought about continuing on to graduate school after graduation, but as for management studies, I think you need both knowledge and experience, and I think that the best way to learn after graduation would be to find a job in Japan. But, since there are so many things I don't know yet, I would like to listen to the guidance of my teachers after I enter school and then consider concrete future plans.	**Ngu** : 是的。我也想过毕业后继续攻读硕士课程，但经营学需要知识也需要经验，我认为毕业后在日本就职是最好的学习方式。不过，我还有点儿拿不定主义，进大学后接受老师的指导之余，再慢慢考虑未来的出路。	**구엔** : 네 . 졸업 후는 대학원 진학도 생각했지만 , 경영학에 관해서는 지식과 경험이 필요하다고 생각해 졸업 후 일본에서 취직하는 것이 최고의 배움터라고 생각합니다 . 단 아직 모르는 것도 많기 때문에 대학에 입학해서 선생님들에게 지도를 받으며 구체적인 것을 생각해 가려 합니다 .
Int : I see. Next, I'd like to ask you about your financial plans. What is the plan for who will pay for your tuition and living expenses?	**面** : 这样啊。嗯，我想听听 Nguyen 同学在经济方面的规划。学费和生活费由谁支付？	**면접관** : 그렇습니까 . 그럼 , 구엔 씨의 경제적인 계획을 듣고 싶은데요 , 학비라던가 생활비라던가는 누가 부담할 계획인가요 .
Ngu : Well, my parents and relatives are paying for my tuition and current living expenses. However, I'm panning on covering my expenses from second year on by working part time. Also, I'm planning to work as hard as I can in the summer and winter vacations so that I can balance both study and work.	**Ngu** : 学费和目前的生活费都由父母及亲戚支付。不过从第二年开始，我会打工赚取生活费。暑假和寒假也会努力打工。学习和打工，我想两者把这两件事情都做好。	**구엔** : 네 , 학비와 당장의 생활비는 부모님과 친척이 부담해 주시기로 했습니다 . 하지만 2 년째 부터의 생활비는 아르바이트를 해서 조달하려고 합니다 . 또 여름 방학이나 겨울 방학에 열심히 아르바이트를 해서 공부와 아르바이트를 병행해 가려고 합니다 .
Int : I see. That sounds really tough. Next, finally, if you have any questions, please ask them.	**面** : 噢，那你会很辛苦呢！最后，如果你有什么问题，可以发问。	**면접관** : 그렇군요 . 꽤 힘들겠네요 . 그럼 , 마지막으로 구엔씨가 뭔가 질문이 있으면 물어보세요 .
Ngu : Sure. Umm, I would like to get a little advice.... If I get in, there's about two months before school starts, so what kind of studying should I do?	**Ngu** : 好。嗯，我想听听您的建议，那就是收到合格通知书到入学之间大约有两个月的时间，我要预先学习些什么？	**구엔** : 네 . 저…어드바이스를 좀 해 주셨으면 하는데요 . 만약 합격하면 입학까지 2 개월 정도 시간이 있습니다만 어떤 공부를 해 두면 좋을까요 ?
Int : Ah, yes. First, it would be good to read newspapers and magazines. There are lots of things written in newspaper and magazine articles that are good hints and lessons. It may be difficult, but read and think about what's behind the articles. Asking the question why is more important than anything, I think.	**面** : 嗯，阅读报章杂志会对你有所帮助。报纸或杂志的报道里有很多关于经营方面的启发和教训。对你来说也许有点儿困难，但我希望你能多阅读并思考那些报道背后真正的含义。时时思考为什么会产生那些情况，培养自己的怀疑精神，这比什么都来得重要。	**면접관** : 아 , 그렇군요 . 우선 신문이나 잡지를 읽는게 좋겠네요 . 신문이나 잡지 기사에는 경영에 관한 여러가지 힌트나 교훈이 될 사항이 써 있습니다 . 어려울 지 모르지만 꼭 읽고 그 기사의 배경에 대해 생각해 보세요 . 왜일까하는 의문을 가지는 것이 무엇보다도 중요하다고 생각합니다 .
Ngu : I see. Thank you.	**Ngu** : 好，我明白了。谢谢您的建议。	**구엔** : 네 , 알겠습니다 . 감사합니다 .
Int : Okay, let's finish up.	**面** : 那么，今天就到此为止。	**면접관** : 그럼 , 끝내도록 합시다 .
Ngu : Okay. Thank you very much. [Stand.] Excuse me. [Exit.]	**Ngu** : 谢谢。[起身] 我先告辞了。[走出房间]	**구엔** : 네 . 감사합니다 . 〔 기립 〕 실례합니다 . 〔 퇴실 〕

My Page ◆ マイページ

質問に対する自分なりの答えを作り、音声に合わせて実際の面接シミュレーションをしましょう。

Think up your own answers to the questions and, matching the recording, simulate a real interview.

针对问题写出自己的答案，配合 CD 模拟实际的面试。

질문에 대한 자신만의 대답을 작성해 음성에 맞춰 실제 면접 시뮬레이션을 합시다 .

あなた：[ノック×３回] ＿＿＿＿＿＿＿＿＿＿。

面接官：どうぞ。受験番号と名前を教えてください。

あなた：＿＿＿＿＿＿＿＿＿＿。

面接官：はい。では、座ってください。

あなた：＿＿＿＿＿＿＿＿＿＿。

面接官：えー、筆記試験はどうでしたか。

あなた：＿＿＿＿＿＿＿＿＿＿。

面接官：あ、そうですか。あなたは日本語はどのぐらい勉強したんですか。

あなた：＿＿＿＿＿＿＿＿＿＿。

面接官：そうですか。日本語能力試験を受けたことがありますか。

あなた：＿＿＿＿＿＿＿＿＿＿。

面接官：あ、そうですか。○○さんは本学についてはどこで知ったんですか。

あなた：＿＿＿＿＿＿＿＿＿＿

＿＿＿＿＿＿＿＿＿＿

＿＿＿＿＿＿＿＿＿＿。

面接官：○○さんは○○学部が第一志望ですね。では、志望動機をお聞かせください。

あなた：＿＿＿＿＿＿＿＿＿＿

＿＿＿＿＿＿＿＿＿＿

＿＿＿＿＿＿＿＿＿＿。

■ My Page

面接官：分かりました。では、卒業後の計画をお聞かせください。

あなた：____

____

____。

面接官：そうですか。では、○○さんの経済的な計画をお聞きしたいんですが、学費だとか生活費だとかは誰が負担する計画ですか。

あなた：____

____

____。

面接官：そうですか。分かりました。では、最後に○○さんから何か質問があればお聞きください。

あなた：____

____

____。

面接官：では、終わりにしましょう。

あなた：________________________________。[退室]

この課の表現・ことば

Words and Expressions for This Section
本课表现与生词／이 과의 표현・어휘

〈動〉 = Verbs ／动词／동사　**〈名〉** = Nouns ／名词／명사　**〈表〉** = Expressions ／表现／표현

〈表〉	持続可能な～　sustainable ～ ／能存续下去的～ ／지속가능한～	p.52
	持続可能な社会のために、経済学がどう貢献できるでしょうか。	
〈表〉	経験を積む　to gain experience ／累积经验 ／경험을 쌓다	p.56
	今は経験を積んで、ゆくゆくは会社を起こしたいと思います。	
〈表〉	環境が整っている　well-ordered / suitable environment ／环境完善 ／환경이 갖춰졌다	p.60
	寮にはインターネット環境が整っていますか。	
〈動〉	～に専念する　to concentrate on / pour yourself into ～ ／专心致力于～ ／～에 전념하다	p.60
	この１年間は日本語の勉強に専念していました。	
〈動〉	～に～を充てる　to put ～ toward ～ (use ～ to pay ～) ／把～用做～ ／～에 ～을 충당하다	p.60
	就職活動の費用にアルバイト代を充てます。	
〈表〉	～には不自由ない　no difficulty with/in ～ ／～没问题 ／～에는 불편없다	p.62
	日常会話には不自由ない日本語力があると自負しています。	
〈表〉	心強い　to feel safe ／无畏 ／든든하다	p.64
	留学生向けの卒業論文サポーター制度が、心強いと思いました。	
〈名〉	ご助言　at the point when/of ～ ／～时间、～时候 ／～시점	p.66
	留学生センターでは、引越しについてなどもご助言いただけるんでしょうか。	
〈名〉	～時点　advice ／建议 ／조언	p.68
	留学した時点では、日本で就職する気持ちがありませんでした。	
〈表〉	ＡとＢの両立(が～)　A-B balance ／兼顾 A 和 B ～ ／A 와 B 의 병행 (이～)	p.70
	この2年間でアルバイトと勉強の両立ができるようになりました。	
〈動〉	～に絞り込む　to narrow (down) to ～ ／缩小～ ／～으로 정하다，추리다	p.70
	選択肢がたくさんあるので、一つに絞り込むのが難しいです。	
〈表〉	～をまかなう　to cover ～ (as in an expense, etc.) ／维持～ ／～을 조달하다	p.70
	自分のアルバイト代で生活費をまかなっています。	

Unit

3 就職面接

The Employment Interview
求职面试
취직면접

〈グループ(集団)面接・個人面接〉

Group Interview・Individual Interview／小组面试・个人面试／그룹(집단)면접・개인면접

3-1 … グループ(集団)面接・グループディスカッション
⇒他者の回答を聞きつつ、自分の考えを端的に答える

3-2 … 個人面接❶：自己PR
⇒自己PR、長所・短所、学業、将来の目標、関心事などを具体的に答える

3-3 … 個人面接❷：志望動機
⇒志望理由や業界・企業についての知識などを具体的に答える

3-4 … 個人面接❸：通し練習(入室から退室まで)
⇒個人面接を疑似体験する

3-1 Group Interview・Group Discussion
⇒ Listen to others' questions, and plainly answer with your thoughts.
3-2 Individual Interview❶: Personal Appeal
⇒ Answer concretely about your personal appeal, strong and weak points, schoolwork, future goals, interests, etc.
3-3 Personal Interview❷: Reasons for Applying
⇒ Answer concretely about your reasons for applying, your knowledge of the industry and company, etc.
3-4 Individual Interview❸: Full Conversation (From Entrance to Exit)
⇒ Experience a Mock Personal Interview

3-1 小组面试、小组讨论
⇒聆听他人的回答并清楚地表达自己的想法
3-2 个人面试❶：自我介绍
⇒详尽的自我介绍。具体说明优缺点、课业、将来的目标、感兴趣的事等
3-3 个人面试❷：应征动机
⇒具体说明应征理由及该行业及企业的相关知识
3-4 个人面试❸：完整练习（由进人至退出面试房间为止）
⇒模拟个人面试

3-1 그룹(집단)면접・그룹 토론
⇒다른 사람의 대답을 들으면서 자기 생각을 짧게 대답한다
3-2 개인면접❶ : 자기 PR
⇒자기 PR, 장단점 , 학업 , 장래 목표 , 관심사 등을 구체적으로 대답한다
3-3 개인면접❷ : 지망동기
⇒지망이유나 업계・기업에 관한 지식 등을 구체적으로 대답하다
3-4 개인면접❸ : 전체연습(입실에서 퇴실까지)
⇒개인면접을 모의체험한다

Unit 3では、就職面接を練習します。就職面接には個人面接、グループ面接、グループディスカッションといくつかの種類があります。ここでは、面接の中でも重要度が高く、どの企業でも実施している個人面接を、特に「自己PR」と「志望動機」を中心に練習します。また面接では身だしなみや立ち振る舞い、話し方も重要です。再度「面接のマナー（p.6)」を確認しましょう。

In Unit 3, you will practice employment interviews. There are a few kinds of employment interviews: personal interviews, group interviews, and group discussions. Here, you will practice the personal interview, the one with the most importance and the one employed by all companies, focusing especially on "personal appeal" and "motivation for applying." Also, your appearance and behavior are very important at an interview. Check "Interview Manners (p.1 1)" again.

Unit 3 练习求职面试。求职面试有个人面试、小组面试、小组讨论等多种形式，其中最重要且每个企业都会进行的是个人面试。本章的会话练习以个人面试中的“自我介绍”及“应征动机”为主。此外，面试时仪容、站姿和说话方式也是重点。请再次阅读“面试礼节（p.16）”的内容。

Unit 3 에서는 취직면접을 연습합니다 . 취직면접에는 개인면접 , 그룹면접 , 그룹토론등 여러 종류가 있습니다 . 여기서는 면접 가운데에서도 중요도가 높고 어느 기업에서나 실시하고 있는 개인 면접을 , 특히「자기 PR」를 중심으로 연습합니다 . 또 면접에서는 차림새나 행동 , 말투도 중요합니다 . 다시 한번「면접 매너 (p.21)」를 확인합시다 .

Unit 3-1

グループ(集団)面接・グループディスカッション

■グループ(集団)面接：

企業から見ると、グループ(集団)面接は短い時間で大量の志願者をふるいにかける合理的な面接方法です。そのため第一印象が非常に重視されます。入退室や着席の際のマナーはしっかり守りましょう。質問にははっきり、的確に答えることが大切です。長く話しすぎると面接官の印象を悪くする可能性があるので、必要十分な量を答えましょう。また、自分の言いたいことを他の人が先に答えた場合でも、「先ほどの〇〇さんが言われましたが、私も…」と答えると効果的です。他の人が答えている時もあなたは見られています。表情や姿勢につねに気を配り、軽くうなずくなど、聞いていることを表すと好感がもたれます。以下の内容の質問がよく問われます。

① 自己ＰＲ(学生時代に力を入れたこと)
② 志望動機
③ 時事問題(気になるニュース、最近読んだ本)
④ 自己の長所・短所

■グループディスカッション：

5～8名程度の学生をグループにし、テーマと時間を与えて討論や議論をさせる選考方法です。近年、就職の選考方法としてグループディスカッションを取り入れている企業が大企業を中心に非常に増えています。リーダーシップや協調性、発言力や傾聴力といった総合的なコミュニケーション能力が評価されます。テーマは業種により様々ですが、時事問題、職業観、業界、会社に対する提案、といったテーマが多いです。

■Group Interview:

From a company's perspective, a group interview is a logical way to deal with a large number of applicants in a short time. Because of this, first impressions are extremely important. When entering or leaving the room, sitting, etc., always keep good manners. It is important to answer questions clearly and precisely. Since speaking for too long can damage the interviewer's impression of you, answer with a necessary and sufficient length. Even if someone else has already answered with what you want to say, it is effective to answer with, " ○○ said this earlier, but I also...." You are being watched even when other people are answering. You will give a good impression if you do things to show you are listening, like paying attention to your posture, nodding lightly, etc. The following topics are often asked about.

① Personal Appeal (what you worked hard at in college)
② Reason for Applying
③ Current Events (news you find interesting, books you've read recently)
④ Personal Strengths and Weaknesses

■Group Discussion:

This selection process puts 5-8 students in a group, gives them a topic and time, and asks them to have a debate or discussion. In recent years, the number of companies, especially the big ones, using group discussion as part of the selection process has grown immensely. Leadership, cooperation, and general communication skills like speaking and listening abilities are evaluated. Topics vary by industry, but topics like current events, work attitudes, the industry, and suggestions for the company are common.

■**小组面试：**

对企业来说，小组面试是一种理想的面试方式，因为能在短时间内大量筛选应征者。在小组面试中，第一印象相当重要，请确实遵守进入和退出面试房间以及入座时的礼节。回答问题要清楚、明了。话长要适中，冗长的内容会让面试官感到厌烦。另外，其他求职者说了你想讲的内容，作答前加上“先ほどの○○さんが言われましたが、私も…”便能替自己加分，因为这代表你认真聆听了别人作答。随时注意表情、姿势。微微点头表示在听人说话，这会让面试官对你产生好感。以下问题是热门考题。

①自我介绍（学生时代致力于学习或研究的项目）
②应征动机
③时事问题（关心的时事、最近阅读的书籍）
④个人优缺点

■**小组讨论**

这种选考方式是把 5 ~ 8 名学生分为一组，给每组论题和时间，让学生们进行讨论或辩论。近年，越来越多的大企业采取小组讨论的求职选考方式。通过小组讨论，能整体判断个人的沟通能力，其中包括领导能力、协调性、发言能力及倾听能力等。每个业界的论题不尽相同，但针对时事问题、职业观、业界及公司的提案等论题为热门考题。

■**그룹(집단)면접 :**

기업에서 보면 그룹(집단)면접은 짧은 시간에 많은 지원자를 선별하는 합리적인 면접 방법입니다. 이를 위해 첫인상이 매우 중시됩니다. 입퇴실이나 착석 시 매너는 확실히 지킵시다. 질문에는 명확하게, 정확하게 대답하는 것이 중요합니다. 너무 길게 많은 말을 하면 면접관에게 나쁜 인상을 줄 우려가 있으므로 필요한 내용만 대답합시다. 또 자신이 말하고 싶은 것을 다른사람이 먼저 대답한 경우라도 「아까 ○○씨가 말씀하셨지만 저도 ...」라 대답하면 효과적입니다. 면접관은 다른 사람이 대답할 때도 당신을 보고 있습니다. 표정이나 자세에 항상 신경써 가볍게 끄덕거리는 등 듣고 있다는 것을 보여주면 호감을 얻을 수 있습니다. 아래 내용의 질문을 자주 받습니다.

① 자기 PR(학생 시절에 주력했던 일)
② 지망동기
③ 시사문제(관심 있는 뉴스, 최근 읽은 책)
④ 자신의 장점・단점

그룹토론 :

5 ~ 8명 정도의 학생을 그룹으로 테마와 시간을 주며 토론과 논의를 시키는 전형방법입니다. 최근 취직 전형방법으로 그룹 토론을 도입한 기업이 대기업을 중심으로 매우 늘어났습니다. 리더쉽이나 협조성, 발언력과 경청력이라는 종합적인 커뮤니케이션 능력이 평가됩니다. 테마는 업종에 따라 다양합니다만 시사문제, 직업관, 업계, 회사에 대한 제안, 등의 테마가 많습니다.

《就職》グループ面接

■ グループ面接 企業設定：アパレル企業

1

面接官　：では、自己紹介を一人ずつお願いします。

応募者①：私は首都中央大学法学部４年のジョージ・ヒルと申します。アメリカ出身です。

応募者②：チョウ・カと申します。東都大学商学部４年生です。国籍は中国です。

応募者③：はい。地球市民大学経済学部４年、ウォン・ヨンハと申します。韓国人です。

2

面接官　：日本の大学で学んで良かった点を、左の方から一人ずつ教えてください。

応募者①：はい。私にとっては何よりも日本語能力が向上したことです。大学の講義を日本語で受けることで、法律に関する知識が英語と日本語の両方で得ることができたことは自分の強みになっていると思います。以上です➡①。

応募者②：はい。日本には世界的に活躍する企業が数多くありますが、それらの企業の具体的な活動を日本にいながら学べたことです。自国では学べない実践的なことを勉強できたのは良かったことです。以上です。

応募者③：はい。ヒルさんと同じように➡②、日本語力が上達したことはもちろんですが、自国とは違う考え方や習慣に触れられたことが大きかったと思います。視野が広がり、複数の視点から物事を見られるようになりました。

POINT

➡① グループ面接では、意見を言う前に「はい」、話し終えてから「以上です」と言うと、話の始めと終わりが明確になります。

➡② 自分の意見と同じことを先に言われた場合は、「～さんと同じように」と一言加えて、答えます。これは他者の話をきちんと聞いているアピールにもなります。

Group Interview ／小组面试／그룹(집단)면접

Industry: Apparel Industry ／设定企业：服饰业／ 기업 설정 : 의류기업

Group Interview	小组面试	그룹(집단)면접
1		
Int：Okay, each of you please introduce yourselves.	面：请每个人轮流自我介绍。	면접관 : 그럼 자기소개를 한 사람씩 부탁합니다 .
①：My name is George Hill, and I'm a 4th-year law student at Central Metropolitan University. I'm from America.	①：我叫乔治希尔，是首都中央大学法学系 4 年级的学生。我从美国来的。	① : 저는 수도중앙대학 법학부 4 학년 조지 빌입니다 . 미국 출신입니다 .
②：My name is Ka Chou. I'm a 4th year business student at Tohto University. I am a Chinese citizen.	②：我叫郭超，是东都大学商学系 4 年级的学生。国籍是中国。	② : 초우 카라고 합니다 . 동도대학 상학부 4 학년입니다 . 국적은 중국입니다 .
③：Okay. I am Yon Ha Won, a 4th-year in the economics department at Global Citizens University. I am from Korea.	③：您好，我叫元英夏，是地球市民大学经济系 4 年级的学生。我是韩国人。	③ : 네 . 지구시민대학 경제학부 4 학년 , 원용하라고 합니다 . 한국사람입니다 .
2		
Int：Starting from the left, each of you please tell me a good point about having studied at a Japanese university.	面：请由左边开始，轮流谈谈在日本大学学习的好处。	면접관 : 일본의 대학에서 공부해 좋았던 점을 왼쪽부터 한 분 씩 말씀해 주세요 .
①：For me, more than anything, it was that my Japanese ability improved. I think that, having taken university lectures in Japanese, the fact that I was able to acquire knowledge about the law in both English and Japanese has become one of my strengths. Thank you.	①：好。对我来说，最大的好处就是提高了日语能力。老师用日语上课，所以我能同时能从英日两种语言中获得法律的相关知识。这就是我的强项。我说完了。	① : 네 . 저로서는 무엇보다도 일본어 능력이 향상되었다는 점입니다 . 대학 강의를 일본어로 듣는 것으로 법률에 관한 지식을 영어와 일어 , 동시에 얻을 수 있었던 것이 저의 강점이 되었다고 생각합니다 . 이상입니다 .
②：It is that, while there are many globally active companies in Japan, I was able to learn about the specific activities of those companies while in Japan.	②：好的。日本有许多活跃于世界舞台的企业。在这儿，我能实际看到并学习那些企业所进行的事业，而不仅仅是纸上谈兵。这种学习在自己国家是无法做到的。我认为这是在日本学习的最大好处。我说完了。	② : 네 . 일본에는 세계적으로 활약하는 기업이 다수 있습니다만 이들 기업의 구체적인 활동을 일본에 있으면서 배울 수 있었던 점입니다 . 자국에서는 배울 수 없는 실천적인 것을 공부할 수 있었던 것이 좋았던 점입니다 . 이상입니다 .
③：Like Mr. Hill, my Japanese ability naturally improved, but being able to experience ways of thinking and customs different from those in my country was important. My horizons grew, and I have become able to see things from multiple viewpoints.	③：好的。我跟希尔一样，也认为在日本学习最大好处是提高日语能力。除此之外，接触有别于自己国家的思考模式及习惯也是一项很大的好处。如此一来，不但能增广见闻，还能学会从不同角度去思考。	③ : 네 , 빌 씨와 같이 , 일어 능력이 향상된 것은 물론입니다만 자국과 다른 생각이나 습관을 접할 수 있었던 것이 컸다고 생각합니다 . 시야가 넓어지고 여러 시점에서 사물을 볼 수 있게 되었습니다 .

➡① In a group interview, if you say "yes" before you say your opinion and "that's all" after you finish talking, the beginning and end of your talk will be clear.	小组面试时，陈述意见前说“はい”，语毕后加上一句“以上です”，能让面试官更明确了解话语的起始与终结。	그룹면접에서는 의견을 말하기 전에「네」, 말을 끝내고 나서「이상입니다」고 말하면 이야기의 시작과 끝이 명확해 집니다 .
➡② If something the same as your opinion is said earlier, add "as ～ said" to your answer. This is also shows that you are properly listening to others' comments.	若其他应聘者之前说过相同意见，回答中别忘加上“～さんと同じように”。面试官会觉得你仔细聆听他人说话，能使印象加分。	자신의 의견과 같은 내용이 먼저 나온 경우「~씨와 같이」라고 한 마디 덧붙여 대답합니다 . 이것은 다른 사람의 이야기를 잘 듣고 있다는 어필도 됩니다 .

《就職》グループ面接

3

面接官　：学生時代に勉強以外で頑張ったことは何ですか？　では、今度は右の方から順番に答えてください。

応募者①：はい。私は住んでいる地域の和太鼓サークルでの活動です。様々な人たちと演奏することの楽しさを味わいました。また、地域の祭りにも参加して、町おこしの現場に触れることができ、学ぶことが多かったです。

応募者②：はい。大学で様々な国際交流イベントの企画・運営に参加し、日本人学生と留学生との相互交流に努めました。その活動を通じて、いろいろな学生たちと出会えただけではなく、留学生の一人として自分の国を見直すいい機会になりました。以上です。

応募者③：はい。大学のボランティアサークルに所属して、ホームレスの支援活動に関わってきたことです。毎週土曜日は渋谷区で豚汁の炊き出しをしています。ホームレスの人々の話し相手になることでいろいろな人生を知り、私も多くのことを学ぶことができました。

4

面接官　：では、志望動機をお願いします。

応募者①：はい。私は御社の目覚ましい海外事業展開に深い関心があり、今後のアメリカでの市場開発に関わりたいと思ったからです。御社の製品は合理的なアメリカ人にとって理想的で、市場拡大の可能性は非常に高いと思います。

応募者②：以前より御社の店舗を利用させていただいていますが、従業員の方々の接客がいつも丁寧で気持ちよく買い物ができています。それは御社の社員教育や新人指導が大変充実しているからだと思います。自分自身もそのような企業で働けたらと強く思います。以上です。

応募者③：はい。私が御社にひかれる一番の理由は、海外に事業展開する際の、現地への利益還元の考え方です。御社の製品で人々を幸せにするだけではなく、現地での雇用や社員教育を通して社会に貢献しようという姿勢に深く共感しました。私もぜひそのチームの一員として働きたいと思います。

3

Int : What did you work at aside from studying in your college years? Okay, this time, let's go in order from the right.

面：在校时，除了学习之外，你还做了些什么？这次请从右边开始轮流发言。

면접관 : 학창시절에 공부 외에 노력한 것은 무엇입니까? 그럼 이번에는 오른쪽 분부터 차례로 대답해 주세요.

①: For me, it was the Taiko Circle in the area where I live. I experienced the fun of performing with many different people. Participating in the regional festivals and being able to get involved in local revitalization efforts, I learned a lot.

①：我参加了现在居住地区所举办的日式太鼓俱乐部，体验到与众人一同演奏的乐趣。此外，我还参加了该地区举办的庙会，亲身体验如何激活地方文化，从中学习到不少。

① : 네. 저는 주거 지역의 전통북 서클에서의 활동입니다. 다양한 사람들과 연주하는 즐거움을 맛보았습니다. 또 지역 마츠리에도 참가해 마을활성화의 현장을 접할 수 있어 배울 점이 많았습니다.

②: Taking part in the planning and managing of various international exchange events, I sought to promote mutual exchange between the Japanese and international students. Through those activities, I was not only able to meet many different students, it was also a good chance for me to look at my own company in a fresh light. Thank you.

②：我在大学参加过数次国际交流活动的企划和运营，致力于日本学生和留学生的相互交流。通过那些活动，我结识了许多同学。而且那些活动也给了身为留学生的我一个好机会，让我重新审视自己的国家。我说完了。

② : 네. 대학에서 다양한 국제교류 이벤트 기획과 운영에 참가해, 일본인 학생과 유학생의 상호교류를 담당했습니다. 그 활동을 통해 여러 학생들과 만날 수 있게 된 것만이 아니라 유학생의 한 사람으로써 자신의 나라를 재확인하는 좋은 기회가 되었습니다. 이상입니다.

③: It was belonging to the university volunteer club and being involved in work helping the homeless. We make soup in Shibuya every Saturday. Talking with the homeless people, I realized that there were so many kinds of lives, and I learned a lot, too.

③：我在大学参加志愿者俱乐部，从事支援流浪者的活动。每周六我们会在涩谷区给流浪者煮酱汤。从跟他们的谈话中，我了解到许多不同的人生，也从中学到不少。

③ : 네. 대학의 자원봉사 서클에 소속해 노숙자 지원활동에 참가해 온 일입니다. 매주 토요일은 시부야에서 豚汁(돼지고기와 야채가 들어간 된장국) 음식봉사를 하고 있습니다. 노숙자 분들의 이야기 상대를 하면서 여러 인생을 알게 되어 저도 많은 것을 배울 수 있었습니다.

4

Int : Okay, tell me about your reasons for applying.

面：请谈谈你的应征动机。

면접관 : 그럼, 지망 동기를 말씀해 주세요.

①: For me, it was because I have a deep interest in your company's remarkable overseas project development and would like to be involved in future market developments in America. I think your company's products are ideal for practical Americans and market expansion possibilities are extremely good.

①：好。我对贵公司颇具前瞻性的海外拓展事业很感兴趣。进入公司后，希望从事美国地区的市场开发工作。贵公司的产品很适合注重合理性的美国人，因此我认为市场还会继续扩大。

① : 네. 저는 귀사의 눈부신 해외 사업전개에 깊은 관심이 있어 앞으로 미국에서의 시장개발에 참여하고 싶기 때문입니다. 귀사의 제품은 합리적인 미국인에게는 이상적이며, 시장확대 가능성은 매우 높다고 봅니다.

②: I have been patronizing your company's stores for a while now, and because your staff's customer service is so polite, I have always had pleasant shopping experiences. I think that is because of your company's solid personnel development and new-hire training. I myself think it would be great if I could work at such a company. Thank you.

②：以前曾在贵公司的店里买过东西，店员待客亲切，购物相当愉快。我认为这是贵公司的员工教育及新进人员指导做得很成功的缘故，因此我也深切地期盼能在这样的企业里工作。

② : 이전부터 귀사의 점포를 이용했습니다만 종업원 분들의 접객이 항상 정중해 기분 좋게 물건을 살 수 있었습니다. 이는 귀사의 사원 교육이나 신입사원 지도가 매우 충실하기 때문이라 생각합니다. 제 자신도 이런 기업에서 반드시 일하고 싶습니다. 이상입니다

③: The main reason I am attracted to your company is your philosophy of returning profits to the local area when you develop a project overseas. I deeply identify with your position of not just making people happy with your products, but also trying to contribute to society through local hiring and personnel development.

③：好的。贵公司在拓展海外事业之际，总会把利益回归到当地。除了用自家商品满足顾客，还通过雇用当地员工及员工教育来贡献社会。我很欣赏公司的经营风格，因此想成为这个团队的一分子。

③ : 네. 제가 귀사에 끌린 가장 큰 이유는 해외 사업을 전개할 때 현지에 이익환원한다는 사고방식입니다. 귀사 제품으로 사람들을 행복하게 할 뿐아니라 현지 고용이나 사원교육을 통해 사회에 공헌하고자 하는 자세에 깊이 공감했습니다. 저도 아무쪼록 그 팀의 일원으로 일하고 싶습니다.

《就職》グループ面接

5

面接官　：弊社に入社したら、どのようなことで貢献できると思いますか？　挙手して、答えてください。

応募者①：はい。私は御社の海外事業に関する業務で貢献できると思っています。父の仕事の関係で海外生活の経験が多いですし、スペイン語とドイツ語の検定試験にも合格していますので、自分の能力が発揮できると思います。

応募者②：はい。私の強み➡③は人に説明したり教えたりすることが得意だということです。コンビニでアルバイトリーダーとして留学生の研修を任されていましたので、その経験を生かして、外国人社員への教育などで貢献できると思っています。例えば、中国人の接客マナーは日本人のそれとはかなり違います。ですから、日本式のきめ細やかな「おもてなし」の心を研修で伝える必要があると思います。

応募者③：はい。私は御社のアジアへの展開に貢献できると思っています。語学や現地事情の理解はもちろんですが、行動力には自信がありますので、御社の理念を現地に理解してもらうために、十分動けると思っています。

6

面接官　：勤務地が海外になる可能性がありますが、勤務できますか？

応募者①：はい、喜んでさせていただきます。自分でも海外勤務の方が御社に貢献できるのではないかと思っています。自分の語学力も武器になると思います。

応募者②：はい、私もぜひ海外で仕事する機会をいただければと思います。海外のいろいろな価値観に触れ、自分の能力を伸ばしていきたいと思います。

応募者③：はい。私もぜひ海外で仕事をさせていただきたいと思っています。適応力や体力には自信があります。

POINT

➡③「強み」は単なる自分の長所ではなく、企業に貢献できる自分の能力や経験のことです。業務に関連づけて説明すると説得力が出ます。

5

Int : If you join our company, what kinds of contributions do you think you will be able to make? Please raise your hand and answer.

①: I think I could contribute to the operation of your overseas ventures. In connection with my father's work, I have a lot of experience living abroad, and I have also passed certification exams for both Spanish and German, so I think I could use my abilities well.

②: My forte is that I am good at explaining to and teaching people. As a work leader at a convenience store, I was entrusted with the training of exchange students, and I think I can put that experience to good use and contribute to foreign employee's development and other areas. For example, Chinese customer service manners are very different from those of the Japanese. Therefore, I believe it is important to convey the delicate Japanese style of omotenashi in training.

③: I believe I can contribute to your company's expansion into Asia. I have an understanding of the language and local affairs, of course, but because I have confidence in my ability to act, I believe I am quite well-positioned to get your philosophy understood in the area.

面 : 进公司后，你能为公司做出什么贡献？请举手回答。

①: 我能为贵公司的海外事业业务尽一分心力。因父亲工作的缘故，我有很多在国外生活的经验。此外，我也有西班牙语和德语的语言能力测验资格，我认为自己能发挥这方面的专长为公司做出贡献。

②: 我的强项就是对人说明事情和指导他人。我在便利店打工时担任小组长，负责管理留学生的实习工作。我能把那些经验运用到外籍员工的教育上。举例来说，接待中国顾客的方式与接待日本顾客大不相同，因此，我认为在实习时就得教导新进员工体贴细微的日式“待客之道”。

③: 我能为贵公司拓展亚洲市场的业务尽一分心力。我的语言能力不用说，对于当地的情况，我也相当了解。另外，我对自己的做事效率很有信心，相信很快就能把贵公司的经营理念传达给当地民众。

면접관 : 저희 회사에 입사하면 어떤 것으로 공헌하실 수 있습니까? 손 들고 대답해 주세요.

① : 네. 저는 귀사의 해외사업에 관한 업무에서 공헌할 수 있다고 생각합니다. 아버지 일 관계로 해외생활의 경험이 많고 스페인어와 독일어 검정시험에도 합격했으므로 제 능력을 발휘할 수 있으리라 봅니다.

② : 네. 저의 강점은 타인에게 설명하거나 가르치는 것을 잘 한다는 것입니다. 편의점에서 아르바이트 리더로 유학생 연수를 도맡았기 때문에 그 경험을 살려 외국인 사원 교육 등에서 공헌할 수 있다고 생각합니다. 예를 들어 중국인 접객 매너는 일본인과는 상당히 틀립니다. 그러므로 일본식의 섬세한 おもてなし(성심껏 손님을 접대하는 마음)의 마음가짐을 연수에서 전달할 필요가 있다고 생각합니다.

③ : 네. 저는 귀사의 아시아에서의 전개에 공헌할 수 있다고 생각합니다. 어학이나 현지 사정의 이해는 물론 행동력에는 자신이 있으므로 귀사의 이념이 그 나라에서 이해될 수 있도록 충분한 역할을 할 수 있다고 생각합니다.

6

Int : There is a possibility that you will work overseas. Can you do that?

①: Yes, with pleasure. I think that I could probably make a better contribution to your company overseas. I think my language abilities would also be a plus.

②: Yes, I would also love the opportunity to work overseas. I would like to be exposed to a variety of overseas values senses and develop my abilities.

③: Yes, I would also like to work overseas. I have confidence in my adaptability and stamina.

面 : 我们可能会派你到国外工作，你愿意吗？

①: 没问题，我很乐意外派。我的语言能力是最好的武器，我认为自己在国外工作才更能对贵公司做出贡献。

②: 没问题，我很乐意有到国外工作的机会。在外国接触各种价值观，还能进而提升自己的工作能力。

③: 没问题。我也很希望能到国外工作。我对自己的适应能力和体力都很有信心。

면접관 : 근무지가 해외가 될 가능성이 있는데 근무 가능한가요?

① : 네, 기꺼이 하겠습니다. 제 자신도 해외 근무가 더 귀사에 공헌할 수 있지 않을까 생각합니다. 제 어학력도 무기가 될 것입니다.

② : 네, 저도 꼭 해외에서 일할 수 있는 찬스를 얻었으면 합니다. 해외의 다양한 가치관을 접해 자신의 능력을 신장시키고 싶습니다.

③ : 네. 저도 꼭 해외에서 일하게 해 주셨으면 합니다. 적응력과 체력에는 자신이 있습니다.

➜③ "Strengths" are not just your strong points, they are the abilities and experiences you can contribute to the company. They will be more persuasive if you connect them to the business.

“强项”不仅指优点，也包括能贡献给企业的能力及经验。顺带提及工作更具有说服力。

「강점」은 단순히 자신의 장점이 아닌 기업에 공헌할 수 있는 자신의 능력과 경험을 말합니다. 업무에 관련시켜 설명하면 설득력이 있습니다.

《就職(しゅうしょく)》グループ面接

7

面接官(めんせつかん)　：ご家族は日本の企業(きぎょう)で働くことに賛成(さんせい)していますか？

応募者(おうぼしゃ)①：はい。家族も私が日本の企業(きぎょう)で働くことに賛成(さんせい)しています。両親は私のことを信頼(しんらい)してくれていますので、私も安心して自分の希望の道を進むことができます。御社(おんしゃ)への入社が叶(かな)えば、御社の製品ファンの家族も喜ぶと思います。

応募者②：はい。留学を決めた時から家族には将来(しょうらい)日本で仕事をしたいということを伝えていましたので、私の夢の実現(じつげん)に向けて、家族も賛成してくれることと思います。

応募者③：はい、もちろん喜んでくれると思います。家族は、私がやりたいことをやることが一番だと言ってくれています。それに、私の故郷(こきょう)にも御社の店舗(てんぽ)がありますので、御社の商品の魅力(みりょく)は家族皆がよく知っています。

8

面接官(めんせつかん)　：一人ずつ、一分程度(ていど)で自己PRをしてください➡④。

応募者(おうぼしゃ)①：はい。先ほどお話ししたことと重複(ちょうふく)するかもしれませんが、私の強みは柔軟性(じゅうなんせい)があることだと思っています。予期(よき)せぬことや期待に反することが起きた場合、それが良いことでも悪いことでも冷静(れいせい)に受け入れることができます。大切なのは起きたことの善(よ)し悪(あ)しに一喜一憂(いっきいちゆう)せずに、冷静に対応することだと思います。柔軟な対応はマイナスをプラスに変えることもできます。それは、私がこれまでの経験から得(え)たことです。大学では企業(きぎょう)コンプライアンスに関する研究をしましたので、そういった業務(ぎょうむ)での貢献(こうけん)もできると考えています。

POINT

➡④ 1分間で話せる量は、300字程度です。あらかじめ自分で書いてみましょう。

7

Int : Do your parents approve of your working in a Japanese company?

①: Yes. My parents approve of my working in a Japanese company. Because my parents trust me, I can follow whatever path I desire. If I am allowed to join your company, my family's fans of your company's products would also be happy.

②: Yes. Since I decided to study abroad, I have been telling my parents that I want to work in Japan in the future, so, seeing the realization of my dream, I think my parents will also approve.

③: Yes, I think my parents would be happy for me, of course. They tell me that the most important thing is doing what I want to do. Also, since your company has a store in my home town, my family know well the appeal of your company's products.

面：你的家人赞成你在日本企业就职吗？

①：是的，他们赞成我在日本企业工作。父母亲的信任让我能安心地在自己期望的道路上前进。家人都是贵公司产品的爱好者，如果能在这儿工作，我相信他们也会很高兴的。

②：是的，在决定留学时，我就跟家人提过将来要在日本工作的事。家人也赞成我朝着自己的梦想前进。

③：当然。我家人希望我做自己最想做的事情，所以他们一定会很开心的。另外，贵公司在我国设有分店，我的家人都爱用贵公司的产品。

면접관 : 가족은 일본 기업에서 일하는 것에 찬성인가요?

① : 네. 가족도 제가 일본 기업에서 일하는 것에 찬성합니다. 부모님은 저를 믿어 주시기 때문에 저도 안심하고 제가 희망하는 길을 나아갈 수 있습니다. 귀사에 입사할 수 있다면 귀사 제품의 팬인 저희 가족도 기뻐할 것 입니다.

② : 네. 유학을 결심했을 때부터 가족에게는 장래 일본에서 일하고 싶다고 했기 때문에, 제 꿈의 실현을 향해 가족도 찬성해 주리라 생각합니다.

③ : 네. 물론 좋아해 줄 것입니다. 가족은 제가 하고 싶은 일을 하는 것이 최고라고 말합니다. 게다가 제 고향에서도 귀사의 점포가 있어 귀사 제품의 매력은 가족 모두가 잘 알고 있습니다.

8

Int : One by one, please give us your personal appeal.

①: This may overlap with what I said earlier, but I think my strength is that I have flexibility. When things I didn't foresee or hope for happen, good or bad, I can face them calmly. I think what is important is not to be pulled up and down by the good and bad of what happens, but to respond calmly. A flexible response can also turn a negative into a positive. That's something I have learned from my experience thus far. I did company compliance research in college, so I think I contribute in that kind of work, too.

面：每个人轮流自我介绍一分钟。

①：好的。可能跟刚才说的有点儿重复，我认为自己的强项是应变能力强。在无预警或与期待背道而驰的情况发生时，我能舍弃先入为主的观念，冷静接受事实。我认为最重要的是冷静处理事情，而不是被发生过的情况牵着鼻子走。顺着事情的发展，灵活应对，就能化险为夷，这是我的经验。在大学研究过企业的法规遵从，对那方面的业务也能贡献一己之力。

면접관 : 한 사람씩 1분 정도로 자기 PR을 해 주세요.

① : 네. 아까 말씀드린 것과 중복될지도 모르지만 제 강점은 유연성이 있다는 점입니다. 예측 못한 일이나 기대와 다른 일이 생겼을 때 그것이 좋은 일이든 나쁜 일이든 냉정하게 받아들일 수 있습니다. 중요한 것은 일어난 일의 좋고 나쁨에 울고 웃는 게 아닌 냉정하게 대응하는 것입니다. 유연한 대응은 마이너스를 플러스로 바꿀 수 도 있습니다. 이것은 제가 이제까지의 경험에서 얻은 것입니다. 대학에서는 기업 컴플라이언스에 관한 연구를 했으므로 그런 업무에도 공헌할 수 있다고 생각합니다.

➡④ In one minute, you can say about 300 words. Write it out yourself beforehand.

1分钟大约能说300个字，别忘了事先把想说的内容写下来。

1분간 말할 수 있는 양은 300자 정도입니다. 미리 직접 써 봅시다.

応募者②：はい。私は小さい頃から日本のテレビ番組や漫画に触れていました。テレビの声に合わせて、よくセリフをまねて言ったりしていました。そのおかげで比較的発音は良くなったと思います。在学中に日本語能力試験のＮ１レベルとビジネス日本語検定のＪ１を取得しました。また、４年間の留学生活を通して、日本に対する理解が深まりました。私の強みは日本語と日本に対する理解だと思います。どうぞよろしくお願いいたします。

応募者③：はい。私が自信を持っているのは、広い視野と行動力です。国にいた時に比べて、複数の価値観や見方が理解できるようになり、共感力や相手の立場に立った考え方ができるようになりました。このことは、より豊かな発想や斬新なアイディアを生み出す原動力になると思います。また、頭で考えるだけではなく、それを目に見えるものに変えていく実行力、行動力も持っています。自分が動くだけではなく、周囲を巻き込んで皆で作り上げる喜びを感じながら仕事を進めることが大切です。海外の現場などにおいても、そういう面で御社に貢献できると思います。

9

面接官　：今の自分を色で例えると何色ですか？　そう思う理由も教えてください。

応募者①：はい。私の今の色はオレンジ色だと思います。私の健康な身体と前向きな気持ちを表していると思います。もう一つ、私はオレンジが大好きで毎日欠かさず食べているからです。

応募者②：はい。私は白だと思います。白は上に様々な色を使って自由に描くことができます。今の私の心は真っ白で、将来の夢やビジョンをその白いキャンバスに描いていきたいと思います。

応募者③：はい。緑です。日々落ち着いて生活できている今の状態に、ぴったりの色だと思います。

②：I have been exposed to Japanese television programs and manga since I was little. I would often imitate the voices on TV and copy the lines. I think that because of that, my pronunciation is relatively good. In college, I earned a level N1 on the Japanese Language Proficiency Test and a J1 on the Business Japanese Exam. Also, through my four years of exchange student life, my understanding of Japan deepened. I think my strengths are my Japanese and my understanding of Japan. Thank you very much.

②：好的。我从小就接触日本的电视节目和漫画，常常模仿电视里的台词，所以发音比较标准。在校时通过日语能力测验N1级和商务日语测验J1级，4年的留学生活更加深了对日本的理解。我认为自己的强项就在于日语能力和对日本的理解。谢谢。

② ：네 . 저는 어렸을 때부터 일본 TV 프로나 만화를 접해 왔습니다 . TV 목소리에 맞춰서 자주 대사를 흉내내서 말하기도 했습니다 . 덕분에 비교적 발음은 좋아졌다고 생각합니다 . 재학중에 일본어 능력시험의 N1 레벨과 비지니스 일본어검정 J1 을 취득했습니다 . 또 4 년간 유학생활을 통해 일본에 대한 이해가 깊어졌습니다 . 제 강점은 일본어와 일본에 대한 이해라고 생각합니다 . 아무쪼록 잘 부탁드립니다 .

③：What I have confidence in are my broad outlook and my ability to act. Compared with when I was back home, I am now more able to understand multiple value senses and points of view. I am now more able to sympathize and consider other people's points of view. I think this translates into the power to create more fruitful thoughts and creative ideas. Instead of just thinking about these things, I have the energy and drive to change them into something you can see. It is important not to act alone, but to get work done while feeling the joy created by everyone around me getting involved. I think that I could contribute to your company in those areas at your overseas locations, too.

③：好的。我具有宏观的视野，做事效率也很高。比起在国内，现在的我更能理解各种价值观及想法，也容易发挥同理心站在对方的立场考虑事情。我认为丰富的点子及崭新的构思起源于此。另外，我不光只在脑子里思考，还会把各种想法变成现实，实践能力和工作效率也很强。工作时，个人行动固然重要，但集结众人力量齐心完成工作更让人有成就感。不论职场在国内还是国外，我都能在这方面为贵公司尽一份心力。

③ ：네 , 제가 자신있는 것은 넓은 시야와 행동력입니다 . 모국에 있을 때에 비해 다양한 가치관이나 시점을 이해할 수 있게 되어 공감력이나 상대방의 입장에 서서 생각할 수 있게 되었습니다 . 이것은 보다 풍부한 발상과 참신한 아이디어를 내는 원동력이라 할 수 있습니다 . 또 머리로 생각만 하는 것이 아니라 그것을 눈에 보이는 것으로 바꿔가는 실행력 , 행동력도 있습니다 . 자기가 행동하는 것 뿐만 아니라 모두를 끌어들여 함께 만들어가는 즐거움을 느끼며 일을 진행하는 것이 중요합니다 . 해외의 현장등에 있어서도 그런 점에서 귀사에 공헌할 수 있다고 봅니다 .

9

Int：If you were to liken your present self to a color, what color would that be? Tell me the reasons you think so.

面：现在的你，用颜色来表示，是什么颜色？请顺便说明理由。

면접관：지금의 자신을 색으로 예를 들면 무슨 색입니까? 그렇게 생각하는 이유를 말해 주세요 .

①：I think the color of my current self is orange. I think it expresses my healthy body and my positive attitude. Additionally, I love oranges and always eat them every day.

①：我认为现在是橘色，这个颜色表示我有健康的身体和积极向上的精神。还有一个原因就是我非常喜欢橘子，每天都会吃上几个。

① ：네 . 저는 지금의 색은 오렌지색이라고 생각합니다 . 제 건강한 신체와 긍정적인 마음을 나타낸다고 봅니다 . 또 한가지 저는 오렌지를 제일 좋아해서 매일 먹기 때문입니다 .

②：I think I am white. You can use many different colors to paint whatever you want on white. My mind now is pure white, and I want to paint my dreams and visions on that white canvas.

②：我认为是纯白。白色上面能自由挥洒各式色彩。我的心现在是纯白的，我想把将来的梦想和理想都描绘在这块白色的画布上。

② ：네 . 저는 흰색이라고 생각합니다 . 흰 색은 위에 다양한 색을 써서 자유롭게 그릴 수 있습니다 . 지금 제 마음은 새하얀색으로 장래의 꿈과 비전을 그 하얀 캠퍼스에 그려가고 싶습니다 .

③：I am green. I think it's a perfect color for my current state of being able to live every day calmly.

③：绿色。我现在每天生活得很安稳，绿色是最适合这种状态的颜色。

③ ：네 . 초록색입니다 . 매일 매일 평온한 생활을 보낼 수 있는 지금의 상태에 딱 맞는 색이라고 생각합니다 .

《就職》グループ面接

10

面接官　：最近の気になったニュースは何ですか➡⑤？

応募者①：はい。先週、埼玉県で起きた、主婦の安易な行動によって車が電車に衝突し、一日中ダイヤが乱れてしまった事件が気になりました。気になったというより、理解に苦しみます。踏切で待っている間に車を離れ、郵便物を投函する、というリスキーな行動をしてしまう思考回路に違和感を覚えます。

応募者②：はい。やはりオリンピックのニュースです。国の選手の活躍はもちろん嬉しいのですが、それよりももっと選手一人一人が厳しい練習に耐え、自分の持つすべての力を出し切る姿に感動を覚えます。私も選手たちのように、仕事を通じ自分の力を最大限に発揮できればと思います。

応募者③：私はまだあちこちで続いている内戦のニュースです。物事を解決するのに、いまだに武力に頼るということに、悲しさを覚えます。自分をも含めて、人間の弱さや難しさを感じます。

11

面接官　：５年後、あなたはどうなっていたいですか？

応募者①：はい。御社の市場開発に関する部署に所属し、そこで自分の力を最大限に発揮して、御社の製品をより多くの人々に提供することに、エネルギーを注いでいたいと思います。

応募者②：はい。御社の社員教育に携わっていたいと思います。あるいは、できれば店長資格を取得し、管理業務を任されるまでになっていたいとも考えています。

応募者③：はい。私は御社の海外での店舗の立ち上げに関わっていたいです。未知の現場で、実際に何かを作り上げていく経験を積んでいき、将来のより責任ある仕事の礎にしたいと思っています。

POINT

➡⑤ 興味や関心事について、得た情報と感想をきちんと整理してわかりやすく答えましょう。

10

Int：What news has been on your mind recently?

①：The incident last week in Saitama where because of a housewife's carelessness a car collided with a train and the train schedule was disrupted for a whole day caught my attention. More than just caught my attention, I struggle to understand it. The train of reasoning that leads to such risky behavior, leaving your car at a rail crossing to put something in the mailbox, just seems wrong.

②：Well, actually, it's the Olympics news. I'm happy about how well my country's athletes are doing, of course, but more than that, I'm moved by the sight of each athlete enduring harsh training, drawing out all the strength they have. Like the athletes, I hope that I can exercise my own strength to its fullest in my work.

③：For me it's the news about the continuing civil wars in so many places. I feel sad that even now people turn to arms to resolve matters. I feel the weakness and difficulty of mankind, including mine.

面：最近关注的新闻为何？

①：我最近注意到一个事件，那就是上个星期，在琦玉县，某位妇女的轻率和疏忽，使得汽车和电车相冲撞，一整天列车时间都处于混乱的状态。我看到这个事件时，与其说很在意，不如说实在难以理解。在铁道口等电车时，居然从车里走出来寄信，那名妇女怎么会做出这么危险的行为，我觉得很不可思议。

②：最近关注的是奥林匹克的新闻。我国选手取得良好的成绩着实令人欣慰。每位选手忍受辛苦的练习，竭尽全力参加比赛，令人感动。我也希望自己像那些选手一样，通过工作把自己的能力发挥到极限。

③：我关注的新闻是各地持续的内战。到了现在还用武力解决事情，让人觉得很悲哀。我感受到了人类的软弱和为难之处，当然这也包括我自身的情况。

면접관：최근 주목한 뉴스는 무엇입니까?

①：네. 저번 주 사이타마에서 일어난 주부의 안이한 행동으로, 차가 전철에 충돌해 하루종일 전차 시간에 혼란이 왔던 사건입니다. 주목했다기보다 이해하기 힘들었습니다. 건널목에서 기다리는 동안 차에서 내려 우체통에 우편물을 넣는 위험한 행동을 한 사고회로에 위화감을 느꼈습니다.

②：네. 역시 올림픽 뉴스입니다. 모국 선수의 활약도 물론 기뻤지만 그보다도 선수 한 사람 한 사람이 힘든 훈련을 견뎌내고 자기가 가진 모든 힘을 전부 발휘하는 모습에 감동했습니다. 저도 선수들처럼 일을 통해 자신의 힘을 최대한 발휘할 수 있었으면 합니다.

③：저는 아직 여기저기서 계속되는 내전 뉴스입니다. 일을 해결하는데 아직도 무력에 의존한다는 것에 슬픔을 느낍니다. 저를 포함해 인간의 나약함과 어려움을 느낍니다.

11

Int：What do you want to be doing in 5 years?

①：I would like to be part of a division of your company related to market expansion, using my strengths as best I can, pouring my energy into making your company's products available to more and more people.

②：I would like to be involved in your company's employee development. Or, if I can, I would like to go as far as getting manager credentials and being entrusted with administrative duties.

③：I would like to be involved in the opening of your company's overseas stores. I would like to gain experience actually creating something in an unfamiliar location and use that as the foundation for work with more responsibility in the future.

面：5年后，你会变成什么样子？

①：我希望能在贵公司的开发部门，竭尽全力把贵公司的产品提供给更多的顾客。

②：我希望在贵公司从事员工教育，有机会的话，担任店长负责管理业务。

③：我希望能从事成立海外分店的业务。在陌生的环境里为将来打下基础，累积从无到有的经验，以便能负责更重要的业务。

면접관：5년 후 당신은 어떻게 되고 싶습니까?

①：네. 귀사의 시장 개발에 관한 부서에 소속해 그곳에서 자신의 힘을 최대한 발휘하고 귀사 제품을 보다 많은 사람들에게 제공하는 일에 힘을 쏟고 있었으면 합니다.

②：네. 귀사의 사원 교육에 참여하고 있었으면 합니다. 혹은 가능하다면 점장자격을 취득해서 관리 업무를 도맡을 수 있게 되고 싶습니다.

③：네. 저는 귀사의 해외 점포 설립에 참가하고 있었으면 합니다. 미지의 현장에서 실제로 뭔가를 만들어 나가는 경험을 쌓아 장래에 보다 책임 있는 일을 할 수 있는 기초로 삼고 싶습니다.

➡⑤ When talking about your interests and concerns, carefully clarify the information you've gotten and your feelings and answer clearly.

先整理好搜集到的信息和感想，以便能条理分明地说明自己的爱好和感兴趣的事。

흥미나 관심사에 관해 얻은 정보와 감상을 잘 정리해 알기 쉽게 대답합시다.

《就職》グループディスカッション

■ グループディスカッション

1 ディスカッション開始前

面接官　：10分後にグループディスカッションを行います。それまで、今しばらくお待ちください。

田　中　：こんにちは。今日はどうぞ、よろしくお願いします。

キ　ム　：こんにちは。こちらこそよろしくお願いします。

ボ　ブ　：こんにちは。一緒に協力しましょう。

田中／キム：ええ、そうですね。よろしくお願いします。

2 役割分担決め

面接官　：それでは、今日は「学生と社会人の違いは何か」というテーマで40分間、グループで話し合ってください。そして、グループの結論を、どなたか代表者の方に3分以内で発表してもらいます。それでは、始めてください。

田　中　：はい。では、一人ずつ簡単に自己紹介して、司会とタイムキーパーと発表者を決めていきましょうか。

キム／ボブ：はい。

田　中　：はい。私は桜山大学外国語学部4年の田中新之助と申します。もしよろしければ、私、司会を担当しましょうか。

キム／ボブ：はい。よろしくお願いします。

キ　ム　：こんにちは。キム・ハヨンと申します。地球市民大学経済学部の4年生です。では、私はタイムキーパーを担当しましょうか。

田中／ボブ：はい。よろしくお願いします。

ボ　ブ　：えー、首都中央大学法学部4年のボブ・ヒルです。それでは、私は報告を担当させていただきます。

田中／キム：はい。よろしくお願いします。

Group Discussion ／小组讨论／그룹 토론

Group Discussion	小组讨论	그룹 토론
1 Before the Start of Group Discussion	**讨论开始前**	**토론 개시전**
Int : We will have the group discussion in 1 0 minutes. Pease wait here until then.	面 : 10 分钟后进行小组讨论。讨论开始前，请再稍等一下。	면접관 : 10 분 후에 그룹 토론을 하겠습니다 . 그 때까지 여기서 잠시 기다려 주세요 .
Tanaka : Hello. It's nice to meet you.	田中 : 你们好。今天请多多关照。	다나카 : 안녕하십니까 ? 오늘은 아무쪼록 잘 부탁드립니다 .
Kim : Hello. It's nice to meet you, too.	金 : 你们好。也请两位多多关照。	김 : 안녕하세요 . 저야말로 잘 부탁드립니다 .
Bob : Hello. Let's work together on this.	鲍勃 : 你们好。让我们一起努力吧。	밥 : 안녕하세요 . 같이 협력해서 하죠 .
T / B : Yes, let's.	田/金 : 嗯，好的。	다나카 /김 : 네 , 그러죠 . 잘 부탁합니다 .

2 Dividing Up Roles	**决定每个人的角色**	**역할 분담 결정**
Int : Okay. Today, please talk together as a group for 40 minutes on the topic, "What is the difference between students and adults?"	面 : 那么，今天以"学生与成年人的差异"为题，进行 40 分钟的小组讨论。之后，请一位同学当代表，在 3 分钟之内发表小组讨论出的结论。请开始。	면접관 : 그럼 오늘은「학생과 사회인의 차이는 무엇인가」라는 테마로 40 분간 그룹끼리 토론하십시오 . 그리고 그룹의 결론을 한 분이 대표가 되서 3 분 이내로 발표해 주십시오 . 그럼 시작하세요 .
Tanaka : Okay. So, should we each briefly introduce ourselves and then decide on a leader, timekeeper, and presenter?	田中 : 好的。首先请每位先简单自我介绍一下，然后决定小组讨论的主持人、计时者及发表者。	다나카 : 네 . 그럼 한 분씩 간단하게 자기소개를 하고 사회와 타임키퍼 , 발표자를 정해 갈까요 ?
Kim / B : Sure.	金/鲍 : 好的。	김 / 밥 : 네 .
Tanaka : Okay. My name is Shinnosuke Tanaka, and I'm a 4th-year in the Foreign Languages department at Sakurayama University. If you don't mind, shall I be the leader?	田中 我叫田中新之助，是樱山大学外语系 4 年级的学生。可以的话，我希望能当主持人。	다나카 네 . 저는 오우야마대학 외국어학부 4 학년 다나카 신노스케라고 합니다 . 괜찮으시다면 제가 사회를 담당할까요 ?
Kim / B : Sure. That would be good.	金/鲍 好，那就麻烦你了。	김 / 밥 네 . 잘 부탁합니다 .
Kim : Hello. My name is Ha Yon Kim. I am a 4th-year in the economics department at Global Citizens University. Okay, how about I be timekeeper?	金 你们好，我叫金河延，是地球市民大学经济系 4 年级的学生。我来负责计时吧。	김 안녕하십니까 . 김하영입니다 . 지구시민대학 경제학부 4 학년입니다 . 그럼 제가 타임키퍼를 담당할게요 .
T / B : Okay. That's fine.	田/金 好，那就麻烦你计时。	다나카 / 밥 네 . 살 부탁합니다 .
Bob : Umm, my name is Bob Hill, and I'm a 4th-year in the Law department at Tohto University. I'll be the presenter, then.	鲍勃 嗯，我是首都中央大学法学部 4 年级的鲍勃希尔，就由我来发表吧。	밥 저 ... 수도중앙대학 법학부 4 학년 밥 빌입니다 . 그럼 제가 보고를 담당하도록 하겠습니다 .
Kim / B : Okay. That's fine.	金/鲍 好，那就麻烦你了。	김 / 밥 네 . 잘 부탁합니다 .

《就職》グループディスカッション

3 司会者：議論の方向を示す

田　中　：それでは、「学生と社会人の違いとは何か」ということで今から話したいと思います。どうぞよろしくお願いします。まず、学生と社会人の「違い」について話す前に、「学生」とはどんな存在か、「社会人」とはどんな存在かについて話してはどうかと思いますが、どうですか➡⑥。

キ　ム　：いいですね。ではそれぞれの定義についてまず確認しましょうか。

ボ　ブ　：あの、すみません。それぞれの定義について話すことは、賛成なのですが、経済的な視点とか、責任という視点とか、的を絞ってそれぞれの定義について話してはどうでしょうか。

田　中　：ああ、いいアイディアですね！

キ　ム　：ええ。効率的ですね。

4 タイムキーパー：提案

キ　ム　：残り時間10分です。そろそろまとめに入ったほうが良さそうですね。あの、そこで提案ですが、もうだいたい「学生」と「社会人」の違いは出たと思います。この違いを、分類できないかなと思ったんですが。例えば…

POINT

➡⑥ 提案や反対意見を言う際、「(〜と思いますが) どうですか」と疑問文で終えると、印象がやわらかく協調性があると評価されます。

3 Leader: Indicate the direction of the discussion

Tanaka: Okay, I'd like to start talking about the topic "What are the differences between students and adults?" Let's begin. First, before we talk about "differences," I think it might be good to discuss what kinds of things "students" and "adults" might be. What do you think?

Kim : Good idea. So let's first confirm our definition of each.

Bob : Um, excuse me. I agree that we should talk about the definitions, but shouldn't we first narrow our targets down to something like an economic point of view or a responsibility point of view before we talk about the definitions?

Tanaka: Ah, that's a good idea!

Kim : Yes. That'll be effective.

主持者：指示讨论的方向

面 ：那么，我们现在开始讨论“学生与成年人的差异”。我认为在讨论学生与成年人的“差异”之前，应该先定义何谓“学生”，何谓“成年人”。大家觉得怎么样？

金 ：你说得对。我们把每个词定义好。

鲍勃：嗯，我也赞成先给每个词下个定义，不过，是不是该把范围缩小，只从经济的观点或者只从责任的观点来谈呢？

田中：对，这是个好主意！

金 ：是啊，这样讨论起来比较有效率。

사회자 : 토론의 방향을 제시한다

면접관 : 그럼 ,「학생과 사회인의 차이는 무엇인가」라는 것으로 지금부터 이야기해 보겠습니다 . 잘 부탁드립니다 . 먼저 학생과 사회인의「차이」에 대해 말하기 전에「학생」이란 어떤 존재인가「사회인」이란 어떤 존재인가에 대해 이야기 하는 것은 어떨까 생각하는데요 , 어떻습니까 ?

김 : 좋습니다 . 그럼 각각의 정의에 대해 먼저 확인해 볼까요 .

밥 : 저 ... 죄송합니다 . 각각의 정의에 대해 이야기하는 것은 찬성하지만 경제적인 시점이나 책임이라는 시점같이 한정시켜서 각각의 정의에 대해 이야기하는 것은 어떨까요 .

다나카 : 아 , 그거 좋은 생각이네요 !

김 : 네 , 효율적이네요 .

4 Timekeeper: Suggestion

Kim : We have 10 minutes left. I think we should start putting it all together soon. Um, I have a suggestion about that. I think we've already pretty much gotten at the differences between "students" and "adults." I thought maybe we could categorize those differences. For example...

计时者：提议

金：只剩 10 分钟，我们该下结论了。嗯，我有个建议，我们已经大致讨论出“学生”与“成年人”的差异，是不是要把这些差异分类一下，比如说......。

타임키퍼 : 제안

김 : 남은 시간 10 분입니다 . 이제 슬슬 마무리하는 편이 좋을 듯 싶네요 . 저 ... 그래서 제안하겠는데요 , 이제 거의「학생」과「사회인」의 차이는 나왔다고 생각합니다 . 이 차이를 분류할 수 없을까 하는데요 . 예를 들어 ...

➡⑥ When you offer a suggestion or an opposing opinion, if you end with the question "(I think….) What do you think?", you will give a softer, more harmonious impression.

提出建议和反对意见时，结尾用“(〜と思いますが) どうですか”这个疑问句型，能展现出亲和力及协调性，给人带来好印象。

제안이나 반대의견을 말할 때「(～라고 생각합니다만) 어떻습니까」라고 의문문으로 끝내면 인상이 부드럽고 협조성이 있다고 평가받습니다 .

《就職》グループディスカッション

5 報告者の発言

面接官　：それでは、今から3分以内で協議した内容を発表していただきます。第1グループからお願いします。

ボ　ブ　：はい。ボブ・ヒルと申します。それでは、今から私たちのグループで協議したことを発表したいと思います。私たちのグループでは、大きく3つの視点から学生と社会人の違いについて考えました。「責任」、「評価」、「成長」、この3つです。　（つづく・・・）

➡ グループディスカッションで困ったとき

知らない言葉が出てきたとき

A：すみません。テーマにある「BOP ビジネス」について私はよく知らないのですが、どなたか簡単に教えていただけませんか。

話についていけないとき

A：すみません。今、いろいろな意見が出ていますが、ちょっと一旦、みんなで整理してみませんか。

決められないとき

A：時間も限られているので、まず「何をするか」について考えて、次に「どのようにするか」について考えてはどうでしょうか。

5 **Presenter's Statement**

Int : Now, in the next three minutes, I'd like to have you present the results of your discussion. Let's start with Group 1.

Bob : Sure. My name is Bob Hill. I'd like to present what our group discussed. We considered the differences between students and adults from three broad viewpoints. Those three are "responsibility," "value," and "growth." (Continue…)

报告者的发言

面 ： 那么，现在开始，请在 3 分钟之内发表讨论的结果。请第一组先发表。

鲍勃 ： 好的。我叫鲍勃希尔。我现在发表组里讨论的结果。我们主要从 3 个观点去探讨学生和成年人的差异。这 3 个观点为"责任"、"评价"和"成长"。（未完......）

보고자의 발언

면접관 : 그럼 지금부터 3 분 이내에 협의한 내용을 발표해 주십시오. 제 1 그룹부터 부탁합니다.

밥 : 네. 밥 빌이라고 합니다. 그럼 지금부터 저희 그룹에서 협의한 내용을 발표하고자 합니다. 저희 그룹에서는 크게 3 가지 시점에서 학생와 사회인의 차이에 대해 생각했습니다.「책임」「평가」「성장」, 이 3 가지 입니다. (계속…)

When you run into trouble in group discussion

When words you don't know come up

A : Excuse me. I don't know that much about the "BOP Business" in the topic. Could somebody briefly explain it to me?

When you're not following the conversation

A : I'm sorry. At this point, we've had lots of opinions, so could we take a moment to straighten them out a bit?

When you can't decide

A : Our time is limited, so how about we first think about "what to do" and then think about "how to do it"?

小组讨论中出现不顺利的情况时

出现没听过的词汇时

A ： 对不起，我没听过题目的"金字塔底层经济"这个词，谁能简单告诉我一下？

跟不上他人的脚步时

A ： 对不起，刚才大家提出了各种意见，我们先稍微整理一下，好吗？

无法下决定时

A ： 时间有限，所以我们先想"做什么"，之后再考虑"怎么做"，你们觉得如何？

그룹 토론에서 곤란했을 때

모르는 어휘가 나왔을 때

A : 죄송합니다. 테마에 있는「BOP 비지니스」에 관해 저는 잘 모르겠습니다만 누군가 간단히 설명해 주시겠어요?

이야기 내용에 따라가지 못할 때

A : 죄송합니다. 지금 여러 의견이 나왔습니다만 일단 다같이 정리를 해 볼까요.

결정하지 못할 때

A : 시간도 한정돼 있으니 먼저「무엇을 할 것인가」에 관해 생각하고, 다음은「어떻게 할 것인가」에 관해 생각하는 것은 어떨까요.

Unit 3-2

個人面接❶：自己(じこ)PR

個人面接では、あなたの長所・短所、学業、学業以外のこと、将来の目標(もくひょう)、技術・能力、関心事などを聞かれ、また自己(じこ)ＰＲを求められることがよくあります。自分がこの企業(きぎょう)でいきいきと働くことができ、貢献(こうけん)できる人材であることをアピールしましょう。そのためには、以下のことに注意しましょう。

❶質問を受けたら、①結論、②根拠(こんきょ)（経験などのエピソード）、③結論の順で述べると効果的です。

❷長所は一つに絞(しぼ)り、具体的なエピソードを交えて話しましょう。

❸短所は、「コミュニケーションが下手」「わがまま」のような、仕事上致命的(ちめいてき)なものは避(さ)けます。短所ではあるけれども、時には長所にもなり得ることを言いましょう。

❹短所を答える際は、必ず、改善(かいぜん)するためにどんな努力をしているかを具体的に加えましょう。

❺学生時代に力を入れたことを話すときは、努力したこと、成長したことを具体的な体験を元に述べましょう。自分だけの成長エピソードを語ることが大切です。

❻履歴書(りれきしょ)やエントリーシートに書いたことと矛盾(むじゅん)しないように、履歴書などは必ずコピーをとっておきましょう。履歴書に書いたことを話し言葉で語れると非常に効果的です。

In the individual interview, you will be asked about your strong and weak points, your education, extracurricular activities, future goals, skills and abilities, interests, etc., and you will often be asked for your personal appeal. Promote yourself as a talent who can work brilliantly and contribute to this company. In order to do that, pay attention to the following points.

❶ When you are asked a question, it is most effective to state your answer in the order ① conclusion, ② basis (experiences and other anecdotes), ③ conclusion.

❷ Narrow your strong points down to one and mix in concrete anecdotes when you answer.

❸ For your weak point, avoid things fatal at work, like "I'm bad at communication" and "selfish." Use things that may be weak points but that at times can become strong points.

❹ When you talk about your weak point, make sure that you add specific ways in which you are working to improve.

❺ When you talk about what you worked hard at in college, base your response on concrete experiences where you worked hard and grew.

❻ Make a copy of your resume, etc., so that you don't have any discrepancies with what you wrote on your resume and entry sheet. Talking about what you wrote on your resume is extremely effective.

个人面试中，除了优缺点、课业、课余活动、将来的目标、技术和能力、感兴趣的事等，面试官还会要求你做自我介绍。自我介绍时，要表现出自己会在企业里勤奋工作，能为企业贡献一己之力。以下几点是注意事项。

❶ 面试官发问后，以①结论、②证据（以往累积的经验等）、③结论的顺序回答问题会更有效果。

❷ 集中说明一项优点，并加上一段真实的小插曲。

❸ 别提及在工作中被视为致命伤的缺点，如“不善沟通”或“任性”等。讲一些是缺点但有时也能成为优点的特质。

❹ 说明自己的缺点时，切记要附带说明迄今为止是如何努力改善这项缺点。

❺ 说明在校期间全力以赴去做的事情时，最重要的是说出一个独一无二的成长故事，因此你可以根据自己的实际经验说明努力的过程及成长后的体会。

❻ 一定要把履历表加以备份，避免面试时说的内容与履历表和报名表不符。把履历表中书写的内容用口头表达出来，很容易能打动人心。

개인면접에서는 당신의 장점과 단점 , 학업 , 학업 외의 사항 , 장래 목표 , 기술 및 능력 , 관심사 등에 대한 질문 , 또 자기 PR 을 요구받는 경우가 자주 있습니다 . 자신이 그 기업에서 즐겁게 일할 수 있고 공헌 할 수 있는 인재임을 어필합시다 . 이를 위해서는 아래의 사항에 주의합시다 .

❶ 질문을 받으면 ①결론 , ②근거 (경험 등 에피소드), ③결론의 순서로 말하는 것이 효과적입니다 .

❷ 장점은 하나로 집약해서 구체적인 에피소드와 함께 이야기합시다 .

❸ 단점은「커뮤니케이션이 서툴다 」「이기적이다」과 같은 업무상 치명적인 것은 피합시다 . 단점이지만 때로는 장점이 될 수도 있는 사항을 이야기합시다 .

❹ 단점을 대답할 때는 반드시 개선하기 위해 어떤 노력을 하고 있는지를 구체적으로 덧붙입시다 .

❺ 학생 시절에 힘을 쏟은 일을 이야기할 때는 노력한 것 , 성장한 것을 구체적인 경험을 바탕으로 말합니다 . 자신만의 성장 에피소드를 이야기하는 것이 중요합니다 .

❻ 이력서나 자기소개서에 쓴 것과 모순 되지 않도록 이력서 등은 반드시 복사해 둡시다 . 이력서에 쓴 내용을 회화체로 말하면 매우 효과적입니다 .

《就職》個人面接❶：自己PR

A＝面接官　B＝応募者

■ 長所・短所に関する質問

1 A：あなたの長所について教えてください➡①。

B：はい。困難なことでもあきらめないで、最後までやり抜くところだと思います➡②。日本語能力試験のN1も、一度失敗してショックを受けましたが、あきらめるのは悔しいと思い、1日3時間の勉強で2度目に合格しました。

2 A：あなたの短所は何ですか。

B：はい。アイディアを思いつくとすぐに実行に移してしまい、準備不足のために失敗してしまうところがあります➡③。そのため、落ち着いて行動するようにいつも心がけています。ここ1年間は物事を始める前に計画をきちんと立て、どんなことでも余裕を持って終わらせることができるようになりました➡④。

3 A：あなたのモットーは何ですか。

B：はい。一見常識的な事でも鵜呑みにせずに、自分の頭で考えるということです。

A：そうですか。どうしてそう考えるようになったんですか。

B：はい。私の国と日本では、常識と言われることが違います。食事のマナーひとつ取っても、音を立てて食べることについての感覚が違います。そういう場面に直面して、絶対ということはないと気付きました。それ以来、まずは自分で考えてみることを心がけています。

POINT

➡① 長所の内容を具体的に説明しましょう。

➡② 質問されたことに対して最初に結論を簡潔に述べ、次に具体的なことを言いましょう。

➡③「怒りっぽい」「わがまま」といった致命的な短所は避けます。この答えのように、それが時には長所にもなり得る（この例は、「実行力がある」とも取れます）ことを言いましょう。

➡④ 短所を克服する努力をしていること、また克服しつつあることを必ずアピールしましょう。

Individual Interview ❶ : Personal Appeal
个人面试❶：自我介绍／개인면접❶：자기 PR

A=Interviewer B=Applicant

Questions About Your Strong and Weak Points

1
A : Tell me about your strong points.

B : Sure. I think it's that I don't give up on difficult things, and I see them through to the end. I was really shocked when I failed my first try at the JLPT level N1, but I was mortified at the thought of giving up, and after three hours of study a day, I passed on the second try.

2
A : What is your weak point?

B : I think it's that when I get an idea, I immediately rush to carry it out, but I end up failing because of lack of preparation. Because of that, I always work hard to calm down before I act. In the past year, I have become able to carefully make a plan before I start something and have plenty of time to finish it.

3
A : What is your motto?

B : It is not to take even apparently common-sense things on faith; think them through for yourself.

A : I see. How did you come to think like that?

B : In my country and in Japan, the things that are called common sense are different. To take table manners for one, sensibilities about making noises while eating are different. Having encountered that kind of thing, I realized that there is no such thing as an absolute. Since then, I have striven to think things through myself, first.

A= 面试官 B= 应聘者

关于优点、缺点的问题

1
A：请谈谈你的优点。

B：好的。遇到困难不放弃，一直坚持到最后是我的优点。第一次没通过日语能力测验 N1 级时，我非常难过，但我不想放弃，于是一天学习 3 小时，第二次就通过考试了。

2
A：你的缺点为何？

B：我的缺点就是一有新构思就想马上实行，有时会因准备不充分而失败。因此我常提醒自己做事前要深思熟虑。在这一年当中，每开始一件事之前，我都会制定详细的计划，让自己不论做任何事都能从容不迫。

3
A：你的座右铭为何？

B：就算是看起来合情合理的事，也会思考一下，不随便妄下断语。

A：是吗？你为什么会这么做？

B：因为在我的国家，人们认为的常理跟日本人所认为的并不相同。比如说，对吃饭发出声音这件事的观感就很不一样。在我察觉到世上没有任何事是绝对的之后，便时时提醒自己做任何事前都要深思熟虑。

A= 면접관 B= 응시자

졸업 후 진로에 관한 질문

1
A : 당신의 장점에 대해 말해 보세요 .

B : 네 . 어려운 일도 포기하지 않고 끝까지 다 해내는 점이라고 생각합니다 . 일본어 능력시험 N1 도 한 번 실패해 충격을 받았지만 포기하기는 억울해서 하루 3 시간 공부해서 두번째에는 합격했습니다 .

2
A : 당신의 단점은 무엇입니까 ?

B : 네 . 아이디어가 떠오르면 바로 실행에 옮겨버려 준비부족으로 실패해 버리는 경우가 있습니다 . 그 때문에 차분히 행동하려고 항상 신경을 씁니다 . 요즘 1 년간은 일을 시작하기 전에 계획을 확실히 세워 어떤 일에도 여유있게 끝낼 수 있게 되었습니다 .

3
A : 당신의 모토는 무엇인가요 ?

B : 네 . 겉보기에 상식적인 일이라도 무조건 받아들이지 않고 자신의 머리로 생각하자 입니다 .

A : 그래요 ? 왜 그렇게 생각하게 되었습니까 ?

B : 네 . 모국과 일본에서는 상식이라는 것이 틀립니다 . 식사 매너 하나만 봐도 소리 내서 먹는 것에 대한 감각이 틀립니다 . 그런 광경에 직면한 후 절대적인 것은 없다는 것을 깨달았습니다 . 그 다음부터 우선 스스로 생각해 보도록 조심하고 있습니다 .

➡① Concretely explain the substance of your strong point.
具体说明你的优点。
장점의 내용을 구체적으로 설명합시다 .

➡② When asked a question, first concisely state your conclusion, then say something concrete.
回答面试官的问题时，先简单扼要地说出结论，再提出具体的事实。
질문당한 내용에 관해 처음에는 결론을 간결하게 말한 후 그 다음에 구체적인 내용을 말합시다 .

➡③ Avoid fatal weak points like "irritable" and "selfish." Like this answer, say something that at times could be a strong point (in this example, you could interpret it as "I have drive").
避免提及“易怒”或“任性”等致命的缺点。你可以像例句一样，讲一些有时也能成为优点的特质（这个句子也能解读为“具有实践能力”）。
「다혈질」「이기적이다」와 같은 치명적인 단점은 피합니다 . 이 대답과 같이 그것이 때로는 장점이 될 수도 있는 (이 경우는 「실행력이 있다」라고도 느껴집니다) 것을 말합시다 .

➡④ Make sure to demonstrate that you are working to overcome or are overcoming your weak points.
强调正努力克服缺点或者缺点正在改善中。
단점을 고치려 노력을 하고 있는 점 , 또 극복해 가는 중이라는 것을 반드시 어필합시다 .

Unit 3-2

《就職（しゅうしょく）》個人面接❶：自己（じこ）PR

4 A：あなたが自信（じしん）を持（も）っていることは何ですか。

B：はい。物事を筋道立（すじみちだ）てて論理的（ろんりてき）に考えられるということです。

A：それは、つまりどういうことですか。

B：はい。何かを判断（はんだん）する時に、その時の感情（かんじょう）ではなく、結果（けっか）や過程（かてい）を予測（よそく）して判断できることです。実は高校時代に、大嫌いな先生がいまして、その教科の勉強を全（まった）くしませんでした。その結果、再試験を受けることになり、大変後悔（こうかい）しました。それからは、何事も自分の胸（むね）にもう一度問（と）い直（なお）し、今やるべきことは何なのか、冷静（れいせい）に判断できるようになったと思います。

5 A：自分の弱点（じゃくてん）はどんなことだと思いますか。

B：はい。一つのことに集中（しゅうちゅう）しすぎて、他のことが疎（おろそ）かになってしまうところがあります。

A：そうですか。具体的にはどんな失敗（しっぱい）がありましたか。

B：はい。国際交流サークルでイベントを行った時（とき）、企画（きかく）の責任者（せきにんしゃ）を任（まか）されました。自分でもやりたかったことでしたので、一日のほとんどをその準備に費（つい）やしてしまいました。その結果、勉学に手を抜（ぬ）いてしまうことになり、単位を落としそうになりました。

A：ああ、そうなんですか。その後改善（かいぜん）されましたか。

B：はい。このようなやり方ではいけないということがよく分かりましたので、今はきちんと計画（けいかく）を立て、やるべきことの優先順位（ゆうせんじゅんい）を考えるようにしています➡⑤。

POINT

➡⑤ 改善に向けての努力をきちんと述べましょう。

4

A : In what do you have self-confidence?

B : In my ability to put together the threads of a situation and reason through it logically.

A : And, what does that mean?

B : It means that when I make a decision, I can make the decision not on my feelings at that moment, but by predicting the result and the course of a decision. Actually, in high school, there was this teacher I hated, and I didn't study that subject at all. As a result, I had to take the exam again, and I really regretted that. From then on, I feel that I have been able to question myself about everything a second time and to calmly decide what the right thing to do is.

A：你对自己哪个方面有信心？

B：能合理地、有逻辑地思考任何事情。

A：具体来说是什么情况？

B：我会先预测结果及过程后再判断事情，不受当时情绪的影响。高中时我很讨厌某位老师，他教的东西我全部不学习，结果导致重考。对此我相当后悔。之后，遇到事情我都会先问问自己，当下最应该做些什么，冷静地去面对。

A : 당신이 자신 있는 것은 무엇입니까?

B : 네. 일을 순서있게 논리적으로 생각할 수 있는 것입니다.

A : 그것은 즉 어떤 것인가요?

B : 네. 무언가를 판단할 때 그 때의 감정이 아닌, 결과나 과정을 예측해 판단할 수 있습니다. 실은 고등학교 때 정말 싫어하는 선생님이 계셔서 그 과목 공부는 전혀 하지 않았습니다. 그 결과 재시험을 치게 되어 대단히 후회했습니다. 그 후로는 뭐든지 스스로 다시한번 자문하고 지금 해야할 일은 무엇인지 냉정히 판단 할 수 있게 되었다고 생각합니다.

5

A : What kinds of things do you think are your weaknesses?

B : I sometimes concentrate too much on one thing, so the others end up getting neglected.

A : I see. Specifically what failures did you have?

B : When the International Exchange Club held an event, I was put in charge. It was something I had wanted to do, so I ended up spending most of every day on the preparations. As a result, I started slacking off in my studies, and it looked like I was going to fail some credits.

A : Oh, is that right? Did things get better after that?

B : Yes. I figured out that I couldn't do things that way, and now I plan carefully and consider the priorities of what I need to do.

A：你认为自己的缺点是什么？

B：太过于专注某件事，以至于疏忽其他事情。

A：是吗？你曾因为这样而造成什么失败吗？

B：对，我参加国际交流俱乐部活动时，担任企划的负责人。那是我很想做的事，所以那阵子几乎整天都花在准备上，结果耽误了课业，没拿到学分。

A：啊！那么，之后你做了什么改变吗？

B：有，我深深地体会到这样不行，所以现在会好好制定计划，考虑所有该做的事情的优先顺序。

A : 자신의 약점은 어떤 것이라 생각해요?

B : 네. 한가지 일에 너무 집중해서 다른 것은 소홀히 해 버리는 부분입니다.

A : 그래요? 구체적으로 어떤 실패가 있었나요?

B : 네. 국제 교류 서클에서 이벤트를 했을 때 기획 책임자를 담당했습니다. 저도 하고 싶었던 것이어서 하루의 대부분을 그 준비로 보내버렸습니다. 그 결과 공부를 소홀히 해 버려 낙제할 뻔 했습니다.

A : 네, 그래요? 그 후 개선되었습니까?

B : 네. 이런 방식으로는 안 된다는 걸 깨달았기 때문에 지금은 정확히 계획을 세워서 해야 할 일의 우선순위를 생각하려고 합니다.

➔⑤ Clearly state the effort you are putting towards improvement.

明确说出为改善缺点所做的努力。

개선을 위한 노력을 정확히 이야기합시다.

6 A：自分を客観的に見て、ここが悪いということがありますか。

B：はい。少々人見知りなところがあり、初対面の人には自分から積極的に声をかけることが苦手です。

A：そうですか。そのことを直そうと努力はしましたか。

B：はい。これから社会人として多くの人とつながりを持っていかなければなりません。その際にこのような性格はマイナスになると考え、この一年間ほど、学内やアルバイト先などで、話したことがない人にも自分から話しかけるように心がけてきました。今では、人と話す楽しさを感じるようになり、この弱点を克服しつつあると思います。

7 A：自分のアピールポイントとウィークポイントはどんな点だと思いますか。

B：はい。アピールできるのは、物事に取り組む時に、長期的な見通しを持つことができることです。途中でうまくいかなくなった時でも、慌てずに仕切り直すことができます。ウィークポイントは、慎重に検討しようと思いすぎて、物事の決定に時間がかかる点です。最近は「ここが決め時」と意識するようにしたことで、改善されてきたと思います。

6

A：Looking at yourself objectively, are there any things you would call bad?

B：Yes. I'm a little shy, and I'm not good at actively approaching people I've just met.

A：I see. Did you make an effort to fix that?

B：Yes. As an adult, I'm going to have to have relationships with a lot of people. Thinking that this would be a negative when that does happen, I have spent the last year or so starting conversations with people at school, work, and so on, to whom I had never spoken before. And now, I understand the fun of talking to people, and I think I'm conquering this weakness.

A：客观地评论一下自己，你觉得自己哪一点不好？

B：我有点儿怕生，不太会主动跟初次见面的人谈话。

A：是吗，你努力改善了这个缺点吗？

B：是的。今后进入社会就得跟许多人打交道。这样的性格不利于处理人际关系，因此这一年间，在学校里或打工的地方，我尽量主动与没交谈过的人说话。现在，我已慢慢克服这个缺点，也开始觉得跟他人交谈是件有意思的事了。

A：자기를 객관적으로 봤을 때 이런 점이 나쁘다라는 것이 있어요？

B：네 . 조금 낯을 가리는 경향이 있어 처음 만나는 사람에게는 적극적으로 말 거는 것을 잘 못합니다 .

A：그래요 . 그걸 고치려고 노력은 하셨나요？

B：네 . 앞으로 사회인으로서 여러 사람들과 어울려야 합니다 . 그럴 때 이런 성격은 마이너스가 될 것으로 생각해 최근 1 년정도 학교 안에서나 아르바이트하는 곳등에서 대화한 적이 없는 사람에게도 말을 걸려고 노력했습니다 . 지금은 사람과 대화하는 즐거움을 느끼게 되어 이 약점을 극복해 가고 있다고 생각합니다 .

7

A：What do you think are your appealing points and your weak points?

B：I think my selling point is that when working on things, I am able to take a long-term perspective. Even when things start going wrong, I can regroup without panicking. My weak point is that I want to think about things too much and deciding things takes a long time.

A：你认为自己的优点和缺点分别为何？

B：我能以长远的眼光考虑事情，这是我的长处。就算中途遇到不顺利，我也能不慌不忙地重新安排。至于缺点则是思虑过多，要做好一个决定得花很多时间。最近我常提醒自己“现在该是时候了”，因此犹豫不决的情况也有所改善。

A：자신의 어필 포인트와 약점은 어떤 점이라고 생각해요？

B：네 . 어필할 수 있는 것은 일을 추진할 때 장기적인 예측을 할 수 있다는 점입니다 . 도중에 잘 풀리지 않게 되었을 때도 당황하지 않고 다시 수정할 수 있습니다 . 약점은 너무 신중하게 검토하려 해서 일의 결정에 시간이 걸린다는 점입니다 . 요즘은 「지금이 결정할 때」 라고 의식하려고 하는 것으로 개선되었다고 생각합니다 .

《就職》個人面接❶：自己PR

A＝面接官　B＝応募者

■ 大学・学業(専門・ゼミ・卒論)に関する質問

8 A：あなたの専門は何ですか。

B：はい。国際貿易です。貿易の具体的な業務や関税について学びました。特に関税に関する国際的な動きに強い関心を持っています。

9 A：あなたの卒論のテーマは何ですか。

B：はい。都市の緑化プロジェクトの進め方についてです。日本の中規模の都市の具体例をいくつか調査し、自分でプロジェクト計画を立てるというものです。私は高崎市をモデルにして緑化計画を策定しています。

10 A：ゼミではどんな勉強をしてきたんですか。

B：はい。企業の社会貢献について、母国と日本の具体的な例を材料に研究してきました。母国と日本では貢献の仕方や考え方が異なっていて、得るものがたいへん多かったです。２つの国を比較するということは様々なことに気付かせてくれるので、良い勉強方法だと思います。

11 A：あなたは経営学部ですね。

B：はい。専攻は貿易ビジネスです。

A：そうですか。なぜそれを選んだんですか。

B：はい。私の国と日本は、年々貿易額が増えてきています。特に私の国には、輸出に適していると思われるものがまだまだあります。例えば日本ではまだあまり知られていないフルーツなどです。しかし、それをうまく商品化する手だてがあまり普及していません。そういうものに価値を与えて輸出する仕事にたずさわりたいと思い、この専攻を選びました。

A=Interviewer B=Applicant

A= 面试官 B= 应聘者

A= 면접관 B= 응시자

Questions About University and Study (Major, Seminars, Thesis)

8

A : What is your major?

B : International trade. I studied the actual business of trade and tariffs. In particular, I have a strong interest in international trends relating to tariffs.

9

A : What is the topic of your senior thesis?

B : It's on the progress of urban greening projects. In it, I examine a few concrete examples of Japan's mid-sized cities and come up with my own project plan. I'm drawing up a greening plan using Takasaki City as a model.

10

A : What kinds of things have you studied in your seminars?

B : I used concrete examples from Japan and my home country to do research on corporate contributions to society. Because the ways of making contributions differ between Japan and my country, there was a lot to learn. Because comparing two countries makes you aware of a lot of different things, I think it is a good way to study.

11

A : You're Department of Management, right?

B : Yes. My major is trade business.

A : I see. Why did you choose that?

B : Every year the amount of trade between Japan and my country is increasing. Particularly in my country, we still have a lot of things that could be considered appropriate for export. For example, there are a lot of fruits and such that aren't very well-known in Japan. However, the means to commodify these things aren't very widely known. I chose this major because I would like to get involved with the work of adding value to and exporting this kind of thing.

关于大学、课业的问题（专业、研究班、毕业论文）

A：你的专业为何？

B：我的专业是国际贸易。我学过贸易的具体业务及关税，其中我对与关税连动的国际动向特别感兴趣。

A：你的毕业论文题目为何？

B：我的毕业论文是都市绿化工程的实行方案。我实际调查了几个日本中规模的都市并自己制定工程计划。我以高崎市为例制定了绿化计划。

A：你在研究班里学习什么？

B：我以自己的国家和日本的实际例子做为研究材料，研究企业的社会贡献。我国和日本对于社会贡献的方法和概念都不同，从中我学到很多。比较两个国家是很好的学习方法，这让我注意到许多差异之处。

A：你是经营系的，是吧。

B：对，我的专业是贸易经济。

A：嗯，你为什么选择这个专业？

B：我国与日本的贸易额年年增加，但其实还有许多适合出口的产品，比如在日本鲜为人知的水果等。只不过，至今仍然没有好方法能把那些物品商品化。我想从事这方面的工作，提高适合出口物品的商品价值并把它们运到海外销售。因此选择了这个专业。

대학・학업에 관한 질문(전공・ゼミ(일종의 전공수업)・졸업 논문)

A : 당신의 전공은 무엇입니까?

B : 네, 국제무역입니다. 무역의 구체적인 업무나 세관에 관해 배웠습니다. 특히 세관에 관한 국제적인 동향에 매우 관심을 가지고 있습니다.

A : 당신의 졸업 논문 테마는 무엇입니까?

B : 네. 도시 녹화프로젝트의 진행 방법에 관하여라는 것입니다. 일본의 중간규모 도시의 구체적인 예를 몇 가지 조사해 프로젝트 계획을 세운다는 것입니다. 저는 다카자키시를 모델로 해 녹화계획을 책정했습니다.

A : ゼミ(일종의 전공수업)에서는 어떤 공부를 했어요?

B : 네. 기업의 사회공헌에 관해 모국과 일본의 구체적인 예를 재료로 연구해 왔습니다. 모국과 일본에서는 공헌방법과 생각이 틀리기 때문에 배울 점이 매우 많았습니다. 2개의 나라를 비교하는 것은 다양한 점을 깨닫을 수 있기 때문에 좋은 공부방법이라 봅니다.

A : 당신은 경영학부군요.

B : 네. 전공은 무역 비지니스입니다.

A : 그래요? 왜 그걸 선택하셨나요?

B : 네. 모국과 일본은 매년 무역액이 늘어나고 있습니다. 특히 우리 나라에는 수출에 적합하다고 생각되는 것이 아직 많이 있습니다. 예를 들어 일본에서는 아직 많이 알려져 있지 않는 과일 등입니다. 하지만 이를 잘 상품화 시킬 수단이 아직 보급되어 있지 않습니다. 그런 것에 가치를 부여해 수출하는 일에 종사하고 싶어 이 전공을 선택했습니다.

Unit 3-2

《就職》個人面接❶：自己PR

⑫ A ： 学生時代、一番力を入れたことは何ですか。

B ： はい。経営学の勉強です。大学のゼミだけではなく、様々な国の留学生仲間と研究会を作り、実践的な知識を身に付けるよう、努力しました。実際に企業をモデルに選び、その経営戦略を研究したり、模擬企業を作って経営方法を競争したりしました。

⑬ A ： 学生時代に一番力を入れたことは何ですか。

B ： はい。やはり、専攻の都市計画についてのゼミです。２年間でしたが、得るものは大変大きかったです。

A ： それは、具体的にどんなことを学んだんですか。

B ： はい。私は都市の公園建設について学びました。課題として、その設計や模型作成などを行いました。公園に何を置くのか、人の動線をどう作るのか、安らぎだけではなく防災の観点から見ると、どのようなデザインが良いのかなどを研究してきました。自分でも様々な都市に出かけ、公園にいる人々の様子や使われ方などを観察してきました。非常に多くのものを得たと思います。

⑭ A ： 学生時代に頑張ったことはありますか。

B ： はい。日本語の習得です。入学時は話すことに自信がなかったのですが、ゼミに入るにあたって、これではいけないと思い、専門用語なども使いこなせるように努力しました。

A ： なるほど。それはかなり大変でしたか。

B ： そうですね。まず専門用語のリストを作っていつも見て覚えるようにしていました。また、毎日必ず日本語のドラマやニュースを見て、自然な話し方の参考にしました。友人には間違いを必ず直してくれるように頼んでいました。

12

A : As a student, what did you work at the most?

B : My management studies. In addition to my university seminars, I worked hard to acquire practical knowledge by creating workshops with exchange students from many different countries. In fact, we chose companies as models, researched their management strategies, created mock companies, and competed them against each other.

A：在学期间，你最全力以赴去做的事情为何？

B：学习经营学。除了在大学的研究班里学习，我还跟志同道合的各国留学生组成研究会，积极地学以致用。我们真的选择了某家企业为研究模型，分析其经营战略，并成立模拟企业，与其竞争经营方式。

A : 학창시절 가장 주력한 것은 무엇입니까?

B : 네. 경영학 공부입니다. 대학 전공수업만이 아니라 다양한 나라의 유학생 친구들과 연구회를 만들어, 실천적인 지식을 익히고자 노력했습니다. 실제로 기업을 모델로 선택해 그 경영 전략을 연구한다던가 모의 기업을 만들어 경영방법을 경쟁하거나 했습니다.

13

A : As a student, what did you work at the most?

B : Well, it was the seminar on my major, urban planning. It took two years, but I got a lot from it.

A : What, specifically did you study?

B : I studied city park construction. As an assignment, I worked on designs and built models. I researched what kinds of designs would be good from a disaster prevention perspective, not just comfort, like what to put in the park or how to create traffic flow. I even went out to different cities and observed people in parks, how the parks are used, and so on. I think I learned quite a lot.

A：在学期间，你最全力以赴去做的事情为何？

B：我最全力以赴去做的事，就是在研究班里学习都市计划。在那两年之间，我学到了很多。

A：具体来说，你学到了些什么？

B：我学习如何建设都市里的公园。研究课题便是设计及制作模型等等。比如说在公园里该设置些什么、如何设计人们的动线。我们不仅考虑到休憩，还从防灾的角度去思考该做什么设计比较好。我本身也到各个都市去观察人们在公园里的样子和使用情况，我的收获颇丰。

A : 학창시절 가장 주력한 것은 무엇입니까?

B : 네. 역시 전공인 도시계획에 관한 ゼミ(일종의 전공수업)입니다. 2년간이었지만 얻는 것은 매우 컸습니다.

A : 그건 구체적으로 어떤 것을 배웠어요?

B : 네. 저는 도시 공원 건설에 관해 배웠습니다. 과제로 그 설계와 모형작성 등을 했습니다. 공원에 무엇을 설치할지 사람의 동선을 어떻게 만들지, 쉼터만이 아닌 방재의 관점에서 보면 어떤 디자인이 좋은지 등을 연구해 왔습니다. 스스로 여러 도시에 가서 공원에서 사람들이 어떻게 보내는지, 용도 등을 관찰해 왔습니다. 매우 많은 것을 얻었다고 생각합니다.

14

A : Is there something you worked hard at as a student?

B : Yes, mastering Japanese. When I entered school, I didn't have confidence in my speaking abilities, and when I entered my seminar and realized this wouldn't do, I worked hard to be able to manage the technical terms and such.

A : I see. Was that really difficult?

B : Yes, it was. First, I made a list of technical terms and learned them by studying that list. I watched Japanese dramas and news every day and used them as a reference for speaking naturally. I asked my friends to make sure to correct any mistakes I made.

A：在校期间，你做了什么？

B：我很努力学习日语。刚入学时对发言很没信心，进研究班后，觉得这样下去不行便努力学习，让自己除了能进行一般对话外，还能熟练地使用专门用语等。

A：是吗？那很辛苦吧！

B：是啊。我做了一张专门用语表，放在时时能看得到的地方，然后每天必看日语连续剧和新闻，那可以让我学习到自然的说话方式。我还拜托朋友随时纠正我的错误。

A : 학창시절에 열심히 한 것은 있습니까?

B : 네. 일본어 공부입니다. 입학시에는 말하는 것에 자신이 없었지만 ゼミ(일종의 전공수업)에 들어가게 되었을때 이래서는 안 되겠다고 생각해 전문용어등을 능하게 쓸 수 있도록 노력했습니다.

A : 그래요. 그건 많이 힘들었나요?

B : 그렇죠. 먼저 전문용어 리스트를 만들어 항상 보면서 외우려고 했습니다. 또 매일 반드시 일본어 드라마나 뉴스를 보고 자연스런 말투를 참고로 했습니다. 친구한테는 틀리면 꼭 고쳐달라고 부탁했습니다.

《就職》個人面接❶：自己PR

A＝面接官　B＝応募者

■ 学業以外(サークル・ボランティア・アルバイト)に関する質問

15 A：学業以外で、頑張ってやってきたことはありますか。

B：はい。私の国インドのことを日本の皆さんに知ってもらうため、国際交流サークルに入って、日本人の方々にインドの文化を紹介してきました。日本人と一緒に料理を作ったり、踊りを踊ったりして、地域の文化祭でステージに立ちました。

16 A：何かサークル活動はやっていましたか。

B：はい。日本の文化に触れたくて、茶道サークルに入っていました。最初は足がしびれたりして大変でしたが、今では何とかお点前ができるようになりました。一見してすぐ外国人だとわかる私がお茶を立てていると、珍しがられて、よく話しかけられるので友人も増えました。

17 A：大学以外でいい経験になったと思うことはありますか。

B：はい。地域のお年寄りと一緒に、商店街の清掃ボランティアを行ったことです。暑い中大変でしたが、自分が誰かの役に立つことの素晴らしさを感じました。また、大学外の人と知り合って、世界が広がったと思います➡⑥。お年寄りから昔の話を聞いたり、私のスマートフォンの使い方を教えてあげたりして、同年代の友人とは違う考え方に触れることができました。

POINT

➡⑥ 大学外とのつながりは、社会性が身についていることと結びつき、いい印象を与えます。

Individual Interview ❶ : Personal Appeal
个人面试❶：自我介绍／개인면접❶ : 자기 PR

A=Interviewer B=Applicant

Questions About Extracurricular Activities (Clubs, Volunteer, Part-Time Job)

15 A : Is there anything outside of classes that you've worked hard at?

B : To get everybody in Japan to know more about my country, India, I joined the International Exchange Club and introduced Indian culture to the Japanese people. I got on stage at the regional culture festival and cooked and danced together with Japanese people.

16 A : Were you active in any clubs?

B : Yes. I wanted to be exposed to Japanese culture, so I was in the Tea Ceremony Club. At first it was hard because my legs kept falling asleep and things like that, but I'm kind of able to do the ceremony now. When someone you can tell at a glance is a foreigner, like me, makes tea, people take an interest and talk to you a lot, so I made a lot more friends.

17 A : Is there anything outside of university that you think was a good experience?

B : Yes, when I volunteered to help clean the shopping district with the elderly in the area. It was tough in the heat, but I learned how wonderful it is to be of help to someone. Also, by meeting people outside the university, I think my world got bigger. Listening to old stories from the elderly and teaching them how to use my smart phone, I was exposed to a way of thinking that's different from friends my own age.

A= 面试官 B= 应聘者

关于课业之外的问题（社团、志愿者、打工）

A：除了课业以外，你还做了些什么事？

B：为了让日本人了解我的国家--印度，我参加国际交流俱乐部，给日本人介绍印度文化。我和日本人一同做菜、跳舞，还在地区举办文化祭时，到舞台上表演。

A：你参加了什么社团活动吗？

B：有，我想接触日本文化，所以参加了茶道社。刚开始双脚会麻很难受，但现在的我，泡茶也没什么问题了。我的长相一看就知道是外国人，日本人看到我这样的外国人会泡茶觉得很新鲜，就来跟我攀谈，于是我的朋友也增加了。

A：在大学生活之外，有没有什么不错的体验？

B：有，我当志愿者跟地区的老人家一起打扫商店街。天气很热很辛苦，但一想到能帮助别人就觉得很值得。结识大学以外的朋友也让我的世界更宽阔。老人家们告诉我以前的事情，我则教他们使用智能手机，我了解到了许多不同的想法，那是从同辈那儿无法得到的。

A= 면접관 B= 응시자

학업 외 (서클・자원봉사・아르바이트) 에 관한 질문

A : 학업 이외에 열심히 해 온 것은 있어요 ?

B : 네 . 모국 인도에 관한 것을 일본의 여러분께 알리기 위해 국제교류 서클에 들어가 일본분들에게 인도 문화를 소개해 왔습니다 . 일본 사람과 함께 요리를 만들거나 춤을 추는 등 , 지역 문화제의 무대에 섰습니다 .

A : 뭔가 서클 활동은 했나요 ?

B : 네 . 일본 문화에 접하고 싶어다도 서클에 들어갔습니다 . 처음엔 다리가 저려서 힘들었는데 지금은 어느 정도 차를 만들어 대접할 수 있게 되었습니다 . 한눈에 외국인이라 알 수 있는 제가 차를 만들고 있으면 , 호기심에 자주 말을 걸어오기 때문에 친구도 늘었습니다 .

A : 대학 이외에 좋은 경험이 되었다고 생각하는 일이 있습니까 ?

B : 네 . 지역의 어르신들과 함께 상점가의 청소 자원 봉사를 한 일입니다 . 더위 속에서 힘들었지만 누군가에게 도움을 줄 수 있다는 것의 소중함을 느꼈습니다 . 또 대학 외의 사람과 알게 되어 세계가 넓어졌다고 생각합니다 . 어르신들께 옛날 이야기를 듣기도 하고 제 스마트폰 사용법을 가르쳐 드리기도 하고 동년배 친구들과는 다른 생각을 접할 수 있었습니다 .

➡⑥ Ties outside of the university are connected with the fact that you have developed a social sense and give a good impression.

提及一些大学之外的关系，能展现自己融人社会的群居能力，给面试官一个好印象。

대학 밖의 대인 관계는 사회성이 있다는 것에 연결되어 좋은 인상을 줍니다 .

《就職》個人面接❶：自己PR

18 A：学業以外で力を入れたことは何ですか。

B：はい。ダンスの練習です。友人たちとダンスチームを作って、学園祭や地域の祭りなどで披露しました。また、中学生のチームのコーチをボランティアでやっていました。

A：そうですか。そこで得たことがあれば教えてください。

B：チームワークの大切さです。私は振り付けの覚えが悪くて、自分が足を引っ張っているのではないかと悩んだ時もありました。しかし、メンバーに励まされて前向きな気持ちで乗り切ることができました。また、他の人と一緒にやるからこそ感じられる達成感があることを知りました。

19 A：何かサークル活動をしていますか。

B：はい。チアリーディングのサークルに入っていました。全国大会にも出場しました。

A：へえ。どんな活動をするんですか。

B：はい。普段は大会出場のために体力作りや技の練習をしています。

A：チアをやってきて、何か得たものはありますか。

B：はい。人を応援し、支える喜びを感じることができました。選手たちからも「元気をもらえたよ」と言ってもらえて、自分にも人の役に立つことができるという自信を持つことができました。

18

A：What have you worked hard at outside of class?

B：Dance practice. I formed a dance team with my friends, and we performed at the school and local festivals. Also, I volunteered coaching the middle-school team.

A：I see. Tell me what you gained from that.

B：The importance of teamwork. I'm bad at remembering choreography, and there were times I worried that I was dragging everybody down. However, I was able to get through it with a positive attitude and with encouragement from the team members. I also discovered the satisfaction that comes from working together to achieve something.

A：除了课业以外，你还全力以赴地做过什么事？

B：我练习舞蹈。我和几个朋友组了舞蹈团队，在学园祭和地区的庙会上表演。我还义务担任初中生团队的教练。

A：噢，那你从这些活动中得到什么？

B：我学到了团队合作的重要性。刚开始我记不住舞步，有一阵子总担心会影响其他成员，但是他们反而来鼓励我，让我能积极地面对这个困难并度过难关。另外，我也得到了某种特殊的成就感，那只能与他人共同合作才能了解到的。

A：학업 이외에 주력한 일은 무엇입니까？

B：네．댄스 연습입니다．친구들과 댄스팀을 만들어 학교 축제나 지역의 마츠리 등에서 선 보였습니다．또 중학생 팀의 코치를 자원봉사로 했습니다．

A：그래요．거기서 얻은 것이 있다면 알려 주세요．

B：팀 워크의 중요함입니다．저는 안무를 외우는게 느려서 제가 짐이 되는 게 아닐까 고민한 적도 있었습니다．하지만 멤버들의 격려로 긍정적인 마음을 갖고 극복할 수 있었습니다．또 타인과 함께 했기에 느낄 수 있는 달성감도 있다는 것을 알게 되었습니다．

19

A：Are you active in any clubs?

B：Yes, I was in the Cheerleading Club. I also entered the national competition.

A：I see. What kind of things do you do?

B：We usually did strength training and skill practice for competitions.

A：Did you gain anything from cheerleading?

B：Yes. Cheering people on, I learned the joy of supporting people. Hearing the athletes say "You gave me energy" gave me confidence that I, too, could help people.

A：你参加了什么社团活动吗？

B：有，我加入拉拉队，还参加全国大会。

A：哦，你们进行什么活动？

B：为了参加大会，平时锻炼体力并练习各项技巧。

A：通过参加拉拉队，你学到了什么？

B：我感受到了替别人加油，当别人后援的喜悦。选手们常对我们说“因为你们的鼓励，让我们有了努力的动力”，于是我慢慢地在帮助别人这方面，建立起自信。

A：뭔가 서클 활동을 하고 있어요？

B：네．치어리더 서클에 들어갔습니다．전국 대회에도 출전했습니다．

A：그래요．어떤 활동을 하는데요？

B：네．평소는 대회 출전을 위해 체력 만들기나 기술을 연습하고 있습니다．

A：치어를 해서 뭔가 얻은 것은 있습니까？

B：네．사람을 응원하고 서포트하는 기쁨을 느낄 수 있었습니다．선수들에게도「힘을 얻었어」라는 말을 들을 수 있어 저도 다른 사람에게 도움이 될 수 있다는 자신을 가질 수 있었습니다．

《就職》個人面接❶：自己PR

A＝面接官　B＝応募者

■ 将来に関する質問

20 A：5年後、10年後に、どうなっていたいですか➡⑦。

B：はい。おそらく新入社員は企業の様々な部署や仕事に触れ、目の前の仕事を必死で覚えながら、仕事の仕方や流れをつかむ時期だと思っています。そして5年後は、仕事における目標を明確に持ち、その目標に向かい学び続けていたいと思います。10年後は自分の仕事における目標をさらに歩み、何かしらの専門性を持ち、自分にしかできない仕事を持つ、そんな存在になりたいと思います。

21 A：5年後に、人間としてどのように成長していたいですか。

B：はい。今の私は好奇心が旺盛で何にでもチャレンジしていくことが長所です。しかし、それは一方で、一つのことをやり続けるよりも新しいことに飛びついてしまう、という短所でもあります。5年後には、一つの事にじっくりと丁寧に取り組む態度を身に付け、成功に導けるような人間になっていたいと思います。

A：そうですか。しかし、それは簡単なことではないですね。

B：はい。そう思います。しかし、卒論に1年半かけて取り組み、こつこつやることの大切さを学びました。よく考えることで内容が少しずつ良くなっていく喜びを感じることができました。

POINT

➡⑦ 将来の展望を問われた時は、具体的な姿をイメージできるようなことを述べましょう。また、そうなりたい根拠もしっかり伝えましょう。

A=Interviewer B=Applicant

A= 面试官 B= 应聘者

A= 면접관 B= 응시자

Questions About Your Future

20 A：What do you want to be doing 5, 10 years from now?

B：I think this is probably the period when new hires are exposed to different departments in the company and, desperately trying to learn the work right in front of them, grasp the flow of the work. And 5 years from now, I would like to have clear work goals and, working toward those goals, continue learning. In ten years, I'd like to be in a place where I am making progress on my work goals, have some sort of specialty, and have a job that only I can do.

21 A：How would you like to have grown as a human being 5 years from now?

B：My strength right now is that with my lively curiosity, I will take on anything. On the other hand, I also have the weakness that I jump to something new rather than continuing through with one thing. Five years from now, I would like to be someone who has an attitude that lets me work on one thing thoroughly and carefully and steer it towards success.

A：I see. But that's not an easy thing to do.

B：No, I don't think so. However, working on my senior thesis for a year and a half, I learned the importance of working diligently. I got to experience the joy of watching the thesis get better little by little by thinking carefully.

关于未来目标的问题。

A：5年后、10年后，你希望变成什么样子？

B：新进员工一开始会到企业的不同部门接触各项工作，处理完手头上的工作就顾不了其他事了。5年后，我应该已经能掌握工作的方法及流程了。我希望那时，在工作上也有明确的目标，为了达成目标不停地学习。10年后，则仍旧继续朝着工作目标迈进，培养某种专业能力，在工作上能独当一面。

A：5年后，你希望自己成为什么样的人？

B：现在，我的强项就是好奇心旺盛，对什么都想尝试。但另一方面，我也容易喜新厌旧，无法专注于同一件事情上。5年后，我希望自己能做事细心并有始有终，最终迈向成功。

A：噢，那可不简单呢。

B：是的，我也这么认为。不过我花了一年半构思毕业论文，从中学习到埋头苦干的重要性。通过缜密的思考，让论文内容日渐完整，这让我得到了很大的成就感。

장래에 관한 질문

A：5년 후, 10년 후에 어떻게 되고 싶습니까?

B：네. 제 생각으로는 신입사원은 기업의 다양한 부서와 일을 접하며 눈 앞의 일을 필사적으로 배워가면서 일의 방식이나 흐름을 파악하는 시기라고 생각합니다. 그리고 5년 후는 일의 목표를 명확하게 가지고 그 목표를 향해 계속 배워가고 있었으면 합니다. 10년 후는 자기 일의 목표에서 더욱더 나아가 어느정도 전문성을 가지고 자신만이 할 수 있는 일을 있는 그런 존재가 되었으면 합니다.

A：5년 후에 어떤 사람으로 성장하고 싶습니까?

B：네. 지금 저는 호기심이 왕성하고 뭐든지 도전해 가는 것이 장점입니다. 하지만 한 편으로는 한가지 일을 계속 하는 것 보다 새로운 것에 금방 빠져버린다는 단점도 있습니다. 5년 후에는 한가지 일을 차분하고 꼼꼼히 하는 태도를 익혀, 성공할 수 있도록 이끌어나가는 사람이 되고 싶습니다.

A：그렇군요. 하지만 그건 간단한 일이 아니죠.

B：네. 그렇게 생각합니다. 하지만, 졸업 논문을 1년 반 걸려 진행하며 조금씩 해 나가는 것의 소중함을 배웠습니다. 곰곰히 생각하는 것으로 내용이 조금씩 개선되어 가는 기쁨을 느낄 수 있었습니다.

➡⑦ When asked about your outlook on the future, state it in such a way that one can picture it in concrete form.

被面试官问及未来的展望时，你的说明要让人明白易懂。另外，你也要具体说出实现这个梦想的理由。

장래 전망에 대해 질문받으면 구체적인 모습을 연상할 수 있는 내용을 말합시다. 또 되고 싶은 근거도 명확하게 전달합시다.

Unit 3-2

《就職》個人面接❶：自己PR

A＝面接官　B＝応募者

■ 技術・能力（日本語能力・PC技術・簿記・TOEICなど）に関する質問

22 A：あなたの日本語力で、仕事に対応できると思いますか。

B：はい。１年前に日本語能力試験N1に合格しました。新聞を読んだり、レポートを書いたりすることにも、不自由は感じていません。話したり聞いたりするのも、大学の授業や日常生活では問題ありませんでした。専門用語は最初苦労するかもしれませんが、勉強して短期間で身に付けたいと思っています。

23 A：パソコンの技能はどうですか。何か資格を持っていますか。

B：はい。Microsoft Office SpecialistのWord 2013とExcel 2013の、スペシャリストレベルを持っています。この資格を生かして現在アルバイトをしていますが、評価をしてもらっています。

24 A：英語力には自信がありますか。

B：はい。今年、TOEICで730点を取りました。まだまだ十分ではないと思いますので、これから１年のうちに800点を目指したいと思っています。

25 A：日商簿記の２級を持っているんですね。

B：はい。学校に講座があったので参加し、２級を取りました。勉強しているうちに、自分に合っている勉強だと感じてきましたので、将来は１級にも挑戦したいと思っています。

Individual Interview ❶ : Personal Appeal
个人面试❶：自我介绍／개인면접❶ : 자기 PR

A=Interviewer B=Applicant

A= 面试官 B= 应聘者

A= 면접관 B= 응시자

Questions About Your Skills and Abilities (Japanese Ability, PC Skills, Accounting, Etc.)

22

A：Do you think you can handle work with your Japanese ability?

B：Yes. A year ago, I passed the JLPT level N1. I don't have any difficulty doing things like reading a newspaper or writing reports. In speaking and listening, too, I have no problem in my university classes or daily life. I might have trouble with the technical language at first, but I hope to study and learn them in a short period of time.

23

A：How are your computer skills? Do you have any certifications?

B：Yes. I have Word 2013 and Excel 2013 Microsoft Office Specialist certification at the Specialist level. I use these certifications in my part-time job and am rated highly.

24

A：Are you confident in your English ability?

B：I got a 730 on the TOEIC. I'm not sure that's good enough yet, so I would like to shoot for 800 within a year.

25

A：I see you have a level 2 on the Business Skill Test in Bookkeeping.

B：Yes. Since there was a course at school, I took it and got a level 2. As I was studying, I felt that I was good at this kind of study, so in the future I want to attempt level 1, too.

关于技术、能力（日语能力、电脑技术、簿记、TOEIC 等）的问题

A：你的日语能力能胜任工作吗？

B：没问题，我 1 年前就通过日语能力测验 N1 级了。读报和写报告都难不倒我。在大学上课时及日常生活中，听日语和说日语也都不成问题。对我来说，一开始专门用语可能会有点儿难，不过我会在短时间内记住它们的。

A：你的电脑技术如何？有什么资格吗？

B：有。我有 Microsoft Office Specialist 的 Word2013 和 Excel2013 的专业级认证。也就是这个资格让我找到现在的兼职机会，公司对我的能力的评价也很高。

A：你对说英语有信心吗？

B：有，今年 TOEIC 考了 730 分，我觉得还不够，接下来的一年之内，我想朝 800 分的目标努力。

A：你有日商簿记 2 级的资格，是吧。

B：是的，我参加学校举办的讲座，取得了 2 级。我觉得自己很适合学习簿记，将来想挑战 1 级。

기술・능력 (일본어 능력・PC 기술・부기・TOEIC 등) 에 관한 질문

A：당신의 일본어 능력으로 직무에 대응할 수 있다고 생각해요 ?

B：네 . 1 년 전에 일본어 능력 시험 N1 에 합격했습니다 . 신문을 읽거나 레포트를 쓰는 것도 불편하지 않습니다 . 이야기를 하거나 듣는 것도 , 대학 수업이나 일상생활에서는 문제가 없었습니다 . 전문용어는 처음에는 고생할 지도 모르지만 공부해서 단시간에 익히고 싶습니다 .

A：PC 능력은 어때요 ? 뭔가 자격을 가지고 있습니까 ?

B：네 . Microsoft Office Specialist 의 Word 2013 와 Excel 2013 의 스페셜리스트 레벨을 가지고 있습니다 . 이 자격을 살려 현재 아르바이트를 하고 있는데 인정 받고 있습니다 .

A：영어는 자신이 있어요 ?

B：네 . 올해 TOEIC 에서 730 점을 받았습니다 . 아직 충분하지 않다고 생각해서 앞으로 1 년 사이에 800 점을 목표로 하려고 합니다 .

A：日商簿記 2 급을 가지고 있네요 .

B：네 . 학교에서 강좌가 있어 참가해 2 급을 땄습니다 . 공부하면서 자신에게 맞는 공부라고 느꼈기 때문에 앞으로 1 급에도 도전하고 싶습니다 .

Unit 3-2

《就職》個人面接❶：自己PR

A＝面接官　B＝応募者

■ 外国人に向けての質問

26 A：どうして日本で就職したいのですか。

B：はい。私は将来、母国が安全で効率的な工場を運営できるようになってほしいと思っています。現在私の国の機械部品などの製作工場は、日本に比べるとまだまだ非効率的なところが多いと感じます。御社で日本の技術移転に関する仕事に携わり、最終的には御社にも母国にも貢献できるようになりたいと思い、日本の御社での就職を希望いたしました➡⑧。

27 A：日本に来たきっかけは何ですか。

B：はい。最初のきっかけは日本のアニメへの興味でした。その後、高校生の時、夏休みを利用して東京と京都に旅行したのですが、その時に日本社会のおもしろさに気づきました。例えば、高層ビルの真下で伝統的な祭りをしていたり、浴衣を着て花火にいく一方で、個性的でユニークな服装で町を歩いていたりする若い人の姿に驚きました。このように様々なものが共存する日本に是非住んでみたいと思って来日しました。

28 A：留学生ということで、苦労したことはありますか。

B：はい。最初は友人の言っていることが分からなかったり、考え方の違いに戸惑ったりして、殻にこもりがちでした。でも、勇気を出して自分から周りに飛び込んでいくようにしたら、いつの間にかそういう悩みはなくなっていました。今では苦労よりも楽しいことのほうが多いです➡⑨。

POINT

➡⑧ 具体的な展望を述べ、日本で仕事をすることに対する意欲を表しましょう。

➡⑨ 苦労したことを克服した体験談を話し、自分の前向きな気持ちを表現しましょう。

Individual Interview ❶ : Personal Appeal
个人面试❶：自我介绍／개인면접❶ : 자기 PR

A=Interviewer B=Applicant

A= 面试官 B= 应聘者

A= 면접관 B= 응시자

Questions for Foreigners

26

A : Why do you want to seek employment in Japan?

B : I would like my home country to be able to operate safe and efficient factories in the future. Currently, it seems that compared to Japan, my country's machine part manufacturing plants have a lot of inefficient aspects. I wanted to get involved in your company's transfer of Japanese skills and ultimately to be able to contribute to both your company and my home country, so I hoped to find a job with your Japanese company.

27

A : What made you come to Japan?

B : The first thing that drew me was my interest in Japanese animation. After that, when I was a high school student, I used my summer vacation to travel to Tokyo and Kyoto, when I realized how interesting Japanese society is. While you have festivals right below skyscrapers and people wearing yukatas to fireworks, I was surprised at the sight of young people walking around town wearing original and unique clothes. I came to Japan really wanting to live in a Japan where such disparate things coexist.

28

A : As an international student, have you had any difficulties?

B : Yes. At first, I didn't always understand what my friends were saying and got confused by the differences in our ways of thinking, and so I tended to keep to myself. But when I got up the courage to jump in the middle of things, that kind of worry went away before I knew it. Thus far, there's been more fun than trouble.

对外国人的问题

A：为什么想在日本就职？

B：我期望自己的国家在未来能安全并有效率地管理工厂。跟日本的工厂比起来，现在我国制造机械零部件的工厂大部分效率都不好。我想在贵公司负责日本技术转移的业务，除了为公司尽一份力，最终还是希望能为自己的国家贡献一己之力，因此我想进入贵公司在日本就职。

A：你来日本的理由为何？

B：最初是因为对日本的动漫感兴趣。后来在高中时，我利用暑假到东京和京都旅行。在那次旅程中，我发现了日本社会的有趣之处。比如说，我很惊讶人们会在高楼大厦正下方举办传统庙会，或者街上有穿着传统夏季和服去看烟火的人，也同时出现穿着特别、有个性的年轻人。我想在并存着各种事物的日本生活，所以来到了这里。

A：身为留学生，有没有什么苦处？

B：有，刚开始听不懂朋友说的话，想法上的差异也让我感到很困惑，而不愿与人接触。但是我鼓起了勇气，主动跟其他人接触，没多久那些烦恼便烟消云散了。现在的生活乐多于苦。

외국인에 대한질문

A : 왜 일본에서 취직하고 싶습니까?

B : 네 . 저는 장래 모국이 안전하고 효율적인 공장을 운영할 수 있게 되었으면 합니다 . 현재 모국의 기계부품 등의 제작 공장은 일본에 비해 아직도 비효율적인 점이 많다고 느낍니다 . 귀사에서 일본의 기술 이전에 관한 일에 종사하며 최종적으로는 귀사에도 모국에도 공헌할 수 있었으면 해 , 일본의 귀사에서의 취직을 희망합니다 .

A : 일본에 온 계기는 무엇인가요?

B : 네 . 처음의 계기는 일본 애니메이션에 대한 관심이었습니다 . 그 후 고등학교 때 여름방학을 이용해 도쿄와 교토를 여행했는데 그 때 일본 사회에 흥미로움을 느꼈습니다 . 예를 들어 고층 빌딩 바로 아래에서 전통적인 축제를 하거나 유카타를 입고 불꽃놀이를 보러 가는 한편 , 개성적이고 기발한 복장으로 거리를 걸어다니는 젊은이들의 모습에 놀랐습니다 . 이런 다양한 것이 공존하는 일본에서 꼭 살고 싶다고 생각해 일본에 왔습니다 .

A : 유학생이라서 고생한 것은 있어요?

B : 네 . 처음은 친구가 말하는 것이 전혀 이해가 안 되거나 사고방식의 차이에 당황하기도 해 외부와 거리를 두기도 했습니다 . 하지만 용기를 내어 스스로 주위 사람들 사이에 들어가려고 하니 어느새 그런 고민은 없어졌습니다 . 지금은 고생 보다도 즐거운 일이 많습니다 .

➡⑧ State your concrete outlook, and show your desire to work in Japan.
具体说明未来的展望，来表达想在日本工作的强烈意愿。
구체적인 전망을 말하며 일본에서 일하는 것에 대한 의욕을 밝힙시다 .

➡⑨ Talk about experiences in which you overcame your difficulties, and express your positive attitude.
谈谈经历过的困难，并表现出积极向前的态度。
고생한 것을 극복한 체험담을 이야기하고 자신의 긍정적인 마음을 표현합시다 .

Unit 3-2

《就職》個人面接❶：自己PR

㉙ A：日本のどんなところが好きですか。

B：はい。人々が落ち着いていて、人と人との適度な距離感があるところが好きです➡⑩。

A：適度な距離感というと？

B：はい。外国人の中には、日本人は冷たいという人もいますが、私は押し付けがましくない、人と人との距離感が好きです。普段はあまり濃厚な付き合いをしないかもしれませんが、困っている時などは自然にさりげなく助けてくれます。私も通学途中の駅で腹痛を起こし、動けなかった時に、何人もの人が声をかけてくれ、駅の事務所に連絡してくれたり、体を支えてくれたりしました。本当にありがたかったです。

㉚ A：日本とあなたの国とのコミュニケーションの取り方は違いがありますか。

B：はい。違いは結構あると思います。例えば私の国では上司でもファーストネームで呼びますが、日本ではもちろん違います。また、何か頼まれた時の断り方も違います。私の国でははっきり「ノー」ということが大切だとされています。

A：なるほど。それで、日本でうまくやっていくことはできますか。

B：はい。こういうことは相対的なものですから、良い・悪いがあるわけではないと思います。学生時代から日本的な表現をよく使っていましたし、日本で仕事をするのですから、日本でのやり方に慣れて周囲といい関係を作っていきたいと思います。

POINT

➡⑩ 通り一遍のことではなく、本当に感じたこと、観察力が感じられることを述べましょう。

29

A : What do you like about Japan?

B : I like that the people are composed, and that there is a proper level of interpersonal distance.

A : A proper level of interpersonal distance?

B : A lot of foreigners think Japanese people are cold, but I like the nonintrusive sense of interpersonal distance. They may not normally get into deep relationships, but when you're in trouble, they naturally and casually help you out. When my stomach started hurting at the station on the way to school and I couldn't move, several people came up to me and contacted the station office for me and helped me up and things like that. I was truly grateful.

A：你喜欢日本的什么？

B：日本人的行事沉稳，人与人之间有适度的距离，我很喜欢这一点。

A：你所谓适度的距离为何？

B：有些外国人觉得日本人很冷漠，但我个人偏爱凡事不强加于人、人与人之间保持适度距离的那种感觉。平时没什么交流，但一遇到困难大家都会主动前来帮助。我曾在去学校途中的车站里肚子疼，无法上学，那时有许多人过来关心我，替我联系车站的事务所，还把我搀扶起来。我非常感谢他们。

A : 일본의 어떤 점이 좋습니까?

B : 네 . 사람들이 차분하고 사람과 사람 사이에 적절한 거리감이 있는 점이 좋습니다 .

A : 적절한 거리감이라고 하면?

B : 네 . 외국인 사이에서는 일본인은 차갑다는 사람도 있지만 저는 강압적이지 않은 , 사람과 사람 사이의 거리감이 좋습니다 . 평소에는 그렇게 친밀한 사이가 아닐지 몰라도 곤란할 때 등은 자연스럽게 도와줍니다 . 저도 통학 도중의 역에서 복통을 일으켜 움직이지 못했을 때 여러 명이 말을 걸어주고 역 사무소에 연락해 주거나 몸을 부축해 주거나 했습니다 . 정말 감사했습니다 .

30

A : Is there a difference between the ways of communicating in Japan and in your country?

B : Yes, I think there are considerable differences. For example, in my country, we call even the boss by his first name, but in Japan, it's different, of course. Also, the ways of refusing when you're asked to do something are different. In my country, clearly saying "no" is considered very important.

A : I see. So, do you think you can get along well in Japan?

B : Yes. These kinds of things are relative, and I don't think there is any good or bad to them. I've been using Japanese ways of expressing myself since college, and since I will be working in Japan, I want to get used to the way of doing things in Japan and create good relationships with those around me.

A：日本和你的国家，在沟通方式上有什么不同？

B：有，不一样的地方还挺多的。比如在我的国家可以直呼上司的名字，但在日本则不行。另外，拒绝别人请托时的说法也不一样。在我的国家里，明确地对别人说“不”是很重要的。

A：原来如此，那么你在日本的生活还顺利吗？

B：没什么问题。生活上的事情无所谓好与坏，都是相对的。学生时代就时常使用日本式的沟通方法，未来要在日本工作，更得习惯日本人的做事方法，跟周围人建立好良好的关系。

A : 일본과 당신의 나라와의 커뮤니케이션 방식의 차이는 무엇입니까?

B : 네 . 차이는 꽤 있다고 생각합니다 . 예를 들면 모국에서는 상사라도 퍼스트네임으로 부릅니다만 일본에서는 물론 다릅니다 . 뭔가 부탁받았을 때 거절하는 방식도 다릅니다 . 우리 나라에서는 확실하게 NO 라고 하는 것이 중요합니다 .

A : 그렇겠군요 . 그런데 일본에서 잘 할 수 있겠어요?

B : 네 . 이런 것은 상대적인 것이라 좋고 나쁨이 있는 것은 아니라 봅니다 . 학창 시절부터 일본적인 표현을 자주 썼고 일본에서 일을 하는 것이니 일본의 방식에 적응해서 주위 사람들과 좋은 관계를 만들어 가고 싶습니다 .

➡⑩ Rather than something superficial, state what you really felt, something that can show your powers of observation.

不要照本宣科，讲一些自己真正感受到或观察到的事。

형식적인 것만이 아니라 정말 느낀 점 , 관찰력이 느껴지는 점을 말합시다 .

《就職》個人面接❶：自己PR

A＝面接官　B＝応募者

■ 個人の資質に関する質問

31 A：今、あなたが関心を持っているニュース➡⑪は何ですか。

B：はい。介護ロボットが開発されたというニュースです。力が必要な介護を補助してくれるロボットが開発されたのは新鮮な驚きでした。

A：そうですか。どうしてそれが気になっているんですか。

B：はい。人間とロボットが理想的な関係になってきていると感じました。ロボットの最大の長所は、人間の行動の延長のようなことができることだと思っています。自分も将来、このような機械を作りたいと思いました。

32 A：今まで読んだ本の中で、印象に残っている本を一つ挙げてください。

B：はい。鈴木健太の『夏の夕焼け』です。

A：そうですか。その本の魅力はどんなところにあるんですか。

B：はい。この小説は、自分に自信がない平凡な学生が、様々な人たちとの出会いを通じて、自分の強さに気づいていくというストーリーです。私も非常に自信がない人間でしたので、主人公の苦しさが本当によく分かりました。人ごとではない感じがして引き込まれて読んでいくうちに、私も自分の可能性を信じようという気持ちになりました。

POINT

➡⑪ これからの仕事に関連があるニュース、また自分の興味に結びつくニュースを選びましょう。政治的なものはやめたほうが無難です。

Individual Interview ❶ : Personal Appeal
个人面试❶：自我介绍／개인면접❶ : 자기 PR

A=Interviewer B=Applicant

A= 面试官 B= 应聘者

A= 면접관 B= 응시자

Questions About Personal Character

31

A : What news are you interested in at the moment?

B : The news that they have developed care robots. That robots that can assist in nursing care that requires physical strength is a nice surprise.

A : I see. Why does that catch your attention?

B : I think that humans and robots are developing an ideal relationship. I think robots' biggest plus is that they can be a kind of extension of human action. I think I would like to make machines like that in the future, too.

32

A : Name a book you've read that has left an impression on you.

B : It would be Suzuki Kenta's Summer Sunset.

A : I see. What is the attraction of that book?

B : This novel is the story of an ordinary college student with no self-confidence who, through meeting different kinds of people, awakens to his own strength. Because I was a person of very little confidence, I understood the main character's pain very well. I felt I could really sympathize, got drawn in, and while I was reading it, I began to want to believe in my own possibilities.

关于个人资质的问题

31

A：你现在关注的新闻为何？

B：我最近关注的是开发护理机器人的消息。居然能为很消耗体力的护理工作开发出机器人，真令人惊讶！

A：嗯，你为什么关注那个消息呢？

B：我认为人类和机器人的关系越来越契合了。机器人能做出人类做不到的行为，我将来也想制作出那样的机器。

32

A：请举出一本迄今你读过之后印象最深刻的书。

B：铃木健太的《夏日晚霞》。

A：是吗？这本书最吸引人的是什么部分？

B：这本小说的主人公是个平凡的学生，他对自己没自信，在跟不同的人交流后，发现到自己的强项。我以前也没自信，很能理解主人公的那种痛苦。一开始是因为同病相怜才看这本小说，但看到一半，我也变得相信自己的可能性了。

개인의 자질에 관한 질문

31

A : 지금 당신이 관심있는 뉴스는 무엇인가요 ?

B : 네 . 간호로봇이 개발되었다는 뉴스입니다 . 힘이 필요한 간호를 보조해 주는 로봇이 개발되었다는 것은 신선한 놀라움이었습니다 .

A : 그래요 ? 왜 그것에 관심이 생겼죠 ?

B : 네 . 인간과 로봇이 이상적인 관계가 되어간다고 느꼈습니다 . 로봇의 최대 장점은 인간 행동의 연장과 같은 일을 할 수 있다는 점이라고 봅니다 . 제 자신도 장래 이런 기계를 만들고 싶다고 생각합니다 .

32

A : 지금까지 읽은 책 가운데 인상에 남은 책을 한 가지 들어 보세요 .

B : 네 . 스즈키 켄타의『여름의 석양』입니다 .

A : 그래요 . 그 책의 매력은 어떠한 점에 있는지요 .

B : 네 . 이 소설은 자기에게 자신이 없는 평범한 학생이 여러 사람들과의 만남을 통해 자신의 강함을 깨닫는다는 이야기 입니다 . 저도 매우 자신이 없는 사람이었기 때문에 주인공의 괴로움을 정말 잘 이해할 수 있었습니다 . 남 일 같지 않아 푹 빠져 읽던 중에 저도 자신의 가능성을 믿어보자라는 마음이 들었습니다 .

➡⑪ Choose news connected to your future work or news related to your own interests. It is safest to avoid political topics.

选择跟今后工作有关的或跟自己的兴趣相符的新闻，尽量不要提及有关政治方面的问题。

앞으로의 일에 관련이 있는 뉴스 , 또 자신의 관심과 연계되는 뉴스를 선택합시다 . 정치적인 뉴스는 말하지 않는 것이 무난합니다 .

Unit 3-2

《就職》個人面接❶：自己PR

A＝面接官　B＝応募者

■ 1分間自己PR

33 A：1分くらいで自己PRをしてもらえますか➡⑫。

B：はい。私の強みは、打たれ強さだと思います。これまでアルバイトで先輩に叱られたり、ゼミの発表内容を教授に批判されたりしたこともありました。その時は本当に落ち込みました。しかしその後、うまくいかない原因を分析し、客観的に自分を見るように心がけました。その結果、自分を必要以上に否定することなく、物事を冷静に考えられるようになりました。そして、アルバイトでもゼミでも思った以上の成果をあげることができました。この経験がお叱りや批判は自分を成長させるチャンスだと感じるようになり、今の打たれ強さにつながったと思います。社会人としてもこの強みは重要です。どんなに困難な場面でもくじけずに成長していく自信があります。どうぞよろしくお願いします。

34 A：では、最後に1分間くらいであなたの自己PRをしてください。

B：私は交渉することが得意です。私の国では買い物をする際、よく値段を交渉します。この時に、私も店員も双方が納得のいく価格で売買をするよう交渉していました。来日後は、大学で英会話サークルのネゴシエーターとして、他の大学との合同活動や大学スピーチコンテスト及びディスカッション大会などを運営してきました。各大学の利害関係を考えながら、自分たちにも最大のメリットが得られるように物事を進めるのはとても新鮮でわくわくする経験でした。この交渉力を活かして、営業でビジネスパートナーとの交渉を双方の利益になるよう進められるようになりたいと思います。そして、次もあなたと仕事がしたいと思われるような交渉力を私のビジネスの武器にできるよう、頑張ります。

POINT

➡⑫ 1分間で話せる量は、300字程度です。あらかじめ自分で書いてみましょう。

Individual Interview ❶ : Personal Appeal
个人面试❶：自我介绍／개인면접❶ : 자기 PR

A=Interviewer　B=Applicant

One-Minute Personal Appeal

33
A：Could I have you give me some personal appeal in about a minute?
B：Sure. I think my strength is my resiliency. In the past, I have been reprimanded by my superiors at work and had my seminar presentation criticized by my professor. When that happened, I would get very down. But after that, I worked hard to analyze the reasons things didn't go well and to look at myself objectively. And so, I was able to have more success at my job and in my seminar than I had thought I could. These experiences allowed me to feel that reprimands and criticism were chances for me to grow. I am confident that however difficult the situation, I can grow, undaunted. Thank you very much.

34
A：Okay, finally, give me about a minute of your personal appeal.
B：I am good at negotiating. I often negotiate the price when I shop in my country. When I do, I try to negotiate so that we could do business at a price mutually acceptable to the salesperson and me. After coming to Japan, as the negotiator for the English Conversation Club, I have run joint activities with other universities and the university speech and discussion contests. Working so that we too could gain the greatest advantage while considering the stakes of each university was a fresh and exciting experience. Using my negotiating skills in business, I want to be able to do negotiations with our business partners that will benefit both sides. And, I will strive to make the kind of negotiating skill that makes people want to work with you again an arrow in my business quiver.

A= 面试官　B= 应聘者

1 分钟自我介绍

A：请在 1 分钟之内自我介绍一下。
B：好的。我的强项是不畏艰难，越挫越勇。我曾在打工的地方被前辈责备，也曾在研究班发表时被教授批评，当时的确很难受，但是事后我客观审视自己并分析做不好的原因。如此一来，便能冷静思考前因后果，也不至太过苛责自己。而后来不论在打工的地方还是在研究班里，我都做得比预期好。这个经验让我明白到，不论责备或是批评都是一个成长的机会，会让人变得越来越坚强，进入社会的人也应该抱持这种想法。现在，我不论遇到什么困难都不气馁，而且相信自己能做得很好。谢谢。

A：最后，请你花 1 分钟简单自我介绍一下。
B：我很擅长交涉。在自己的国家买东西时，经常跟店家讨价还价，且总能讲到一个让双方都满意的价格。来日本以后，我担任过大学英语社的公关，跟其他大学共同举办活动或举办大学的讲演比赛及讨论大赛等。在举办各项活动时，那些交涉经验相当新鲜有趣。除了要考虑各大学的利害关系，还得同时兼顾自身的最大利益。我想把这种交涉能力运用到业务中，使与商务伙伴谈判时总能达到双赢的局面，也希望这种能力能成为我的工作利器，让对方在谈判后还想跟我再度合作。我会朝着这个目标努力的。

A= 면접관　B= 응시자

1 분간 자기 PR

A：1 분 정도 자기 PR 을 해 주시겠어요 .
B：네 . 제 강점은 강인함라고 생각합니다 . 여태까지 아르바이트에서 선배에게 혼나고 , ゼミ (일종의 전공수업) 의 발표내용을 교수님께 비판받은 적도 있었습니다 . 그 때는 정말 힘들었습니다 . 하지만 그 후 잘 안 되었던 요인을 분석해 객관적으로 자신을 보려고 노력했습니다 . 그 결과 자신을 필요 이상 부정하지 않고 사물을 냉정하게 생각할 수 있게 되었습니다 . 그리고 아르바이트할 때도 ゼミ에서도 생각 이상의 성과를 낼 수 있었습니다 . 이 경험으로 질책이나 비판은 자신을 성장시키는 기회라고 느끼게 되어 지금의 강인함으로 이어졌다고 생각합니다 . 사회인으로서도 이 강점은 중요합니다 . 어떤 힘든 경우라도 포기하지 않고 성장해 나갈 자신이 있습니다 . 잘 부탁드립니다 .

A：그럼 , 마지막으로 1 분간 정도 당신의 자기 PR 을 하십시오 .
B：저는 교섭하는 것이 특기입니다 . 모국에서는 물건을 살 때 자주 값을 흥정합니다 . 이 때 저도 점원도 서로 납득이 가는 가격으로 팔고 살 수 있도록 흥정합니다 . 일본에 온 후는 대학에서 영어 회화 서클의 네고시에이터로서 다른 대학과의 합동 활동이나 대학 스피치대회 및 토론 대회 등을 운영해 왔습니다 . 각 대학의 이해관계를 생각하며 자신들에게도 최대한의 이점을 얻을 수 있도록 일을 진행하는 것은 매우 신선하면서 즐거운 경험이었습니다 . 이 교섭능력을 살려 영업에서 비지니스 파트너와의 교섭을 쌍방의 이익이 될 수 있도록 진행할 수 있게 되고 싶습니다 . 그리고 다음에도 당신과 일을 하고 싶다는 말을 들을 수 있는 교섭능력을 저의 비지니스 무기로 만들수 있도록 열심하겠습니다 .

➡⑫ In one minute, you can say about 300 words. Write it out yourself beforehand.

1 分钟大约能说 300 个字，别忘了事先把想说的内容写下来。

1 분간 말할 수 있는 양은 300 자 정도입니다 . 미리 직접 써 봅시다 .

Unit 3-3 個人面接❷：志望動機

志望動機は面接の最も重要なポイントです。まずは、志望する企業や業界をしっかり調査して面接にのぞむことが大切です。インターネットの情報だけでは不十分です。会社訪問やＯＢ・ＯＧ訪問で企業を自分と関連づけて考え、志望の熱意を伝える必要があります。志望理由は、できるだけ自分の強み(専門性・経験など)と関連づけ、どのように貢献できると思うのかを具体的に答えましょう。以下の５つがポイントです。

❶業界と企業について、十分に調査しましょう。

❷志望理由は企業をただほめるのではなく、その企業に感銘を受けた点や自分がどのように貢献できるか、自分と関連づけて具体的に答えましょう。

❸志望企業への関心を伝える時は、自分が得ている知識や情報を明確に伝え、曖昧な表現は使わないようにしましょう。

❹自分がどのように企業に貢献できるか、自分の「強み」をエピソードと共に具体的に伝えましょう。

❺聞いてもらえるのは１分程度です(300字程度)。一気に長く話さず、ポイントを簡潔に話しましょう。「結論→理由／根拠」の構成が基本です。

Your reason for applying is the most important part of the interview. First of all, it is important to research the company to which you are applying and the industry thoroughly before you go to the interview. Information from the internet alone is insufficient. You should communicate the eagerness of your application by connecting yourself to the company through visiting the company and talking to alumni/alumnae. Answer concretely what kinds of contributions you think you can make, connecting them as much as possible to your strengths (expertise, experience, etc.).

❶ Research the industry and the company thoroughly.

❷ In your reason for applying, don't just praise the company, make a connection to yourself and answer concretely with what about the company impressed you and what kind of contribution you could make to it.

❸ When you convey your interest in the company you're applying to, communicate the knowledge and information you gathered clearly, and do not use ambivalent expressions.

❹ Concretely communicate both what kinds of contributions you can make to the company and your "strengths" with anecdotes.

❺ You have about 1 minute (about 300 words) to speak. Rather than talk at length all at once, state your points concisely. "Conclusion → Reasons/Evidence" is the standard structure.

面试时最重要的就是应征动机。详细调查要应征的企业及行业后再去参加面试。只看互联网上的信息是不够的。为了表现出强烈的求职意愿，你应该通过参观公司或拜访该企业的退休员工，把自己和公司联系起来。应征理由多提及个人强项（专业能力或经验等），具体说明能对公司做出的贡献。5 个重点如下。

❶ 详细调查该行业和企业。

❷ 写应征理由时，别一味地称赞企业，找出企业和自己之间的关联性，具体说明企业让自己感动之处及能做出的贡献。

❸ 在表达对应征企业的关注时，明确说明调查到的知识和信息，别说得太笼统。

❹ 为了具体说明自己对企业能有什么贡献，你可以把“强项”与一段小故事做结合。

❺ 发表时间最多 1 分钟左右（300 字左右）。简单扼要地说明重点，别过于冗长。面试内容的基本架构为“结论→理由／证据”。

지망동기는 면접의 가장 중요한 포인트입니다 . 먼저 지망하는 기업과 업계를 확실히 조사해 면접에 임하는 것이 중요합니다 . 인터넷의 정보 만으로는 충분하지 않습니다 . 재직하는 선배를 찾아가 기업을 자신과 관련시켜 생각해 , 지망의 열의를 전할 필요가 있습니다 . 지망 이유는 가능한 한 자신의 강점 (전문성・험 등) 과 관련시켜 어떻게 공헌할 수 있다고 생각하는지를 구체적으로 대답하십니다 . 아래의 5 가지가 포인트입니다 .

❶ 업계와 기업에 관해 충분히 조사합시다 .

❷ 지망이유는 기업을 그저 높이 평가하기만 하는게 아니라 그 기업에 감명받은 점이나 자신이 어떻게 공헌할 수 있을지 , 자신과 관련시켜 구체적으로 대답합시다 .

❸ 지망 기업에 대한 관심을 이야기 할 때는 자신이 얻은 지식이나 정보를 명확하게 전달하고 애매한 표현은 쓰지 않도록 합시다 .

❹ 자신이 어떻게 기업에 공헌할 수 있을지 자신의 「강점」을 에피소드와 함께 구체적으로 대답합시다 .

❺ 대답할 수 있는 시간은 1 분 정도 입니다 (300 자 정도). 한 번에 길게 대답하지 말고 포인트를 간결하게 말합시다 .「결론→이유 / 근거」로 구성하는 것이 기본입니다 . 내용을 회화체로 말하면 매우 효과적입니다 .

《就職》個人面接❷：志望動機

A＝面接官　B＝応募者

■ 志望動機に関する質問

メーカー：自動車

1 A：自動車メーカーを希望される理由を教えてください。

B：はい。日本の自動車技術の開発に自分も関わりたいと思ったからです。大学で流体力学を専攻したのも、その目的の実現のためです。現在ここまで開発されてきたハイブリッド車の燃費機能をさらに高める➡①ことが私の自己実現であると同時に、御社への貢献の第一目標です。

メーカー：部品

2 A：中小企業であるウチ➡②を希望する理由を教えてください。

B：はい。お客様のニーズ探索から製品開発や営業まで、より広く業務に関われると思ったからです➡③。会社のシステムの全体を見ながら働けることは大きな魅力です。それに、御社の自動車部品は世界でも評価が高いので、社員として誇りを持って働けると思いました。お客様の製品に組み込まれる一つの部品でも、それがなければ完成させることはできません。私自身もそういった縁の下の力持ち的なところで力が発揮できるタイプだと思います。

POINT

➡① 自分の専門分野に関することは具体的に説明します。ここでは、「ハイブリッド車」「燃費機能」という言葉で自分が関わりたい業務を明確にしています。

➡② 自分の会社のことを「ウチ」と呼ぶことがあります。同様に、「弊社」「当社」「我が社」などの呼び方もあります。

➡③ 中小企業の特徴は従業員が広く業務へ関わることです。こうした業務内容が理解できていれば、志望理由にも具体性が出ます。

Individual Interview ❷ : Reasons for Applying
个人面试❷：应征动机／개인면접❷ : 지망동기

A=Interviewer B=Applicant

Questions About Your Reasons for Applying

Manufacturer: Automotive

1 A : Tell me the reason you want to work for an automotive manufacturer.

B : It's because I too would like to get involved with the development of Japan's automotive technology. I also majored in fluid mechanics at university in order to realize this dream. At the same time that further improving the fuel economy features for hybrid cars currently developed this far would be self-actualization for me, it is also my primary goal for contributing to your company.

Manufacturer: Parts

2 A : Tell me why you want to work at our small business.

B : Sure. It's because I would like to be more widely involved in the business, from finding out customers' needs to product development and sales. Working while seeing the whole of the company's system is very attractive. Also, since your company's automotive products are valued highly around the world, I think I could work with pride as an employee. You can't complete a customer's product even without just one part that's built into it. I think I myself am the type who can use my strengths at such behind-the-scenes work.

A= 面试官 B= 应聘者

关于应征动机的问题

厂商：汽车

A：请谈谈为什么想进汽车制造业？

B：好的。我希望从事日本汽车技术开发的工作。在大学学习流体力学的目的也在于此。迄今为止，油电混合车的油耗功能已开发到一定阶段，我希望能再提升油耗功能。这不仅能达成自我实现，最大的目标还是希望能为贵公司做出贡献。

厂商：零部件

A：请谈谈你为什么想进我们这样的中小企业？

B：好的。从寻找顾客需求到产品开发及营业，进入中小企业得负责全盘业务。通过工作就能了解公司的整体运作系统，这点相当吸引我。此外，贵公司的汽车零部件在全世界颇受好评，能到这样的公司工作，我倍感荣幸。虽然只是顾客产品中的一小部分，但没有这些零部件就无法组成整个产品，中小企业总是这样默默支持着大企业。我认为自己很适合在这样的职场中发挥所长。

A= 면접관 B= 응시자

지망동기 관련 질문

제조업체 : 자동차

A : 자동차 제조업체를 희망하시는 이유를 말씀해 주세요.

B : 네. 일본의 자동차 기술 개발에 저도 참여하고 싶기 때문입니다. 대학에서 유체역학을 전공한 것도 이런 목적의 실현을 위해서입니다. 현재 지금까지 개발해 온 하이브리드차의 연비기능을 더욱 높히는 것이 저의 자기실현인 동시에 귀사에 공헌할 최대 목표입니다.

제조업체 : 부품

A : 중소기업인 ウチ (우리쪽) 를 희망한 이유를 말씀해 주세요.

B : 네. 고객의 요망사항을 탐색하는 것부터 제품개발이나 영업까지 보다 폭 넓은 업무에 참여할 수 있다고 생각했기 때문입니다. 회사 시스템의 전체를 보면서 일할 수 있는 점은 큰 매력입니다. 게다가 귀사의 자동차부품은 세계에서도 높은 평가를 받고 있에 사원으로서 긍지를 가지고 일할 수 있다고 생각합니다. 고객의 제품에 조립되어지는 한 개의 부품이라도 그것이 없으면 완성시킬 수 없습니다. 제 자신도 이런 눈에 띄지 않는 곳에서 힘을 발휘할 수 있는 타입이라고 생각합니다.

➡① Concretely explain your major area of study. Here, you are making it clear what work you want to be involved in with words like "hybrid cars" and "fuel economy features."

要具体说明专业领域相关的东西。为了明确指出个人希望从事的业务，在这儿特意使用“油电混合车”和“油耗功能”等词语。

자신의 전문 분야에 관한 것은 구체적으로 설명합니다. 여기서는「하이브리드 자동차」「연비기능」이라는 말로 자신이 참가하고 싶은 업무를 명확히 하고 있습니다.

➡② Sometimes you refer to your own company with "uchi." "heisha," "tousha," "waga sha", etc., are similar ways of referring to your own company.

可称自己任职的公司为“ウチ”，也能说“弊社(へいしゃ)”、“当社(とうしゃ)”、“我が社(わがしゃ)”。

자기회사를「ウチ」(우리쪽) 라 부를 때가 있습니다. 그와 같이「弊社(へいしゃ)」「当社(とうしゃ)」「我が社(わがしゃ)」등의 호칭이 있습니다.

➡③ A distinguishing feature of small businesses is that employees are widely involved in the business. If you understand these aspects of the work, the concreteness of your reason for applying will come out.

一般来说，中小企业的员工负责的业务范围较广。如果了解这种业务内容，应征理由就会比较明确。

중소기업의 특징은 사원이 폭넓게 업무를 담당하는 것입니다. 이런 업무내용을 이해하고 있으면 지망 이유도 구체적이 됩니다.

《就職》個人面接❷：志望動機

メーカー：ゲーム

3 A：当社を志望した理由を教えてください。

B：はい。私は子供の頃から御社のゲームを楽しんできました。御社のゲームには人をひきつけて離さない魅力があります。それは、ストーリーに隠された何かがあるからだと思います。私は➡④大学入学後、ゲームを作る側の視点で観察や分析をするようになりましたが、そこで見えてきたことがあります。私のゲームへの探究心を最大限に活かして御社に貢献したいと考え、応募しました。

メーカー：アパレル

4 A：ファストファッション企業の中で弊社を希望されるのはなぜですか？

B：はい。御社の製品がデザイン性に優れていて、独自のスタイルを打ち出していることに魅力を感じたからです。そのような企業でなら社員は誇りを持って働けると思いました。

A：あなたが考える弊社独自のスタイルとはどのへんのことですか。

B：はい。私が考えるのは色使いです。他社製品にはないような微妙な色合いの製品が次から次へと開発されていることに驚きを感じます。

メーカー：食品

5 A：志望動機を教えていただけますか？

B：はい。勉強した食品化学の知識を仕事に活かし、御社に貢献ができるのではないかと思ったことです。

A：大学ではカップ麺の研究などはされたのですか？

B：はい。授業でも扱いましたが、私は学内のカップ麺研究サークルに所属しており、その中でいろいろ研究してきました。カップ麺は塩分や容器の点で問題視されることが多いですが、企業は手軽に摂取できる栄養源として上手に利用できるシーンを消費者にもっとアピールすべきだと思います。

POINT

➡④「わたし」と言ってしまった場合は、無理に言い直さずにそのまま話し続けましょう。

Individual Interview ❷ : Reasons for Applying
个人面试❷：应征动机／개인면접❷ : 지망동기

Manufacturer: Games

3 A : Tell me why you applied to our company.

B : I have enjoyed your company's games since I was a child. Your games have an appeal that draws people in and won't let them go. I think that's because there is something hidden in the story. After entering university, I started to observe and analyze games from the perspective of the creative side, and I was able to glean something from that. I applied because I would like to use my inquisitiveness about games as best I can to contribute to your company.

厂商：电玩

A：请谈谈应征本公司的理由。

B：好的。我从小就喜欢玩贵公司的电玩游戏。贵公司的游戏让人爱不释手，因为故事情节里总会隐藏着些什么。上大学后，我从制作游戏的角度去观察和分析，才了解到个中奥妙。我希望把研究电玩的精神用在贵公司的业务上，因此来应征这份工作。

제조업체 : 게임

A : 당사를 지망하신 이유를 말씀해 주세요.

B : 네. 저는 어릴 적부터 귀사의 게임을 즐겨 왔습니다. 귀사의 게임에는 사람을 푹 빠지게 하는 매력이 있습니다. 그것은 스토리에 감춰진 무엇인가 있기 때문이라 생각합니다. 저는 대학 입학 후 게임을 제작하는 사람의 시점에서 관찰과 분석을 하게 되었지만 거기서 알게 된 점이 있습니다. 게임을 향한 저의 탐구심을 최대한 살려 귀사에 공헌하고 싶다고 생각해 응모했습니다.

Manufacturer: Apparel

4 A : Why did you choose our company out of all the fast fashion companies?

B : I was attracted to the fact that your company's products have superior design properties and that you are putting out original styles. I think employees could work with pride at such a company.

A : Where do you think the originality of our styles lies?

B : I think it is your use of color. I am amazed at how you keep developing products with subtle color combinations that other companies' products don't have.

厂商：服饰业

A：你为什么在众多的快时尚企业中，选择应征本公司？

B：我认为贵公司的产品设计线条优美，同时具有一种独特的风格。能在这样的企业里工作，我倍感荣幸。

A：你所谓的本公司的独特风格为何？

B：我指的是色彩的使用。贵公司不断设计出的新服饰的色调搭配别具一格，在其他公司的服饰上看不到那样的搭配，这点让我相当佩服。

제조업체 : 의류업

A : 패스트 패션기업 가운데 저희 회사를 희망하신 이유는 뭐예요?

B : 네. 귀사의 제품이 디자인성이 우수하고 독자적인 스타일을 앞세우고 있는 점에 매력을 느꼈기 때문입니다. 그런 기업이라면 사원도 긍지를 가지고 일할 수 있다고 생각합니다.

A : 당신이 생각하는 저희 회사의 독자적인 스타일은 어떤 점을 말하나요?

B : 네. 제가 생각하는 것은 배색입니다. 타사 제품에서는 없는 섬세한 색감의 제품이 계속해서 개발되는 것에 깜짝 놀랐습니다.

Manufacturer: Food Products

5 A : Could you tell me your reasons for applying?

B : I think I could put the knowledge from my study of food science to use and contribute to your company.

A : Did you study cup noodles and such at university?

B : Yes. We studied it in class, but I am also a member of the school's Cup Noodle Club and studied many different things there. Cup noodles are often viewed negatively for their salt content and containers, but I think the industry should make more of an appeal to customers that they can use them well as an easily obtainable nutritional source.

厂商：食品

A：请谈谈你的应征动机。

B：好的。我想把学过的食品化学的知识贡献到贵公司。

A：你在大学研究方便面等食品吗？

B：是的。我上过这方面的课，也参加了学校的方便面社团，在社团活动中做过很多研究。虽然方便面有盐分过高及容器的问题，但是我认为企业应该多向消费者宣传如何善加利用这个方便的营养来源。

제조업체 : 식품

A : 지망동기를 말해 주실래요.

B : 네. 공부한 식품화학 지식을 업무에 살려 귀사에 공헌할 수 있지 않을까 생각했습니다.

A : 대학에서는 컵라면의 연구등은 하셨습니까?

B : 네. 수업에서도 다뤘습니다만 저는 학내 컵라면 연구 서클에 소속한 가운데 여러 연구를 해왔습니다. 컵라면은 염분이나 용기의 면에서 문제시되는 경우가 많습니다만, 기업은 손쉽게 섭취할 수 있는 영양 공급원으로 컵라면을 활용하는 시츄에이션을 소비자에게 더 알려야 한다고 생각합니다.

➡④ If you happen to say "watashi," just keep on talking without correcting yourself.

不小心说了“わたし”就继续说下去，无需重说一遍。

「わたし」라 말해 버렸을 경우는 억지로 말을 고치지 말고 그대로 계속 말합시다.

《就職》個人面接❷：志望動機

メーカー：スポーツ用品

6 A：弊社を希望される理由を教えてください。

B：はい。私もぜひ御社でシューズの企画開発に関わり、世界中のサッカー少年の夢を後押ししたいと思い、応募しました。私は5歳でサッカーを始め、現在も大学のサッカーチームに所属していますが、御社のシューズをずっと履いてきました。成長期に一度他社のものを試しましたが、履き心地の違いは明らかでした。成長に合わせた御社の製品展開がとてもありがたかったです。

A：それは、どうも。ところで、入社されても必ずしも希望の職種をお願いできるわけではありませんが、そのへんはどう理解されていますか？

B：はい。どのような部署でも精一杯努力して、御社の発展に貢献したいと思います。しかし、企画開発に関わることも諦めず、希望が叶うよう最大限努力していきたいと思っています。

サービス：旅行

7 A：どうして我が社を受けようと思ったのですか？

B：はい。実は、私はこれまで旅行はほとんど自分で計画してきました。そのほうが同じ予算で何倍も楽しめると思いましたし、一緒に行った家族や友人からも喜んでもらったので、自分の旅行企画に自信を持っていました。そんな時、御社の中南米や北アフリカの旅行商品を拝見し、そのユニークさとバリエーションの多さに自分の自信が吹き飛んでしまいました➡⑤。と同時に、私の旅への探究心に火がつきました。自己計画型の旅行者もひきつけてしまう御社の旅行商品に、私自身の旅のワクワク体験を加え、カスタマイズ旅行のファンを拡大するのが目標です。

POINT

➡⑤「御社の商品」だけでは説明不足です。どの商品についてどのように感じたのかを具体的に説明すると説得力が出ます。

Individual Interview ❷ : Reasons for Applying
个人面试❷：应征动机／개인면접❷ : 지망동기

Manufacturer: Sporting Goods

6 A : Tell me why you want to work at our company.

B : I applied because I really want to get involved in your company's shoes project development and support the dreams of the world's soccer youth. I started soccer at age five and am a member of the university's soccer team, and I have always worn your company's shoes. During a growth spurt, I tried another company's once, but there was a clear difference in comfort. I was really grateful that your company's product development tracked growth so well.

A : Ah, thank you. But, it's not necessarily the case that you get to choose your desired kind of work once you join the company. What's your thinking on that?

B : I would like to work my hardest and contribute to your company whatever the division. However, I will not give up on getting involved with project development, and plan to do my utmost to make my desire come true.

厂商：运动用品

A：请谈谈你来应征本公司的理由。

B：好的。之所以应征这份工作，是因为我想在贵公司负责球鞋的企划开发，借此完成世界中足球少年的梦想。我从5岁开始踢足球，现在在大学也参加足球队。我一直穿贵公司的球鞋。发育期间，我曾试穿过其他厂牌的球鞋，但很明显穿起来就是不舒服。贵公司的产品会配合生长发育进行微调，这是令人爱不释手的原因。

A：是吗？多谢夸奖。进入公司后不一定能让你做自己想做的工作，关于这一点你怎么想？

B：只要能为贵公司的发展尽一份心力，不管在哪个部门我都会尽心尽力的。但是，我也不会放弃企划开发的梦想，我会尽最大努力朝向自己的目标前进。

제조업체 : 스포츠 용품

A : 저희 회사를 희망하시는 이유를 말씀해 주세요 .

B : 네 . 귀사에서 저도 꼭 신발 기획개발에 참가해 전세계 축구소년의 꿈을 응원하고자 응모했습니다 . 저는 5 살에 축구를 시작해 현재도 대학 축구팀에 소속해 있습니다만 귀사의 신발을 계속 신어왔습니다 . 성장기에 한 번 다른 회사의 것을 신어보았지만 착용감의 차이는 확연했습니다 . 성장에 맞춘 귀사의 제품 개발이 너무 감사했습니다 .

A : 그랬나요 . 고맙습니다 . 그런데 , 입사하신다해도 반드시 희망하시는 직종을 맡긴다는 법은 없습니다만 그 점 어떻게 생각하십니까 ?

B : 네 . 어떤 부서에서라도 힘껏 노력해 귀사의 발전에 공헌하고 싶습니다 . 하지만 기획 개발에 참여하는 것도 포기하지 않고 희망이 이루어지도록 최대한 노력해 나가고 싶습니다 .

Service: Travel

7 A : Why did you want to apply to our company?

B : Actually, thus far, I've planned almost all my travel myself. We were able to have many times more fun on the same budget that way, and the friends and family that went with me were happy, so I gained confidence in my travel planning. Around that time, I saw your company's Latin America and North Africa travel products, and the uniqueness and number of variations wiped my confidence out. At the same time, it lit a fire under my desire to explore. My goal is to expand the fans of custom travel by adding my exciting experiences to your travel products that draw people who plan their own trips.

服务业：旅行

A：你为什么要应征我们公司？

B：到目前为止，我几乎都是自己规划旅游行程。我对规划旅游行程很有信心，因为我能用相同的预算得到超乎预期的乐趣，而且一起同行的家人和朋友也相当满意。有一次，我看到贵公司关于中南美和北美的旅游商品，行程丰富又特别。那让我重新审视了自己的规划能力，同时也燃起我研究旅游行程的兴趣。贵公司的旅游商品本身就很能吸引自由行的观光客，而我的目标就是在贵公司的旅游行程内，加上我自身从旅行中得到的各种乐趣，来扩大自由行观光客的业务。

서비스 : 여행

A : 왜 우리 회사 시험을 보려고 생각했습니까 ?

B : 네 . 사실 저는 여태까지 여행은 거의 스스로 계획해 왔습니다 . 그 편이 같은 예산으로 몇 배나 즐길 수 있다고 생각했고 함께 간 가족이나 친구들도 즐거워해 줬기 때문에 제 여행기획에는 자신있었습니다 . 그런 시기에 귀사의 중남미와 북아프리카 여행상품을 보고 그 기발함과 풍부한 다양성에 자신감이 싹 가셨습니다⇨④ . 그와 동시에 여행에 관한 탐구심에 불이 붙었습니다 . 자기계획형 여행자도 매료시켜 버리는 귀사의 여행상품에 제가 했던 여행의 설레였던 체험을 더해 , 맞춤형 여행의 팬을 확대시키는 것이 목표입니다 .

➡⑤ An explanation using "your company's products" only is not sufficient. Explaining concretely how you felt about what product is more persuasive.

只说“贵公司的产品”是不够的，你还得具体说明对哪个产品有什么想法，这样才具有说服力。

「귀사의 상품」만으로는 설명이 부족합니다 . 어떤 상품에 대해 그렇게 느꼈나를 구체적으로 설명하면 설득력이 있습니다 .

Unit 3-3

《就職》個人面接❷：志望動機

サービス：不動産

8 A：当社のような新しい会社を希望するのはどうしてですか？

B：はい。これから業績が伸ばせるという希望や期待が持てると思うからです。日本の土地を利殖目的で求める外国人は増え続けています。このチャンスに積極的に対応していくことが将来のカギになると思いますし、その現場に自分もいたいと思います。

A：当社は社員一人一人にマンパワーの質の良さを求めていますが、あなたは社員として力を発揮する自信がありますか？

B：はい。自信があります。宅地建物取引主任者の資格と通訳経験を活かして御社に貢献したいと思います。

商社：総合商社

9 A：では、志望動機を教えてください。

B：はい。志望の動機は御社の募集にあった海外事業に関わりたいと思ったことです。私の強みは一つの考え方に固まらない柔軟性を持っていることですが、このような私の強みをきっと御社の業務で役立てていただけると思い、応募しました。

A：もう少し具体的に説明していただけますか➡⑥？

B：はい。例えば、私には親しくしている留学生が三人いますが、それぞれに国の習慣や視点のクセがあることがわかりました。彼らとランチをする時などは、常にみんなのバランスを考えて行動するようにしています。そして、それがプラスに働いたと思える経験も多いです。柔軟性は、海外事業という様々なバックグラウンドを持つ人たちと仕事をする上で必要不可欠だと思います。

POINT

➡⑥ 個人面接では、一つの質問内容に関して、志願者の発言を掘り下げるような質問が繰り返されることがよくあります。そのため動機や自分の経験を具体的に語れるように準備しておく必要があります。

Individual Interview ❷ : Reasons for Applying
个人面试❷：应征动机／개인면접❷ : 지망동기

Service: Real Estate

8

A：Why is it that you want to work for a new company like ours?

B：I applied because I think that one can hope for and expect growth in results going forward. The number of foreigners seeking to make money off Japanese land keeps increasing. I think actively reacting to this chance is the key to the future, and I also want to be where the action is.

A：We are looking for high quality manpower from each of our employees. Do you have confidence that you could show your strengths as an employee?

B：Yes, I have that confidence. I would like to use my Real Estate Transaction Specialist certification and my translation experience to contribute to your company.

服务业：不动产

A：你为什么想进像我们公司这样的新公司呢？

B：因为我认为贵公司今后业绩还会向上提升。越来越多的外国人想用日本的土地来进行投资，积极地把握住这些机会，是未来成功的关键，因此我希望自己能在这个业界工作。

A：本公司要求每位员工都是优秀的专业人才，你有信心能发挥所长吗？

B：有，我有信心。我有“地产代理”的资格，也能把口译的经验用到工作中，为公司做出贡献。

서비스 : 부동산

A : 당사와 같은 새로운 회사를 희망하는 것은 왜죠?

B : 네 . 앞으로 실적을 신장시킬 수 있다는 희망과 기대를 가질 수 있기 때문입니다 . 일본의 토지를 투기목적으로 원하는 외국인은 계속 증가하고 있습니다 . 이 기회에 적극적으로 대응해 나가는 것이 미래를 결정한다고 보며 그 현장에 저도 있었으면 합니다 .

A : 당사는 사원 한 사람 한 사람에게 양질의 능력을 요구합니다만 당신은 사원으로서 힘을 발휘할 자신이 있습니까?

B : 네 . 자신있습니다 . 택지건물거래 주임자 자격과 통역 경험을 살려 귀사에 공헌하고 싶습니다 .

Trading Companies: General Trading Company

9

A：So, tell me your reason for applying.

B：My reason for applying is that I want to get involved with the overseas ventures that were in your recruitment notices. My strength is that I am flexible and don't get stuck on one way of thinking, and I applied because I would really like my strengths like that to be of use to your company.

A：Can you explain a little more concretely?

B：Yes. For example, I am close with three international students, and I discovered that the customs and viewpoints of each of their countries has its own peculiarities. When I eat lunch or something with them, I always consider the balance among everybody when I act. And, I've had many experiences where that worked as a positive. I think that flexibility is indispensable when working in an overseas venture with people from many different backgrounds.

商社：综合商社

A：请谈谈你的应征动机。

B：好的。我想从事贵公司在招聘时提到的海外事业。我的强项是头脑灵活，不拘泥于某种想法，我认为这对贵公司的业务有所助益，因此我来应征这份工作。

A：你可以再具体说明一下吗？

B：好的。我有三个留学生好友，跟他们交往后了解到，他们每个人的习惯和观点都不同。就算跟他们约去吃中饭这样的小事，我也会仔细考虑所有人的想法，这样多半能收到很好的效果。从事海外事业得跟各种不同背景的人工作，我认为随机应变能力是不可或缺的特质。

상사 : 종합상사

A : 그럼 지망 동기를 말씀해 주세요 .

B : 네 . 지망 동기는 귀사의 모집에 있었던 해외사업에 참여하고 싶다고 생각한 점입니다 . 제 강점은 하나의 사고방식을 고집하지 않는 유연성이 있다는 것입니다만 이런 저의 강점이 필시 귀사의 업무에 유용하게 쓰이리라 생각해 응모했습니다 .

A : 조금 더 구체적으로 설명해 주시겠습니까?

B : 네 . 예를 들면 저에게 친절한 유학생이 세 명 있습니다만 각각 그 나라 습관이나 시점의 특징이 있다는 걸 알게 되었습니다 . 그들과 점심을 먹을 때는 항상 모두의 균형을 생각해 행동하려 했습니다 . 그리고 그것이 긍정적으로 작용했다고 생각되는 경험도 많았습니다 . 유연성은 해외 사업이라는 다양한 배경을 가진 사람들과 일을 해 나가는 데 있어 필수불가결하다고 생각합니다 .

➡⑥ In the individual interview, they will often repeatedly ask questions that dig down into what the applicant has said about a particular question. You should be prepared to talk concretely about your motivations and your experiences.

在个人面试中，面试官时常会配合应聘者的回答一直追问下去。因此，事先准备如何具体说明应征动机或自己的经验。

개인 면접에서는 하나의 질문 내용에 관해 지원자의 발언을 더 깊게 파고드는 질문을 반복하는 경우가 자주 있습니다 . 때문에 동기나 자신의 경험을 구체적으로 말할 수 있도록 준비해 둘 필요가 있습니다 .

Unit 3-3

《就職》個人面接❷：志望動機

A＝面接官　B＝応募者

■ 業界・企業(製品や商品など)に関する質問

メーカー：食品

10 A：当社の製品の中で一番興味のあるものを挙げてください。

B：はい。何と言っても「シベリア」です。実は実家が寒天製造業でして、父から御社の「シベリア」のアンコの口当たりの良さについてよく聞いていました。来日して自分で実際に食べてみて、父の言うことが本当だとわかりました。面白いのは、先に日本に留学していた兄も御社の「シベリア」のファンだったことです。最近は「シベリア」自体があまり店頭で見られないのは残念です。

メーカー：自動車

11 A：当社のホームページはご覧になりましたか？

B：はい。よく拝見しています➡⑦。ニュースリリースも毎回楽しみにしています。先日の最新ニュースでは、ワンウェイ型カーシェアリング社会実験開始の記事が特に興味深かったです。御社の取り組みは次世代のモビリティの可能性に大きく貢献するものだと思います。

メーカー：アパレル

12 A：アパレル業界は競争が激しいですが、あなたには競争に打ち勝つパワーがありますか？

B：はい、あると思います。私は子供の頃から負けず嫌いで、中学高校時代はスポーツ大会でチームを勝利に導くために、戦略を考えたり士気を高めることにパワーを注ぎ、良い結果につなげることができました。

A：そうですか。勝ったと思える経験は多い方ですか？

B：はい。その時は負けたと思うことでも、結果的には勝ったと思える経験が多いです。実は在学する大学も第一志望校ではなかったのですが、特待生として入学できました。

POINT

➡⑦ 面接の時は「読んでいます」ではなく「拝見しています」と謙譲語で言います。ただし、謙譲語は距離感を感じさせることもあるので、使い過ぎないようにしましょう。

Individual Interview ❷ : Reasons for Applying
个人面试❷：应征动机／개인면접❷ : 지망동기

A=Interviewer　B=Applicant

Questions About the Industry and the Company (Products, Manufactures, etc.)

Maker: Food Products

10 A : Please tell me which of our products you find most interesting.

B : Above all, Siberia. Actually, my family is in the kanten production industry, and my father always tells me how tasty Siberia's anko is. Coming to Japan and actually trying it myself, I realized my father was right. It's funny, my older brother, who studied in Japan first, was a Siberia fan. It's too bad you don't see Siberia in stores more these days.

Maker: Automobiles

11 A : Have you looked at our home page?

B : Yes, I visit it often. I also look forward to all your press releases. In recent news, I was particularly deeply interested in the story the other day about the start of a one-way car-sharing society. I think your company's efforts are contributing greatly to next-generation mobility possibilities.

Maker: Apparel

12 A : Competition is fierce in the apparel industry. Do you have the energy to compete?

B : Yes, I think I do. Since I was a kid, I've hated to lose. At sports competitions in junior high and high school, in order to lead my team to victory, I poured my energy into thinking about strategy and boosting morale, and was able to get good results.

A : I see. Do you have a lot of experiences where you think you won?

B : Yes. I have had a lot of experience where even though I thought we lost at the time, it turns out that, in effect, we won. In fact, the school I go to was not my first choice, but I went there as a scholarship student.

➡⑦ In the interview, instead of saying "yondeimasu," use the humble form, "haiken shiteimasu." However, humble speech can sometimes create a feeling of distance, so don't use it too much.

A= 面试官　B= 应聘者

关于业界、企业（商品或货品等）的问题

厂商：食品

A：本公司的产品中，你最感兴趣的是什么？

B：不用说当然是“西伯利亚蛋糕”。我家是制造石花胶的，我常听父亲说，贵公司的“西伯利亚蛋糕”馅儿的口感极佳。到日本来以后，我实际尝过一次，发现真如父亲所说。先我一步来日本留学的哥哥也是贵公司“西伯利亚蛋糕”的爱好者。只不过，很可惜最近在店里很少看到“西伯利亚蛋糕”了。

厂商：汽车

A：你浏览过本公司的网页吗？

B：有，我常看。我每次都很期待送出的新信息。前几天的最新信息是单向汽车共享服务的社会实验已开始的消息，我非常感兴趣。我相信贵公司的努力会深深影响下个世代的移动方式。

厂商：服饰业

A：服饰业的竞争很激烈，你有能力赢过其他厂商吗？

B：有。我从小就不服输。初中和高中时，为了能在运动大会中让团队得到荣誉，我想了一些方式来提高众人士气。结果那次我队取得了胜利。

A：噢，那么你有很多得胜的经验了。

B：是的。有些经验是当时觉得输了，但最终来看算取得胜利。现在就读的大学虽然不是第一志愿，但入学时我争取到了保送。

面试时不说“読んでいます”，要用谦让语“拝見しています”。但谦让语容易给人距离感，不宜过度使用。

A= 면접관　B= 응시자

업계・기업 (제품이나 상품 등) 에 관한 질문

제조업체 : 식품

A : 당사 제품 가운데 가장 관심있는 것을 말해 보세요 .

B : 네 . 역시「시베리아」입니다 . 사실은 저희 집이 한천제조업을 해서 아버지께 귀사의「시베리아」에 들어간 팥이 부드럽다는 것은 자주 들어왔습니다 . 일본에 와서 직접 실제로 먹어보고 아버지가 하신 말씀이 정말이라는 걸 알았습니다 . 재미있는 것은 먼저 일본에 유학한 형도 귀사의「시베리아」의 팬이라는 것입니다. 최근에는「시베리아」자체가 가게에서 잘 볼 수 없는 것이 안타깝습니다 .

제조업체 : 자동차

A : 당사의 홈페이지는 보셨습니까 ?

B : 네 . 자주 拝見 (배견) 하고 있습니다 . 보도자료도 매번 잘 보고 있습니다 . 저번 최신 뉴스에서는 원웨이형 카쉐어링사회 실험개시라는 기사가 매우 흥미로웠습니다 . 귀사의 노력은 차세대 모빌리티의 가능성에 크게 공헌하는 것이라 생각합니다 .

제조업체 : 의류업

A : 어류업계는 경쟁이 심합니다만 당신은 경쟁을 이겨낼 파워가 있습니까 ?

B : 네 . 있다고 생각합니다 . 저는 어릴 때부터 지는 걸 싫어했습니다 . 중 , 고등학교 시절은 스포츠 대회에서 팀을 승리로 이끌기 위해 전략을 생각하거나 사기를 높이는 것에 힘 쏟아 , 좋은 결과로 이어지게 할 수 있었습니다 .

A : 그래요 . 이겼다고 생각되는 경험은 많은 편입니까 ?

B : 네 . 그 당시는 졌다고 생각한 일도 결과적으로는 이겼다고 생각되는 경험이 많습니다 . 사실 다니는 대학도 제 1 지망 학교는 아니었습니다만 장학생으로 입학할 수 있었습니다 .

면접에서는「読んでいます (보고 있습니다)」가 아니라「拝見しています (배견하고 있습니다)」라고 겸양어로 말합니다 . 단 겸양어는 거리감을 느끼게 하므로 지나치게 사용하지 않도록 합시다 .

《就職》個人面接❷：志望動機

サービス：飲食店

⑬ A：飲食業界は勤務時間が不規則で、残業も多い傾向がありますが、そのような業界を志望する理由は何ですか？

B：はい。私は現在も居酒屋でアルバイトをしていますが、飲食業界を徹底的に調べましたし、OGOB訪問も行いました。その結果、御社は正社員配置数が他社より多く、一日の労働時間を平均8時間にするためのシフトが工夫されているなど、コンプライアンス遵守に力を入れていることがわかりました。飲食業に興味がありますし、御社なら安心して働くことができると思いました。

サービス：人材派遣

⑭ A：あなたは、人材派遣業界に向いていると思いますか？

B：はい。大学一年の時に人材派遣会社に登録し、アルバイトを紹介してもらいました。その際、この業界に興味を持ち、自分に向いていると感じました。大学二年の時に文化祭委員を務めましたが、学生一人一人の能力や個性を考慮し、人員配置を考えました。プロジェクトが成功した時は内心「やった」と思いました。

サービス：不動産

⑮ A：弊社の業務内容を知っていますか？

B：はい。外国人を対象とした不動産の賃貸および売買が主業務だと認識しています。私が大学に入学した時も御社にお世話になりました。その時、実際の部屋の様子が見られるシステムを利用し、その便利さに感銘を受けました。また、社員の方の親切な対応が今回の応募につながりました。

A：そうですか。どちらの営業所を利用しましたか？

B：渋谷営業所でした。店舗で物件を四件に絞り込んだ後で現地に案内していただき、上北沢のワンルームに決めました。担当の方には周辺の住環境についてもいろいろ教えていただき、大変助かりました。

Service: Restaurant

13 A : Hours in the food industry are irregular, and there is a tendency to have to do a lot of overtime. Why are you applying to such an industry?

B : I am currently working at an izakaya, and I have thoroughly researched the restaurant industry and have visited with alumni/ae. From that, I know that you have more full-time employees than other companies, you have devised shift schedules to keep the average workday at 8 hours, and you are concentrating on observing compliance rules. I am interested in the restaurant industry, and I think that I could work well at your company.

服务业：餐饮业

A：餐饮业的工作时间不定，加班也比较多。你为什么想应征这个行业呢？

B：我现在的打工地点也是居酒屋。我曾彻底调查过餐饮界，也拜访过一些离职员工，结果发现贵公司相当重视法规遵从，正式员工的人数不仅比其他公司多，每日平均工作时间也尽量安排为8个小时。我对饮食业很感兴趣，如果是贵公司的话，我想我就能安心地工作了。

서비스 : 음식점

A : 요식업계는 근무시긴이 불규칙하고 잔업도 많은 경향이 있는데 이런 업계를 지망하신 이유는 무엇입니까?

B : 네. 저는 현재에도 이자카야에서 아르바이트를 하고 있지만 요식업계를 철저히 조사했고 재직 중인 선배들도 찾아갔습니다. 그 결과 귀사는 정사원 배치수가 다른 회사 보다 많고 하루 노동시간을 평균 8 시간으로 하기 위한 근무예정표가 잘 짜여있는 등 컴플라이언스 준수에 노력을 기울이는 것을 잘 알 수 있었습니다. 요식업에 관심이 있고 귀사라면 안심하고 일할 수 있으리라 생각했습니다.

Service: Temp Agency

14 A : Do you think you are geared toward the temp industry?

B : Yes. In my first year at university, I registered with a temp agency, and they got me a job. At that time, I got interested in the industry and felt that it would be good for me. In my second year at university, I was on the Cultural Festival Committee, where I considered staff assignments with special regard to each student's abilities and personality. When the project succeeded, I thought to myself, "I did it!"

服务业：人才派遣

A：你认为自己适合在人才派遣业工作吗？

B：是的。我大学一年级时到人才派遣公司登记，然后公司给我介绍兼职工作。那时我就对这个业界很感兴趣，也认为自己适合做这样的工作。大学二年级担任文化祭委员，我考虑到每位同学的能力和个性，来进行各项活动的人员的安排，该项目圆满结束时，我便知道自己能胜任这样的工作。

서비스 : 인재 파견

A : 당신은 인재파견 업계에 적성이 맞다고 생각합니까?

B : 네. 대학 1 학년 때 인재파견회사에 등록해 아르바이트를 소개 받았습니다. 그 때 이 업계에 흥미가 생겼고 적성에 맞다고 느꼈습니다. 대학 2 학년 때 학교 축제 위원을 맡았습니다만 학생 한 사람 한 사람의 능력과 개성을 고려해 인원 배치를 생각했습니다. 프로젝트가 성공했을 때는 `해냈다' 고 느꼈습니다.

Service: Real Estate

15 A : Are you familiar with what we do here?

B : Yes, I understand that your main business is the rental and sales of property to foreigners. Your company also helped me out when I entered university. At that time, I used a system that let you see the appearance of an actual room, and its convenience impressed me. Also, your staff's friendly reception played a part in my applying.

A : I see. What location did you use?

B : The Shibuya location. After narrowing it down to four properties, they showed me the locations, and I decided on a one-room in Kamikitazawa. The person in charge also taught me a lot about the living environment in that area. It was very helpful.

服务业：不动产

A：你知道敝公司的业务内容吗？

B：知道，主要业务是把不动产租或卖给外国人。我上大学时到贵公司找房子时，使用过能够实际看到房间的系统，实在很方便！贵公司职员的待客也非常亲切，因此我这次想来应征。

A：是这样啊。你去的是那家营业所？

B：涩谷营业所。我在店里选了四间房子后，职员带我去看房子，最后决定住在上北泽的单间公寓里。负责人还告诉我很多关于居住环境的周边的事情，对我日后的生活产生了很大的帮助。

서비스 : 부동산

A : 저희 회사의 업무 내용을 알고 있나요?

B : 네. 외국인을 대상으로 한 부동산의 임대 및 매매가 주업무라고 인식하고 있습니다. 제가 대학에 입학했을 때도 귀사에 신세를 졌습니다. 그 때 실제 방의 모습을 볼 수 있는 시스템을 이용해, 그 편리함에 감명을 받았습니다. 또 사원분의 친절한 응대도 이번의 응모로 이어졌습니다.

A : 그래요. 어느 영업소를 이용하셨나요?

B : 시부야 영업소였습니다. 점포에서 빌리고 싶은 집을 네 곳을 고른 후 현지로 안내를 받아 시모기타자와의 원룸으로 정했습니다. 담당분이 주변의 주거환경에 관해 여러모로 가르쳐 주셔서 도움이 되었습니다.

Unit 3-3

《就職》個人面接❷：志望動機

サービス：ホテル

16 A：ホテル業界は勤務時間や休日が一般企業とは違いますが、そういった点は納得していますか？

B：はい。私は御社のホテルのレストランでアルバイトをしていますので、社員の方たちの勤務形態は身近に見て知っています。不規則な勤務シフトですが、ホテルマンとしてお客様にサービスを提供し満足していただくことが私の目的ですから、全く気になりません。

A：そうですか。ところで、当社では入社後５年は現場勤務をしてもらいますが、その後は社員の希望も聞きながら所属部署を決めていきます。あなたは、希望する部署がありますか？

B：はい。商品企画部希望です。特に、ウェディングパッケージプランの企画に関わるのが希望です。昨年ブライダルコーディネーター検定2級の資格を取得しました。

情報・通信：情報処理

17 A：ＩＴ業界の風土はいわゆる日本の伝統的な業界とは違いますが、そのことをどう思いますか？

B：はい。日本の伝統的な風土についてよく知っているわけではありませんが、ＩＴは新しい業界ですから、違うのは当然だと思います。

A：ＩＴ業界の風土の特徴はどのようなものだと思いますか？

B：はい。個人の能力がより強く求められているのではないかと思います。一般的に日本の企業は集団主義だと言われていますが、ＩＴ業界はその前にまず一人一人が高い能力を発揮しないとやっていけないのではないかと思います。私自身はそういった働き方に強い魅力を感じます。

Service: Hotel

16

A : Working hours and days off in the hotel industry are different from other companies. Are you okay with things like that?

B : I work in a restaurant at one of your hotels, so I have seen first-hand the kind of work your employees do. Yes, the work shifts are irregular, but because my goal is to offer customers satisfying service as a hotel man, it doesn't bother me at all.

A : I see. Now, at our company, we have you work on site for five years and then, with your wishes as input, decide to which division you will belong. Do you have a desired division?

B : Yes, I would like to work for the product planning department. Particularly, I would like to be involved in wedding package planning. Last year I earned a level two on the Bridal Coordinator Exam.

服务业：饭店

A：旅馆业的工作时间和假日跟一般企业不同。你能接受吗？

B：可以。我在贵公司饭店的餐厅里打工，完全了解职员的工作情形。虽然轮班时间不规律，但我并不在意。我想在饭店里工作，想给顾客提供满意的服务。

A：嗯，本公司的新进职员，前5年得在饭店接待顾客，之后才能按照每个人的希望分配到各部门。你希望进入哪个部门？

B：我希望到商品企划部去工作，特别是想从事婚庆专案企划的业务。去年我通过了婚礼专员检定2级。

서비스 : 호텔

A : 호텔업계는 근무시간이나 휴일이 일반 기업과는 다릅니다만 그런 점은 납득하고 계십니까?

B : 네. 저는 귀사 호텔 레스토랑에서 아르바이트를 하고 있어 사원 분들의 근무형태는 가까이서 봐와서 알고 있습니다. 불규칙한 근무 예정시간이지만 호텔맨으로 서비스를 제공하여 고객이 만족을 느끼도록 하는 것이 제 목적이므로 전혀 신경 쓰이지 않습니다.

A : 그래요. 그런데 당사는 입사 후 5년은 현장 근무를 해야하는데요, 그 후 사원의 희망을 들어가며 소속 부서를 정해 갑니다. 당신이 희망하는 부서는 있습니까?

B : 네. 상품 기획부를 희망합니다. 특히 웨딩 패키지 플랜의 기획에 참여하는 것이 희망입니다. 작년 브라이달 코디네이터 검정 2급 자격을 취득했습니다.

Information · Communication: Information Processing

17

A : The IT industry's climate is different from so-called traditional Japanese industries. What do you think about that?

B : I am not that familiar with the traditional Japanese climate, but IT is a new industry, so it must be different.

A : What kinds of things do you think are distinguishing features of the IT industry's climate?

B : I think it's probably that personal abilities are more strongly sought after. Japanese companies are generally said to be collectivist, but more than that, the IT industry can't function if each individual doesn't make use of her high skill level. I myself am strongly attracted to that way of working.

信息、通讯：信息处理

A：IT产业的企业氛围跟日本传统产业很不相同，关于这一点，请谈谈你的想法。

B：我不太清楚日本传统业界的情况，但IT是新产业，我认为不相同也是必然的。

A：你认为IT产业的特征是什么？

B：我想是更注重个人能力吧。一般来说，日本的企业注重的是集团主义，但在IT产业里，个人能力不够无法发挥出集体效果。我个人非常喜欢这样的工作氛围。

정보・통신・정보처리

A : IT 업계의 풍토는 소위 일본의 전통적인 업계와는 틀립니다만 이를 어떻게 생각하십니까?

B : 네. 일본의 전통적인 풍토에 대해서 잘 아는 것은 아닙니다만 IT는 새로운 업계이므로 틀린게 당연하다고 생각합니다.

A : IT 업계 풍토의 특징은 어떤 것이라 봅니까?

B : 네. 개인의 능력이 보다 더 요구되는게 아닌가라 봅니다. 일반적으로 일본의 기업은 집단주의라고 하지만, IT 업계는 그전에 먼저 한 사람 한 사람이 높은 능력을 발휘하지 않으면 해 나갈 수 없지 않나라고 생각합니다. 제 자신은 그런 근무방식에 강한 매력을 느낍니다.

Unit 3-3

《就職》個人面接❷：志望動機

流通・小売り：コンビニ

18 A：コンビニ業界で業績を上げるには、何が一番大切だと思いますか？

B：はい。やはり、他店との差別化をはっきりさせることだと思います。

A：例えば、弊社で言えば何ですか。具体的に説明してもらえますか？

B：はい。最近で言えば、ネットや書店で注文した雑誌や書籍が24時間御社のお店で受け取れるサービスです。しかも、送料も手数料も無料でというのは御社だけですし、顧客満足度は大変高いと思います。

運輸：航空

19 A：航空業界で発揮できるあなたの能力は何だと思いますか？

B：はい。冷静な判断力と臨機応変な行動力だと思います。トラブルが生じた際に状況を的確に判断し、マニュアルに即した適切な対応が取れる自信があります。

A：第三者からそのような評価を受けたことがありますか？

B：はい。自動車免許を取得するために教習所に通っていた時に、運転中の判断が適切だと指導教官からほめてもらったことがあります。実は卒業実技試験の際に、対向車が信号を無視して突っ込んでくるという状況に見舞われたのですが、私は急遽車を路肩によせ、難を逃れました。初心者ながら冷静に良い対応ができたと評価をしてもらい、無事に合格することができました。

Distribution · Retail: Convenience Store

18 A : In the convenience store industry, what do you think is the most important thing for getting results?

B : I think it is drawing a clear distinction with other stores.

A : Take our company for example. Can you explain more concretely?

B : Sure. Recently, there's the service by which you can pick up magazines and books you ordered online at your stores 24 hours a day. Furthermore, the free shipping and handling is only at your company, and the level of customer satisfaction must be really high.

流通、零售：便利店

A：你认为什么是提升便利店业绩最重要的关键?

B：我认为最重要的是与众不同。

A：你所谓的与众不同，以本公司为例，具体来说是什么呢?

B：比如说贵公司的最新服务，能24小时到店铺领取从互联网或书店订购的杂志和书籍。只有贵公司不用运费和手续费。我想顾客应该很满意这项服务。

유통・소매업 : 편의점

A : 편의점 업계에서 실적을 높이기 위해서는 뭐가 가장 중요하다 봅니까?

B : 네 . 역시 다른 점포와의 차별화를 명확하게 하는 것이라 생각합니다 .

A : 예를 들면 저희 회사로 말하면 뭘까요? 구체적으로 설명해 주실래요?

B : 네 . 최근 것으로 말하면 인터넷이나 서점에서 주문한 잡지나 서적을 24 시간 귀사점포에서 받을 수 있는 서비스입니다 . 게다가 우송료도 수수료도 무료라는 것은 귀사 밖에 없으며 고객 만족도는 매우 높다고 생각합니다 .

Transportation: Aviation

19 A : What do you think are the abilities you could demonstrate in the aviation industry?

B : I think they are my abilities to make decisions calmly and to act appropriately in the given circumstances. I am confident that when trouble arises, I can interpret the situation accurately and take appropriate action by the book.

A : Have you received that kind of evaluation from someone else?

B : Yes. When I was going to a driving school to get my driver's license, the teacher praised my driving decisions as proper. In fact, during the practical skills test, an oncoming car ignored the light and was going to ram into us, but I immediately pulled the car over to the shoulder and averted disaster. I was told that even though I was just a novice, my response was composed and good, and I passed easily.

运输界：航空

A：你有什么能力能发挥到运输界?

B：我能冷静地判断情况并随机应变。发生纠纷时，我能正确地判断情况，并按照规定，做出适当的处理。

A：有人称赞过你这项优点吗?

B：有。去驾训班学车时，指导教员曾称赞我在开车时的判断很准确。毕业实际技巧测验时，来车没注意信号灯直冲了过来，我立刻把车停到路肩逃过一劫。初学者还能这么冷静应对突发状况，为此，指导教员大大称赞了我一番，我也顺利通过测试拿到驾照。

운항・항공

A : 항공업계에서 발휘할 수 있는 당신의 능력은 무엇이라 생각해요?

B : 네 . 냉정한 판단력와 임기응변에 능한 행동력이라 생각합니다 . 트러블이 생겼을 때 상황을 정확하게 판단해 매뉴얼에 따른 적절한 대응을 할 수 있는 자신이 있습니다 .

A : 제 3 자로부터 그런 평가를 받은 적이 있습니까?

B : 네 . 자동차 면허를 취득하기 위해 연습소를 다녔을 때 운전중 판단이 적절하다고 지도교관에게 칭찬을 받은 적이 있습니다 . 사실 졸업실기 시험 때 맞은편 차가 신호를 무시하고 달려오는 상황에 맞닥뜨렸는데요 . 저는 급히 차를 갓길에 세워 무사했습니다 . 초보면서 냉정하게 적절한 판단을 했다는 평가를 받고 무사히 합격할 수 있었습니다 .

Unit 3-4

個人面接❸：通し練習(入室から退室まで)

個人面接では、1つの質問に答えたら、全く別の次の質問に移るのではなく、志願者の発言を掘り下げるような質問が繰り返されることがよくあります。そのため自分の経験を具体的に語れ、そこから何を学んだかを語れるように準備しておく必要があります。他人とは違う自分だけの経験を、どのように目標を立てどのような工夫を行いどのように仲間を巻き込んだのか、具体的に語りアピールできるようにしておくといいでしょう。

ここでは、3人の個人面接を通して、個人面接の疑似体験をします。3人の例を参考に、自分だったらどう答えるのか考え、シミュレーション会話を作って練習しましょう。

	名前(国籍)	大学の専攻	業種
1	ワン・チジン(中国)	バイオテクノロジー	種苗会社
2	ジョン・ミンス(韓国)	観光学	ホテル
3	スーザン・ミラー（カナダ)	経済学	結婚式場

In the individual interview, after you've been asked one question, the interviewer will often not go on to a completely different question, but will repeatedly ask questions that probe deeper into what the applicant has said. You should be prepared to talk concretely about your experiences and about what you have learned from them. It would be a good idea to call attention to your strengths by speaking concretely about your unique experiences, what kinds of goals you set, what kinds of ideas you came up with, and how you involved your partners.

Here, you will experience mock personal interviews through three personal interviews. Using these three examples as a reference, think about how you would answer, and create simulated conversations with which to practice.

	Name (Citizenship)	Major at University	Type of Business
1	Chi Jing Wang (China)	Biotechnology	(Plant) Nursery
2	John Mins (Korea)	Tourism Studies	Hotel
3	Susan Miller (Canada)	Economics	Wedding Venue

在个人面试中，回答完一个问题，不一定马上就换别的问题，面试官时常会配合应征者的回答追根究底地询问。因此，应征者需要事先准备如何具体说明个人经验以及从中得到的体验。在面试官前面，详述如何得到那些有别于他人的经验，比如说立定什么目标、做过哪些努力以及跟哪些人共同奋斗等。

本单元通过 3 个个人面试，模拟个人面试的情况。请参考这 3 个范例，思考自己该如何作答，制作模拟对话并练习。

	姓名（国籍）	大学专业	行业
1	王治仁（中国）	生物工程	苗种公司
2	郑民秀（韩国）	观光学	饭店
3	苏珊米勒（加拿大）	经济学	婚庆会场

개인면접에서는 한가지 질문에 대답하면 전혀 다른 다음 질문을 하는 것이 아니라 지원자의 발언을 더 깊게 파고드는 질문이 반복되는 경우가 자주 있습니다 . 그렇기 때문에 자신의 경험을 구체적으로 말하고 거기에서 무엇을 배웠는지를 말할 수 있도록 준비해 둘 필요가 있습니다 . 타인과는 다른 자신만의 경험 , 어떻게 목표를 세워 어떤 고안을 해서 어떻게 주변사람들을 참여시켰는지 구체적으로 말해 어필할 수 있도록 해 두면 좋습니다 .

여기서는 3 명의 개인 면접을 통해 개인 면접의 모의체험을 합니다 . 3 명의 예를 참고로 자신이라면 어떻게 대답할 지를 생각해 시뮬레이션 회화를 만들어 연습합시다 .

	이름 (국적)	대학 전공	업종
1	왕치진 (중국)	바이오테크놀러지	종묘회사
2	정민수 (한국)	관광학	호텔
3	수잔 밀러 (캐나다)	경제학	결혼식장

通し練習：1. 種苗会社（しゅびょうがいしゃ）

simulation 1 種苗会社（しゅびょうがいしゃ）

応募者（おうぼしゃ）：ワン・チジン［中国］

ワ　ン：［ノック×３回］

面接官：はい。どうぞ、お入りください。

ワ　ン：失礼いたします➡①。東都農工大学（とうとのうこう）のワン・チジンと申します。本日はどうぞよろしくお願いいたします。

面接官：ワン・チジンさんですね。どうぞそちらにおかけください。

ワ　ン：はい。失礼いたします➡②。［座る］

面接官：ワンさんは中国の方ですね。中国のどちらの出身ですか？

ワ　ン：はい。大連（だいれん）の出身です。

面接官：大連ですね。日本在住はどのくらいですか？

ワ　ン：はい、５年になりました。日本語学校時代に２年、大学に入ってから３年です。

面接官：５年、ですね。では、まず、あなたの日本語能力について教えてください。

ワ　ン：はい。日本語学校の時にN1に合格しました➡③。ですが、やはり、大学一年の頃は講義（こうぎ）を聞き取るのが大変でした。今はそういうこともほとんどありません。特に語彙力（ごいりょく）や読解力（どっかいりょく）には自信があります。アルバイトやボランティアをする中で自然な会話力も身についたと思います。

面接官：では、ワンさんの大学の専攻（せんこう）を教えてください。

ワ　ン：はい、専攻（せんこう）はバイオテクノロジーです。

面接官：具体的（ぐたいてき）にはどんなことを勉強したんですか。

POINT

➡① 「失礼いたします」はドアを開けて入室する時の挨拶です。退室してドアを閉める時にも、同様に「失礼いたします」と挨拶します。

➡② 席を勧められたら、「失礼いたします」と言って椅子に座ります。席を勧められる前に何も言わずに座るのは失礼なマナーです。

➡③ 日本語能力試験やBJTビジネス日本語テストに合格していれば、合格したレベルを必ず伝えます。上の二つの試験は日本語能力を測る基準として企業に知られています。

Full Conversation Practice ／完整练习／전체연습

Chi Jing Wang (China) ／王治仁(中国) ／왕치민(중국)

Nursery	苗种公司	종묘회사
Wang : [Knock three times.]	王：[敲门 × 3 次]	왕치민 : 〔노크× 3 번〕
Int : Yes, please come in.	面：好，请进。	면접관 : 네 , 들어오세요 .
Wang : Excuse me. I am Chi Jing Wang, from Tokyo Agricultural Engineering University. Thank you for the opportunity to interview with you today.	王：您好。我叫王治仁，是东都农工大学的学生。今天谢谢您给我这个面试的机会。	왕치민 : 실례합니다 . 동도공업대학의 왕치진이라 합니다 . 오늘은 아무쪼록 잘 부탁드립니다 .
Int : Ah, Chi Jing Wang. Please sit there.	面：噢，你是王治仁，是吧。请坐。	면접관 : 왕치진씨라고요 . 그 쪽으로 앉으시죠 .
Wang : Thank you. [Sit down.]	王：谢谢。[就座]	왕치민 : 네 . 실례합니다 .〔앉는다〕
Int : I see you're from China, Mr. Wang. Where in China are you from?	面：你是中国人吧，老家在哪儿？	면접관 : 왕치진씨는 중국 분이시군요 . 중국 어디 출신인가요 ?
Wang : I am from Dalian.	王：我是中国人，老家在大连。	왕치민 : 네 , 다롄 출신입니다 .
Int : Dalian, huh. How long have you lived in Japan?	面：大连啊。到日本多长时间了？	면접관 : 다롄이군요 . 일본에 계신 지 얼마나 되세요 ?
Wang : For five years. Two years while I was in a Japanese language school, three years at university.	王：5 年了。日语学校待了 2 年，进大学也 3 年了。	왕치민 : 네 , 5 년이 되었습니다 . 일본어 학교시절이 2 년 , 대학에 들어가서 3 년입니다 .
Int : So, five years. Well, first, tell me about your Japanese abilities.	面：已经来了 5 年了啊。先谈谈你的日语能力吧。	면접관 : 5 년 , 이라구요 . 그럼 우선 일본어 능력에 관해 말해 주세요 .
Wang : Sure. When I was in Japanese language school, I passed level N1. But, it turned out that understanding the lectures in my first year at university was difficult. I really don't have that trouble much, now. I particularly have confidence in my vocabulary and reading level. I believe that through my work and volunteering, I have acquired a natural conversational ability, too.	王：好的。在日语学校时就通过了 N1 级。进大学第一年上课时还有点儿吃力，但现在基本上都没问题了。我对自己的词汇及阅读能力很有信心。通过打工和志愿者的工作也学到了一些生活会话。	왕치민 : 네 . 일본어 학교 때 N1 에 합격했습니다 . 하지만 역시 대학 1 학년 때 강의를 알아 듣기 힘들었습니다 . 지금은 그런 일도 거의 없습니다 . 특히 어휘력이나 독해력에는 자신있습니다 . 아르바이트나 자원 봉사를 하는 가운데 자연스런 회화력도 익혔습니다 .
Int : Okay, tell us your major at university.	面：那么，请谈谈你大学的专业。	면접관 : 그럼 , 왕치진씨의 대학 전공을 말해 주세요 .
Wang : I am a biotechnology major.	王：好，我的专业是生物工程。	왕치민 : 네 , 전공은 바이오테크놀러지입니다 .
Int : Concretely, what kinds of things have you studied?	面：生物工程主要学些什么呢？	면접관 : 구체적으로 어떤 것을 공부했습니까 ?
Wang : Mainly improvements in vegetable varietals. Specifically, I worked on the hydroponic cultivation of lettuce.	王：主要是学习蔬菜的品种改良，特别是对生菜的水耕栽培进行研究。	왕치민 : 네 . 주로 야채 품종 개량입니다 . 특히 양상추 수경재배등을 연구해 왔습니다 .

➡① "Excuse me" is the greeting you use when you open the door and enter the room. In the same way, you also use "excuse me" when you leave and shut the door.	开门进入面试房间时，要说“失礼いたします”。走出房间关门时也同样要说“失礼いたします”。	「실례합니다」는 문을 열고 입실할 때의 인사입니다 . 퇴실하며 문을 닫을 때에도 똑같이「실례합니다」라 인사합니다 .
➡② When you are offered a chair, say "excuse me" and then sit down in the chair. Sitting before you are offered a chair is bad manners.	面试官说“请坐”时，你得说“失礼いたします”后再坐，擅自坐下是很没有礼貌的行为。	앉도록 권하면「실례합니다」라 말하고 의자에 앉습니다 . 자리를 권하기 전에 아무 말없이 앉는 것은 실례가 됩니다 .
➡③ If you have passed the JLPT or the BJT, make sure you say what level you passed. These two tests are known by companies as the standard for measuring Japanese language skill.	要提及日语能力测验或 BJT 日语测验的资格的级别。所有企业都知道上述两种测验是测试日语能力的基准。	일본어 능력시험이나 BJT 비지니스 일본어 테스트에 합격했으면 합격한 레벨을 꼭 말합시다 . 상기의 두 시험은 일본어 능력을 측정하는 기준으로 기업에도 알려져 있습니다 .

通し練習：1. 種苗会社(しゅびょうがいしゃ)

ワ　ン：はい。主に野菜の品種改良(ひんしゅかいりょう)です。特に、レタスの水耕栽培(すいこうさいばい)などに取り組んできました。

面接官：そうですか。では、勉強以外で何か頑張(がんば)ってきたことはありますか。

ワ　ン：はい。大学周辺の地域でですが、高齢化(こうれいか)で人手不足(ひとでぶそく)になった農家のお手伝いをボランティアで3年間続けてきました。

面接官：へえ、高齢者(こうれいしゃ)のお手伝いですか。お手伝いというのはどんなことをするんですか。

ワ　ン：大きいのは、6月の田植(たう)えや秋の稲刈(いねか)りなどです。他にも、雑草(ざっそう)取りや麦の種まきなど、定期的にたびたびお手伝いをしてきました。あ、お祭りの準備にも参加しました。

面接官：そのボランティア活動から得たことはありますか？

ワ　ン：はい、あります。例えば、機械化(きかいか)された効率的(こうりつてき)な農作業(のうさぎょう)を実体験(じったいけん)できたことや日本の高齢化の問題を実感したことです。親の農業を継(つ)ぐ子どもが減(へ)ったのは、中国でも同じですが、切実(せつじつ)な問題だと思います。

面接官：確かにそうですね。では、次に、ワンさんが弊社(へいしゃ)を志望する理由を教えてください。

ワ　ン：はい。まず、仕事として野菜の品種改良に携(たずさ)わるには種苗会社(しゅびょうがいしゃ)が一番だと思ったことです。また、大学の専攻の関係で御社(おんしゃ)の社員の方と接する機会が多く、いろいろ教えていただく中で、御社の業務(ぎょうむ)内容に大きな魅力(みりょく)を感じたことです。社員の皆さんの専門知識が豊富(ほうふ)であることに驚(おどろ)きましたし、自分もそうなりたいと思いました。専門知識とボランティアの経験を活かして、ぜひ日本の農業生産の今後に貢献(こうけん)したいと思っています。

面接官：そうですか。ところで、弊社のような日本企業で働く時に、一番大切なことは何だと思いますか？

Full Conversation Practice ／完整练习／전체 연습

Int : I see. So, have you worked hard on something outside your studies?

Wang : Yes. In the area around the university, I have been volunteering for three years for a farmer who is short-handed because of the aging population.

Int : Wow, helping out the elderly.... What kinds of things do you do to help?

Wang : The biggest are the June planting and the fall harvest. Additionally, I regularly help a lot with weed cutting and wheat planting. Oh, and I also helped prepare for the festivals.

Int : Did you gain anything from those volunteer activities?

Wang : Yes, I did. For example, I was able to experience efficient, mechanized farming first-hand and really experience the problems of Japan's aging population. The problem of the decreasing numbers of children to take over their parents' farms is the same in China, and I think it is an urgent problem.

Int : It certainly is, isn't it? So, next, tell me about your reason for applying to our company.

Wang : First, I thought a nursery would be best for getting involved with the work of improvement of vegetable varietals. Also, through connections with my major at college, I have had many opportunities to interact with your employees. Having learned so much from them, I became fascinated with the work your company does. I was amazed at all your employees' abundant technical knowledge, and I would like to be like that, too. I would definitely like to put my technical knowledge and volunteer experience to use and contribute to the future of Japan's agricultural production.

Int : I see. So, when you work at a Japanese company like ours, what do you think is the most important thing?

Wang : I think that at Japanese companies, individual strength is, of course, sought after, but more than that, they really want you to work well as a group.

面：原来是这样。那么，你除了学习之外还做了些什么？

王：大学附近地区的农家因老龄化人手不足，我就去帮忙，在那儿当了 3 年志愿者。

面：噢，你去帮助老人家啊……。你去帮他们做些什么？

王：比较大的活儿是 6 月插秧和秋季的割稻，其他像除草、播麦种等，我也会定期去帮忙。啊，对了，我还参加了庙会的准备工作。

面：你从那些志愿者活动中学到了什么？

王：我学到了很多，比如说实际体验到机械化能大幅提高农作的效率，还有就是深刻地感受到日本老龄化问题的严重性。继承父辈衣钵的农家子弟越来越少，这点跟中国很类似，是个严重的社会问题。

面：的确。那么，请谈谈你为什么希望到我们公司工作。

王：最大的理由就是，在苗种公司工作能从事蔬菜的品种改良。在大学学习时，有很多机会跟贵公司的员工接触并交流，我觉得贵公司的业务内容很吸引我，而且职员们的专业知识丰富，着实令人佩服，我也想成为这样的专业人员。今后希望能把本身的专业知识和参加志愿者活动时得来的经验运用到日本的农业生产上。

面：是吗？那你认为在像敝公司这样的日本企业工作时，最重要的是什么？

王：不用说，在日本企业里工作，除了得发挥个人的专业能力，还要能与众人齐心协力。

면접관 : 그렇습니까? 그러면 공부 외에 다른 것에 힘쓴 일은 있습니까?

왕치민 : 네. 대학 주변의 지역에서입니다만, 고령화로 일손부족이 된 농가 도우미를 자원봉사로 3년간 계속해 왔습니다.

면접관 : 오호라, 어르신들의 도우미라…. 도우미라는 것은 어떤 일을 했습니까?

왕치민 : 크게는 6월의 모내기나 가을의 추수등입니다. 그 밖에도 잡초 뽑기나 보리씨 뿌리기 등 정기적으로 여러번 도우미를 해 왔습니다. 아, 마츠리 준비에도 참가했습니다.

면접관 : 그 자원봉사활동에서 얻은 것은 있습니까?

왕치민 : 네. 있습니다. 예를 들어 기계화 된 효율적인 농작업을 실제로 체험할 수 있었던 일과 일본의 고령화 문제를 실감한 일입니다. 부모의 농업을 잇는 자식이 준 것은 중국도 마찬가지입니다만 절실한 문제입니다.

면접관 : 정말 그렇지요. 그럼 다음으로 왕치진씨가 저희 회사를 지망하는 이유를 말해 주시죠.

왕치민 : 네. 먼저 일로서 야채 품종개량에 종사하는 것에는 종묘회사가 제일이라 생각했습니다. 또 대학 전공관계로 귀사의 사원 분들과 접할 기회가 많아 여러모로 생각하던 중에 귀사의 업무내용에 커다란 매력을 느낀 점입니다. 사원 모두의 전문지식이 풍부한 것에도 놀랐고 저 자신도 그렇게 되고 싶습니다. 전문지식과 자원봉사 경험을 살려 꼭 일본의 농업산업의 미래에 공헌하고 싶다고 생각합니다.

면접관 : 그렇군요. 그런데 저희 회사와 같은 일본기업에서 일할 때 가장 중요한 것은 무엇이라고 생각합니까?

왕치민 : 네. 저는 일본기업에서는 개인의 힘을 필요로 할 뿐만 아니라 그 이상으로 집단으로써 힘을 발휘하는 것을 매우 필요로 한다고 봅니다.

通し練習：1. 種苗会社

ワ　ン：はい。私は、日本企業では個人の力が求められるのはもちろんですが、それ以上に集団で力を発揮することが強く求められていると思います。

面接官：では、ワンさんが弊社で働くことになった場合、自分の力を発揮するために、専門知識以外には何が必要だと思いますか？

ワ　ン：専門知識以外で…ですか？ はい。業務における「報・連・相」➡④の理解と実践だと思います。また、業務遂行のための「PDCA サイクル」➡⑤も重要だと思います。

面接官：なるほど。それは業務以外でも大切だと思いますが、ワンさんはこれまでそのような実践はしてきましたか？

ワ　ン：はい。先ほどお話ししたボランティアサークルのリーダーをする中で自分なりに実践してきました。農家の高齢者の方たちとサークルのメンバーがうまく協働していくには、そういったルールや手法を知って実践することが大切だと思いますので。

面接官：そうですか。ワンさんは、サークルのリーダーとして周囲からどう見られていたと思いますか？

ワ　ン：はい。情報をわかりやすく伝えるという点では評価されていたと思います。農家の方の話をメモを取りながらきちんと聞き、重要な作業の日程や行程などがメンバーに正確に伝達できるように心がけました。そのために日本語の勉強にも力を入れましたし、敬意が伝わるように高齢者への話し方にも気をつけました。

POINT

➡④ ビジネスでスムーズな業務のためのコミュニケーション三原則と言われています。報は報告、連は連絡、相は相談を表します。

➡⑤ 業務の効率的な遂行のためのサイクルのことです。P は plan 、D は do、C は check、A は action、を表します。

Full Conversation Practice ／完整练习／전체 연습

Int : So, if you come to work at our company, aside from technical knowledge, what do you think will be necessary in order to put your strengths to good use?

面：你进入敝公司发挥自己的专长时，除专业知识外，还有其他什么重要的吗？

면접관 : 그럼 , 치진씨가 저희 회사에서 일하게 되었을 경우 , 자신의 힘을 발휘하기 위해 전문 지식 외에는 무엇이 필요하다고 보십니까 ?

Wang : Aside from technical knowledge... right? I think understanding and practicing "hou ren sou" at work is important. I also think that the "PDCA Cycle" is important for job performance.

王：除了专业知识之外吗？ 嗯，我认为理解并实行工作业务中的“报连相”，以及能使业务顺利完成的“PDCA 循环”很重要。

왕치민 : 전문지식 외에…말입니까 ? 네 . 업무에 있어「報 (보)・連 (연)・相 (상)」의 이해와 실천이라고 생각합니다 . 또 업무수행을 위해「PDCA 싸이클」도 중요하다고 봅니다 .

Int : I see. I think that's important outside of business, too. Have you put that kind of thing into practice thus far?

面：你说得对，除了业务本身之外，这些原则也很重要。到目前为止，你实行过那些项目吗？

면접관 : 그렇군요 . 그것은 업무 이외에도 중요하다고 생각하지만 치진씨는 지금까지 그렇게 실천해 왔습니까 ?

Wang : Yes. I used them in my own way as leader of the volunteer club I talked about earlier. In order to get the elderly farmers and my club members to work well together, I think it was important to know and use those kinds of rules and methods.

王：实行过。在我担任刚才提到的志愿者俱乐部的部长时，就采取自己的办法去实行过那些项目，因为我认为唯有理解并实行那些规则和方法，才能使老农民们和俱乐部成员的合作顺利。

왕치민 : 네 , 아까 말씀드린 자원 봉사 서클의 리더를 하는 가운데 나름대로 실천해 왔습니다 . 농가의 어르신들과 서클 멤버가 잘 협동해 가기 위해 그런 규칙이나 방법을 알고 실천하는 것이 중요하다 생각했기 때문입니다 .

Int : I see. As a club leader, how do you think you were seen by those around you?

面：是吗？大家认为你是什么样的领导者呢？

면접관 : 그렇습니까 ? 치진씨는 서클 리더로서 주위로부터 어떻게 보였다고 생각하나요 ?

Wang : I think I was valued for communicating information in an easily understandable way. Listening to the elderly farmers carefully and taking notes, I always strove to communicate the daily schedules and work plans of this important work to the members. To do that, I also worked on my Japanese study and took care to speak to the elderly in a way that communicated my respect.

王：他们常说我传递信息时总是清楚明了。为了能正确传达重要的作业日程和行程等，我仔细听农民们说的话并一边记笔记。为此，我不仅致力于日语的学习，为了表达敬意，我也很注意对老人家的说话态度。

왕치민 : 네 , 정보를 알기 쉽게 전달한다는 점에서는 평가받았다고 봅니다 . 농가 분들의 이야기를 메모하면서 잘 듣고 중요한 작업일정이나 진행일정등이 멤버에게 정확히 전달될 수 있도록 유의했습니다 . 이를 위해 일본어 공부에도 힘썼고 공손함이 전달될 수 있도록 어르신들과 말할 때 조심했습니다 .

Int : I see. You've thought about this a lot. If you join our company, in what kinds of areas do you think you would be able to best showcase your strengths on your project work?

面：嗯，你考虑得很周到呢。那么，进本公司后，你能在哪方面一展所长？

면접관 : 아하 . 여러모로 생각해 노력해 왔군요 . 그럼 , 우리 회사에 입사했을때 프로젝트 워크에서 당신이 최대한 힘을 발휘할 수 있는 것은 어떤 것입니까 ?

➡④ These are called the three basic rues of communication necessary for working smoothly in business. "Hou" means report, "ren" means contact, and "sou" means consult.

这是为了让工作业务能顺利进行而采取的三大沟通原则。报是“报告”、连是“联系”、相是“询问”。

비지니스에서 효율적인 업무를 위한 커뮤니케이션 3 원칙이라 일컬어집니다 . 報는 보고 (報告) , 連은 연락 (連絡) , 相은 상담 (相談) 을 말합니다 .

➡⑤ This is the cycle for smooth work performance. P stands for plan, D for do, C for check, and A for action.

这是为了提高业务效率的循环。P 表示 “plan”、D 表示 “do”、C 表示 “check”、A 表示 “action”。

업무의 효율적인 수행을 위한 사이클을 말합니다 .P 는 plan, D 는 do, C 는 check, A 는 action 을 뜻합니다 .

通し練習：1. 種苗会社

面接官：なるほど、いろいろ考えてやってきたわけですね。では、弊社に入社したとして、プロジェクトワークであなたが最大限に力を発揮できるのはどのようなことだと思いますか？

ワン：はい。品種改良に関する専門知識を業務に活かせることが一番だと思います。同時に、ボランティアリーダーとして学外のいろいろな人と話をする機会が多かったので、人間関係調整役のような業務でも力が発揮できると思います。

面接官：そうですか…。分かりました。では、面接はここまでということで、ご苦労様でした。今後の予定については別室で担当の者が説明しますので、控え室で待っていてください。

ワン：はい。本日はありがとうございました。どうぞよろしくお願いいたします。➡⑥
［椅子から立ち上がる］　失礼いたします。

POINT

➡⑥ 面接を終えたあとは、感謝の気持ちをこめてお礼を言いましょう。この時、言葉だけではなく丁寧にお辞儀をすることも忘れないようにします。

Wang : I think the main thing is that I could put my technical knowledge on varietal improvement to good use in my work. At the same time, having had many opportunities to talk with many different people as volunteer leader, I think I could put my skills to good use in jobs like human relations coordinator.

Int : I see…. I got it. Well, that brings us to the end of the interview. The coordinator will explain about the next parts of the schedule, so please go wait in the waiting room.

Wang : Thank you very much for the interview today.(Get up from your chair.) Excuse me.

王：我能把品种改良的专业知识用到业务中。同时，我担任志愿者领导时，有很多机会跟各式各样的人交流，调整人际关系这方面的业务也没问题。

面：这样啊…。我明白了。今天的面试就到此为止，辛苦你了。负责的职员会在另一个房间里向你说明今后的预定计划。请到休息室稍等一下。

王：好。今天谢谢您。今后还请多多关照。（从椅子上站起来）我告辞了。

왕치민 : 네 . 품종개량에 관한 전문 지식을 업무에 살릴 수 있는 일이 제일이라고 봅니다 . 동시에 자원봉사 리더로서 학교 외의 여러 사람들과 이야기 할 기회가 많았기 때문에 인간관계 조정역과 같은 업무에도 힘을 발휘할 수 있으리라 생각합니다 .

면접관 : 그렇습니까…. 알겠습니다 . 그럼 , 면접은 여기까지로 하고 수고하셨습니다 . 앞으로의 예정에 관해서는 별실에서 담당자가 설명할테니 대기실에서 기다리십시오 .

왕치민 : 네 . 오늘은 대단히 감사합니다 . 아무쪼록 잘 부탁드립니다 .(의자에서 일어난다) 실례합니다 .

➡⑥ When the interview is over, offer a word of gratitude. At these times, don't forget to bow politely when you speak.

面试结束后，别忘了表达感谢之意。除口头的表达之外，也要记得尊敬地向面试官行礼。

면접을 마친 후에는 감사의 뜻을 담아 인사를 합시다 . 이 때 말로만이 아니라 정중하게 허리를 굽혀 인사하는 것도 잊지 않도록 합시다 .

simulation 2 ホテル

応募者：ジョン・ミンス ［韓国］

ジョン ：［ノック×３回］

面接官：どうぞ、お入りください。

ジョン：失礼いたします。世界平和大学、ジョン・ミンスと申します。よろしくお願いいたします。

面接官：はい。どうぞおかけください。

ジョン：はい。失礼いたします。［座る］

面接官：では、まず最初に当ホテルを志望される動機をお話しください。

ジョン：はい。私は日本に来る前に韓国の大学で観光を学びました。そこで、観光には大きな楽しみが３つあると考えました。その３つとは、宿泊、観光、食事、です。中でも、宿泊は旅の拠点になると考え、ホテルへの就職を決めました。御社は旅を創造する形で、観光と食事にも様々な提案をされていると思います。旅のプロデュースを学んできた私は、新たに外国人の視点での貢献ができるのではないかと考え、御社を志望いたしました。

面接官：そうですか。具体的にどのようなことをお考えですか。

ジョン：はい。韓国では名所を巡るような観光ではなく、体験型の観光が注目を集めています。そこで、お寿司、お蕎麦、キャラクター弁当、といったものの調理体験をしたり、着物の着付け体験をして写真を撮ったり、花火をしたりなどを、旅の行程に入れてはどうかと考えました。また、韓国人は体を動かすことが好きですし、トレッキングのマップを韓国語版や英語版で作成して提供したりすることで、活動派の観光客に忘れられない旅を提案できるのではないかと考えます。外国人観光客を取り込むことができれば、地域産業も発展するのではないかと考えます。

面接官：そうですか。地域産業というと、例えば何か考えがありますか。

Full Conversation Practice ／完整练习／전체연습

John Mins (Korea)／郑民秀(韩国)／정민수(한국)

Hotel

John : [Knock three times.]

Int : Come in, please.

John : Excuse me. I am John Mins from World Peace University. Thank you for interviewing me.

Int : Please sit down.

John : Thank you. [Sit down.]

Int : Okay, first talk about your reasons for applying to our hotel.

John : Sure. Before coming to Japan I studied tourism at a Korean university. There, I came to believe that there are three really fun things about tourism. Those three things are accommodations, tours, and food. Of these, I think that accommodations are the base of a trip, and so I decided to look for a job at a hotel. I think that your company, in the form of creating trips, offers many different things in the way of sightseeing and food, too. Having studied travel design, I thought that I could contribute a fresh, foreign perspective, so I applied to your company.

Int : I see. What were you thinking, specifically?

John : In Korea, experiential tours, not tours that just go around to famous places, are getting more and more attention. With that in mind, I thought it might be good to put things into trip schedules like making sushi, soba, character bentos, and other cooking experiences, trying on kimonos and taking photos, doing fireworks, and so on. Also, Koreans love to move their bodies, and I think we could give the active tourists an unforgettable trip by offering them Korean and English trekking maps that we create. I think attracting more foreign tourists would also help local industries grow.

Int : I see. Do you have any examples of what you are thinking about as far as local industries?

饭店

郑：[敲门 × 3次]

面：请进。

郑：您好。我叫郑民秀，是世界和平大学的学生。谢谢您给我这个面试的机会。

面：好，请坐。

郑：谢谢。[入座]

面：那么，请先谈谈你希望应征本饭店的动机。

郑：好的。来日本之前，我在韩国的大学学习观光学。我认为观光有三大乐趣，那就是住宿、观光和美食。其中住宿是旅游行程的基础，因此我决定在饭店就职。贵饭店创新了旅游方式，为观光客提供各式旅游行程及餐饮选择。我是学旅游策划的，希望今后能从外国人的观点给贵公司提供更多构思，因此来应征这份工作。

面：是吗？具体来说，你有什么想法呢？

郑：在韩国，体验型旅游行程最近很热门，游览名胜古迹已经不太流行了。我认为可以把做寿司、做荞麦面等烹饪体验或者穿和服照相及玩烟花等体验加入旅游行程里。此外，韩国人喜欢走走看看，制作韩语版或英语版的巡回山麓游览地图，能让喜好户外运动的观光客留下难忘的回忆。吸引更多外国人来观光，可以顺带激活地区产业。

面：这样啊。你所谓的地区产业为何？

호텔

정민수 : 〔노크× 3번〕

면접관 : 네, 들어오세요.

정민수 : 실례합니다. 세계평화대학, 정민수라 합니다. 잘 부탁드립니다.

면접관 : 네, 그럼 앉으십시오.

정민수 : 네. 실례합니다.〔앉는다〕

면접관 : 그럼, 우선 먼저 저희 호텔을 지망한 동기를 말씀해 주십시오.

정민수 : 네. 저는 일본에 오기 전에 한국의 대학에서 관광을 배웠습니다. 그 때 관광에는 커다란 즐거움이 3가지 있다고 생각했습니다. 그 3가지라는 것은 숙박, 관광, 식사입니다. 그 중에서 숙박은 여행의 거점이 된다고 생각해 호텔로의 취직을 결심했습니다. 귀사는 여행을 창조하는 것으로 관광과 식사에도 다양한 제안을 한다고 생각합니다. 여행 프로듀스를 배운 저는 새롭게 외국인의 시점으로 공헌을 할 수 있지 않을까 생각해 귀사를 지망했습니다.

면접관 : 그렇습니까. 구체적으로 어떤 것을 생각하십니까?

정민수 : 네. 한국에서는 명소를 돌아보는 관광이 아닌 체험형 관광이 주목을 모으고 있습니다. 이에 스시, 소바, 캐릭터도시락 같은 조리체험이나, 기모노 입어보기 체험 후 사진을 찍는다거나, 불꽃놀이 등, 여행 일정에 포함하는 것은 어떨까 생각했습니다. 또한 한국인은 신체를 움직이는 것을 좋아하니, 트레킹맵을 한국어판이나 영어판으로 작성해 제공하거나 하는 것으로 활동파 관광객에게 잊혀지지 않는 여행을 제안할 수 있으리라 생각합니다. 외국인 관광객을 불러들일수 있다면 지역산업도 발전하지 않을까 생각합니다.

면접관 : 그렇군요. 지역 산업이라면 예를 들어 생각하는 것이 있습니까?

通し練習：2. ホテル

ジョン：はい。例えば体を動かすような体験型(たいけんがた)の観光は、温泉やお食事などをより楽しんでもらえるきっかけになると思います。また調理体験などでは今までお土産(みやげ)とならなかったような、例えば「おにぎりメーカー」や「お弁当箱」、あるいは「茶道具(ちゃどうぐ)」、といったものが、その存在を知ってもらうことで新たなニーズにつながるのではないかと思います。

面接官：なるほど。では、あなたがこの地域に韓国人を多く呼び込めると思う理由は何(なん)ですか。

ジョン：はい。現在、韓国人観光客に人気がある日本の観光地は、東京、そして大阪、となっています。しかし、旅慣(たびな)れた観光客はすでに数回来日し、大都市では味わえない観光を望(のぞ)んでいるように感じています。以前は都会でショッピングを楽しんだ観光客は現在、別府(べっぷ)や由布院(ゆふいん)などといった地方の自然と温泉がある町に流れ出しているようです。韓国人にとって穴場(あなば)と呼べる地域は日本にはたくさんあり、こちらもその一つに食(く)い込(こ)めると思います。韓国の旅行会社と提携(ていけい)を結び、この地域をPRしていけば新たな温泉の名所(めいしょ)になり得(う)ると考えています。

面接官：そうですか。では、今、在籍(ざいせき)している世界平和大学で、一番取り組んでいらっしゃることは何ですか。

ジョン：はい。私は大学2年から、友人たちと一緒に留学生新聞を発行(はっこう)しています。日本での生活のアドバイスや、私たち留学生の好(この)みに合う大学周辺のおいしいお店情報やアルバイトでの失敗談(しっぱいだん)や心が温まる体験談などを、日本語と韓国語と英語の3ヶ国語併記(へいき)で、年に4回ですが、発行(はっこう)してきました。1回に1000部発行し、大学だけでなく、最寄(もよ)りの駅や公民館(こうみんかん)などにも置かせていただき、地域の方々にも読んでいただいています。

面接官：それは面白そうですね。どうして新聞を作ろうと思ったんですか。

ジョン：はい。2年生になり後輩(こうはい)もできましたので、自分たちの体験を伝えたいと思いました。また留学生の目線から見た日本社会を日本の方にも知っていただきたいと考えたからです。

Full Conversation Practice ／完整练习／전체연습

John：Yes. For example, these active kinds of tours would be a good chance to have them enjoy hot springs, food, and so on. I think introducing tourists to things that so far have not been seen as local gifts, like onigiri makers and bento boxes, could lead to new demand.

Int　：I see. So, why do you think you can attract more Koreans to this area?

John：Right now, the travel destinations popular with Korean tourists are Tokyo and Osaka. However, it seems like the experienced travelers have already come to Japan a few times and are looking for tours they can't experience in Osaka. It appears that the tourists who used to enjoy shopping in the cities are starting to flow out into towns with nature and hot springs, like areas such as Beppu and Yufuin. For Koreans, there are lots of areas in Japan that you could call hidden gems, and I think this one could be one of them. If we could link up with a Korean travel agency and promote this area, I think it could become a new famous hot springs spot.

Int　：I see. What are you working the most on at the World Peace University you're attending?

John：Since my second year in college, my friends and I have been publishing an international student newspaper. We publish articles four times a year in three languages, Japanese, Korean, and English, on advice on living in Japan, part-time jobs and good restaurants near the university that international students would like, stories about failures at work and heartwarming experiences, and so on. We issue 1000 copies each time and distribute them not just at the university, but also to the nearest station and the community center so that local residents can read them, too.

Int　：That sounds interesting. What made you want to start a newspaper?

John：When I became a second-year and had made more friends, I wanted to tell people about our experiences. I also wanted to help Japanese people see Japanese society from an international student's perspective.

郑：我认为观光客能亲自动手尝试的体验型旅游行程可以增添温泉和用餐的乐趣。还有比如像“饭团制造盒”、“饭盒”、“泡茶道具”等产品，以前是不会成为旅行赠品的，但是观光客通过烹饪体验知道了这些产品后，其贩售量也许就能随之增加。

面：原来如此。你为什么想让更多韩国观光客到这个地区来游览呢？

郑：现在韩国观光客最喜欢去的日本观光地点是东京和大阪，但是，我认为常来日本旅游的观光客希望享受有别于大城市的旅游行程。就我所知，以前喜欢到大都会购物的观光客，很多都转向别府或由布院等充满大自然的风光和温泉的地区。日本还有许多能让韩国观光客心动的好地方，这儿也算其中之一。跟韩国的旅行社联手宣传，定能使这儿成为新的温泉胜地。

面：是吗？那么，你现在在世界和平大学，最全力以赴在做的事情是什么？

郑：我从大学 2 年级开始，就跟朋友一起办留学生报纸。每年发行 4 次，内容主要有日本生活指南、适合留学生口味的大学周边餐饮店信息、打工失败经验、令人感动的体验谈等等。1 次发行 1000 份。除了大学之外，我们还会放到离学校最近的车站和公民馆里，让该地区的民众也能阅读。

面：听起来很有意思。你为什么会想办报？

郑：升上 2 年级之后就有学弟妹，我想把自己的体验传达给他们。另外，我想让日本人知道留学生眼中的日本社会。

정민수：네 . 예를 들어 신체를 움직이는 것같은 체험형 관광은 온천과 식사등을 보다 즐길 수 있는 계기가 되리라 봅니다 . 또 조리 체험 등에서는 이제껏 선물로 생각지 않았던 , 예를 들면「삼각김밥 메이커」「도시락통」아니면「차도구」같은 것의 존재가 알려지면 새로운 수요로 이어질 것이라 생각합니다 .

면접관：아하 . 그럼 당신이 이 지역에서 한국인을 많이 불러올 수 있다 생각하는 이유는 무엇입니까 ?

정민수：네 . 현재 한국관광객에게 인기가 있는 일본의 관광지는 도쿄 , 그리고 오사카입니다 . 하지만 여행에 익숙한 관광객은 이미 몇 번이나 일본에 와서 대도시에서는 맛볼 수 없는 관광을 희망하고 있는 것처럼 느낍니다 . 이전에 대도시에서 쇼핑을 즐겼던 관광객은 현재 벳부나 유후인등과 같은 자연과 온천이 있는 지역으로 유입되는 듯합니다 . 아직 한국인에게 알려지지 않은 명소라 할 수 있는 지역은 일본에 많이 있고 이 지역도 그 중의 하나라고 봅니다 . 한국의 여행회사와 연계해 이 지역을 PR 해 가면 새로운 온천 명소가 될 수 있다고 생각합니다 .

면접관：그렇습니까 . 그럼 , 지금 재적하는 세계평화대학에서 가장 노력하고 있는 것은 무엇입니까 ?

정민수：네 . 저는 대학 2 학년부터 친구들과 함께 유학생 신문을 발행하고 있습니다 . 일본 생활의 어드바이스나 저희 유학생들이 좋아할 대학 주변의 맛있는 집 정보나 아르바이트 중의 실패담이나 마음이 따뜻해지는 체험담 등을 , 일본어와 한국어 , 영어 3 개국 병기로 1 년에 4 번입니다만 발행해 왔습니다 . 1 회당 1000 부 발행해 대학만이 아닌 가까운 역이나 공민관등에도 배포할 수 있게 해 주셔서 지역분들도 읽어주십니다 .

면접관：그건 흥미롭네요 . 왜 신문을 만들려고 했습니까 ?

정민수：네 . 2 학년이 되어 후배들도 생겨서 자신들의 경험을 전하고 싶었습니다 . 또 유학생의 시선에서 본 일본사회를 일본분들이 알아주셨으면 해서였습니다 .

通し練習：2. ホテル

面接官：そうですか。分かりました。では、どんなことでもいいですから、あなた自身について自己PR➡⑦してください。

ジョン：はい。私はひと言(こと)で言うと、楽しいことが大好きな人間です。大学で留学生新聞を書くのもこの楽しさの共有のためです。将来(しょうらい)、御社(おんしゃ)で様々(さまざま)な旅のご提案をさせていただきたいのも楽しさを多くの人と共有したいからです。楽しいことが待っていると思えば、苦労(くろう)も苦労だとは思いません。これからも学ぶべきことは多くありますが、ぜひ御社で多くの人々に喜んでもらえる仕事がしたいと考えています。

面接官：そうですか。分かりました。ではこれで終わります。

ジョン：本日はありがとうございました。どうぞよろしくお願いいたします。

［椅子(いす)から立ち上がる］　失礼いたします。

➡⑦ 自己PRは長くならないように端的に述べます。長くても1分以内にまとめます。

Full Conversation Practice ／完整练习／전체 연습

Int : I see. Got it. Next, please give me some personal PR. Anything is fine.

John : In a word, I am someone who loves fun. I write the international student newspaper at my university in order to share this fun. One reason that I want to offer many different trips with your company in the future is also to share fun with many people. If you can think that fun is waiting for you, then struggles won't seem like struggles. Moving forward, I still have a lot to learn, but I would really like to do work at your company that brings happiness to a lot of people.

Int : I see. I've got it. Well, that's the end.

John : Thank you very much for interviewing me today.

[Stand up from your chair.]

Excuse me.

面：是吗？我明白了。那么，请自我介绍一下，说什么都行。

郑：好的。我呢，简单来说，就是一个非常喜欢有趣的事情的人。在大学办留学生报纸，也是为了分享那些有趣的事情。将来进公司后，为顾客提供各式各样的旅游行程，也是希望能为更多人提供欢乐。只要想着还有欢乐等着自己，辛劳就不复存在。我知道自己还有很多该学习的地方，但是我很希望能到贵公司工作，让更多观光客享受旅游的乐趣。

面：好，我明白了。今天就到此为止。

郑：今天谢谢您给我这个面试的机会。

［从椅子上起身］

我告辞了。

면접관 : 그렇군요 . 알겠습니다 . 그럼 , 뭐든 좋으니 자기자신에 대해 자기 PR 을 해 주세요 .

정민수 : 네 . 저는 한마디로 신나는 일이 제일 좋은 사람입니다 . 대학에서 유학생 신문을 쓰는 것도 즐거움을 공유하기 위해서입니다 . 장래에 귀사에서 다양한 여행의 제안을 할 수 있게되는 것도 즐거움을 많은 사람과 공유하고 싶기 때문입니다 . 신나는 일이 기다리고 있다고 생각하면 괴로움도 괴로움이라 생각되지 않습니다 . 이제부터 배워야 할 일도 많지만 꼭 귀사에서 많은 사람들이 좋아할 일을 하고 싶다고 생각합니다 .

면접관 : 그렇군요 . 알겠습니다 . 그럼 이것으로 마치겠습니다 .

정민수 : 오늘은 대단히 감사합니다 . 아무쪼록 잘 부탁드립니다 .

〔의자에서 일어난다〕

실례합니다 .

➡⑦ State your personal PR plainly, making sure it doesn't get too long. Fit it all into at most one minute.

自我介绍时说重点，别说得太冗长。最多说 1 分钟左右。

자기 PR 은 길어지지 않도록 짧게 말합니다 . 길어도 1 분 이내로 말합시다 .

通し練習：3. 結婚式場

simulation 3 結婚式場

応募者：スーザン・ミラー［カナダ］

ミラー：［ノック×３回］

面接官：はい、どうぞ、お入りください。

ミラー：失礼いたします。世界平和大学、スーザン・ミラーと申します。どうぞよろしくお願いいたします。

面接官：はい。どうぞおかけください。

ミラー：ありがとうございます。失礼いたします。［座る］

面接官：では、面接を始めたいと思います。では、早速ですが、わが社を志望される理由について60秒ぐらいでお話しいただけますか。

ミラー：はい。私はブライダル業界に就職したいと考えています。理由としては、結婚は人生の新たな出発を応援する場であり、非常にやりがいのある仕事だと感じているからです。その中で特に私はウェディング・プランナーを志望しています。非常に責任のある仕事ですが、私は人に喜んでもらうことが好きですので、責任を果たした後に喜びが得られると考えています。そしてウェディングプランナーとして仕事をする際、お客様のご希望をできる限り全力でサポートできる環境で働きたいと考えました。ゲストハウス・ウェディングという形を取られている御社の最高の施設で最高のサービスを提供したいと思います。このような理由から御社を志望しました。

面接官：はい。ありがとうございました。ミラーさんはウェディング・プランナーを志望しているということですが、このウェディング・プランナーに必要だと思う能力を３つ挙げるとしたら、どのような能力でしょうか。

ミラー：はい。ウェディング・プランナーは結婚式全体をプロデュースするため、様々な能力が必要とされます。中でもお客様のご要望を具体的に聞きだすヒアリング力、そしてプロとしての立場からお客様に喜んでいただくための提案力、それから他のスタッフとチームとして動くため、コーディネーション力だと思います。ただ、こうした能力以上に必要なのは、何よりもお客様に幸せを提供したいという気持ち、真心だと思っています。

Susan Miller (Canada)／苏珊米勒(加拿大)／수잔 밀러(캐나다)

Wedding Venue

Miller : [Knock three times.]

Int : Yes, please come in.

Miller : Excuse me. I am Susan Miller from Global Peace University. Thank you for interviewing me.

Int : Yes, please sit down.

Miller : Thank you. [Sit.]

Int : Okay, let's start the interview. So, right off the bat, let's have you talk for about 6 0 seconds about why you are applying to our company.

Miller : I would like to find a job in the bridal industry. A wedding is an occasion to cheer on a new start in life, and I feel that this work is extremely fulfilling. In that field, I hope to become a wedding planner. The work carries a lot of responsibility, but I like to make people happy, and I think I could make them happy by fulfilling my responsibilities. And, when I work as a wedding planner, I would like to work in an environment where I can support the customers' wishes to the best of my abilities.

Int : Thank you. You hope to be a wedding planner. If you were to name three abilities you think are necessary for a wedding planner to have, what would they be?

Miller : Wedding planners produce the whole wedding, so many different skills are necessary. Among these, I think that the listening skill to draw out a customer's specific desires, the ability to offer suggestions from a professional stance that will make the customer happy, and the ability to coordinate in order to work together as a team with other staff members are important. But even more necessary than these skills are the attitude and devotion to want to make the customer happy above all else.

婚宴会场

米勒：[敲门 × 3次]

面 ：好，请进。

米勒：您好。我叫苏珊米勒，是世界和平大学的学生。今天谢谢您给我这个面试的机会。

面 ：好。请坐。

米勒：谢谢。[就座]

面 ：那么，我们就开始吧。首先，请在60秒之内说一下应征本公司的理由。

米勒：我希望在婚庆业界就职，因为婚宴是新人迈向崭新的人生道路的起点，在那种环境里工作很有成就感。在众多项目中，我希望负责策划婚礼。责任虽重大，但我喜欢看到新人沉浸在幸福里的样子。任务圆满结束后，心中也洋溢着满满的喜悦。我会一心一意满足顾客要求。我希望在贵公司最棒的设施里，为顾客提供最佳的别墅婚礼服务，因此来应征这份工作。

面 ：多谢夸奖。你希望策划婚礼，是吗。请说出担任婚礼策划师所需要的3种能力。

米勒：好的。策划整个婚礼需要具备各种能力，其中重要的是具体了解顾客心声的能力、能站在专业角度满足顾客需求的能力、与他人协调的能力，以便与其他工作人员和团队紧密合作。不过我觉得最重要的还是希望为顾客提供优质服务的真心诚意吧。

결혼식장

밀러 ：〔노크× 3번〕

면접관：네 , 들어오세요 .

밀러 ：실례합니다 . 세계평화대학 수잔 밀러라고 합니다 . 잘 부탁드립니다 .

면접관：네 . 앉으시죠 .

밀러 ：감사합니다 . 실례합니다 .

면접관：그럼 면접을 시작하겠습니다 . 그럼 바로 저희 회사를 지망한 이유에 대해 60 초정도 이야기를 해 주시겠어요 ?

밀러 ：네 . 저는 웨딩업계에 취직하고 싶습니다 . 이유는 , 결혼은 인생의 새로운 출발을 응원하는 장이면서 매우 보람있는 일이라고 느끼기 때문입니다 . 그 가운데서도 특히 저는 웨딩 플래너를 지망합니다 . 매우 책임있는 일입니다만 저는 다른 사람을 기쁘게 하는 것이 좋기 때문에 책임을 다한 후 기쁨을 얻을 수 있으리라 생각합니다 . 그리고 웨딩플래너로 일을 할 때 , 고객의 희망사항을 가능한 한 온 힘을 다해 서포트할 수 있는 환경에서 일하고 싶습니다 . 게스트 하우스 웨딩이라는 형식을 취하는 귀사의 최고 시설에서 최고의 서비스를 제공하고 싶습니다 . 이런 이유에서 귀사를 지망했습니다 .

면접관：네 . 감사합니다 . 밀러씨는 웨딩 플래너를 지망하고 있습니다만 , 이 웨딩 플래너에 필요하다고 생각하는 능력을 3 가지 든다고 하면 어떤 능력일까요 ?

밀러 ：네 . 웨딩 플래너는 결혼식 전체를 프로듀스하기 때문에 다양한 능력을 필요로 합니다 . 그 중에서도 고객의 요망을 구체적으로 이끌어내는 청취력 , 그리고 프로라는 입장에서 고객을 기쁘게 하기 위한 제안력 , 그리고 다른 스텝과 팀이 되어 일하기 위한 코디네이션 능력이라 생각합니다 . 이런 능력 이상으로 필요한 것은 무엇보다 고객에게 행복을 제공하고자하는 마음 , 진심이라고 생각합니다 .

通し練習：3. 結婚式場

面接官：そうですか。では、ミラーさんは人に喜んでもらうことが好きだと言うことですが、今まで一番人に喜ばれたと感じたのはどんなことですか。

ミラー：はい。私の中で一番だと思えることをお話しさせていただきます。実は姉が去年、妊娠して出産したのですが、妊娠した時に、聴診器をプレゼントして、姉夫婦に喜んでもらえたことです。義理の兄は、聴診器を姉のお腹にあてては、赤ちゃんの成長を確認していたそうです。子どもが大きくなったらこの聴診器を見せるのが楽しみだと言ってくれました。私が聴診器を選んだことで、それが家族の絆や命を感じる時間につながったのだと思い、大変嬉しかったです。

面接官：そうですか。ところで、ミラーさんはどうして日本に留学したのですか。

ミラー：はい。日本は歌舞伎や神社のような伝統的な文化と、最先端の科学技術、そして、ゲームやアニメといったポップカルチャー、それに分刻みで正確に走る鉄道網など、いろいろな側面が融合した不思議で面白い国だと子どもの頃から思っていました。こうした純粋な日本に対する興味から高校時代に日本語の勉強を始めたのですが、そこで日本人の留学生と友達になりました。彼女との交流の中で日本をもっと知りたいという気持ちが強くなり、日本留学を決めました。

面接官：なるほど、そうですか。ところで、ミラーさんは経済学専攻ですね。どうして経済学を専攻したのですか。

ミラー：はい。高校生の時、将来は社会や経済のことがきちんと分かる教養のある大人になりたいと思いました。そのためには経済学が一番いいと考えたからです。大学時代にファイナンシャルプランナーの資格も取得しました。

面接官：そうですか。では、あなたは5年後、10年後にどうなっていたいですか。

ミラー：はい。5年後は、ウェディング・プランナーとして多くの方に喜ばれ、自分でも自信を持って働ける自立した存在になっていたいと思います。10年後は、後輩を育てつつ新たな課題に挑戦し続けるウェディング・プランナーでいたいと思います。

Int : I see. You like making people happy, so what thing has made you most feel like you made people happy?

面 : 嗯。你说喜欢看到别人幸福洋溢的样子，迄今为止你做过最让人感到幸福的事情是什么？

면접관 : 그렇군요 . 그럼 밀러씨는 다른 사람을 기쁘게 하는 것을 좋아한다고 하셨는데 지금까지 가장 다른 사람을 기쁘게 했다고 느낀 일은 어떤 것입니까 ?

Miller : I'd like to give an example from my own life. Actually, last year my sister got pregnant and had a baby. When she was pregnant, I gave her a stethoscope, and that made her and her husband very happy. My brother-in-law was apparently putting the stethoscope to my sister's belly and tracking the baby's growth. Knowing that my choice of a stethoscope contributed to my family's time for experiencing their bonds, their lives, made me extremely happy.

米勒 : 应该是去年姐姐怀孕时，我送她们夫妇一个听诊器吧。他们收到那个礼物时很高兴。姐夫把听诊器放到姐姐肚子上观察小婴儿的生长，还说孩子长大后一定要拿给他看。我选的听诊器让姐姐一家人感受到家族之间的亲情及生命的成长。这让我感到很欣慰。

밀러 : 네 . 제가 최고라고 생각하는 것을 말씀드리겠습니다 . 사실 언니가 작년 임신해서 출산했는데요 , 임신했을 때 청진기를 선물해서 언니부부를 기쁘게 한 것입니다 . 형부는 청진기를 언니 배에 대고 아기의 성장을 확인했다고 합니다 . 아기가 크면 이 청진기를 보여줄 것이 기대된다고 말했습니다 . 제가 청진기를 고른 것이 가족의 유대와 생명을 느끼는 시간으로 이어진것 같아 무척 기뻤습니다 .

Int : I see. So, how is it that you came to study in Japan?

面 : 嗯。不过你为什么会到日本留学？

면접관 : 그렇군요 . 그런데 밀러씨는 왜 일본에 유학을 왔습니까 ?

Miller : Since I was a child, I have thought that Japan is a strange and fascinating country with so many different aspects fused together, from its traditional culture like kabuki and shrines and its state-of-the-art scientific technology, to its pop culture like games and anime and its rail system that runs exactly on schedule. From this naïve interest in Japan, I started studying Japanese in high school. It was there that I became friends with a Japanese exchange student. Through my interactions with her, my desire to know more about Japan strengthened, and I decided to study abroad.

米勒 : 我从小就觉得日本这个国家很有意思，融合了各种文化，令人感到不可思议。日本有歌舞伎和神社等传统文化，也同时具备最先进的科学技术、电玩和动漫等流行文化、精准到分钟的铁路网等。正因为我对日本很感兴趣，从高中开始就学习日语，后来又认识日本留学生和日本朋友。通过跟他们的交流，我更加想了解日本，于是决定来日本留学。

밀러 : 네 . 일본은 가부키나 신사와 같은 전통적인 문화와 최첨단 과학 기술 , 그리고 게임이나 애니메이션 같은 대중문화 , 게다가 분단위로 정확하게 달리는 철도망 등 , 여러 측면이 융합된 신기하고 재미있는 나라라고 어릴 적부터 생각했습니다 . 이런 순수한 일본에 대한 흥미에서 고등학교 때 일본어 공부를 시작했고 그 때 일본인 유학생과 친구가 되었습니다 . 그녀와 교류하면서 일본을 더 알고싶다는 마음이 강해져 일본 유학을 결심했습니다 .

Int : Ahh, I see. So, you're an economics major, right? Why did you choose economics as your major?

面 : 是这样的啊。对了，你的专业是经济学，对吧。你为什么会选那个专业呢？

면접관 : 아하 , 그런가요 . 그런데 , 밀러씨는 경제학 전공이군요 . 왜 경제학을 전공했습니까 ?

Miller : When I was in high school, I wanted to become an educated adult who could properly understand society and the economy. I thought economics would be best for that. I also earned a financial planner certificate during college.

米勒 : 高中时，我就希望将来能成为有学识的人，熟知社会和经济，我认为学习经济是最佳途径。大学时我就取得理财规划师的资格了。

밀러 : 네 . 고등학생 때 장래에는 사회나 경제를 제대로 아는 교양있는 어른이 되고 싶었습니다 . 이를 위해서는 경제학이 최고라고 생각했기 때문입니다 . 대학 때는 파이낸셜 플래너 자격도 취득했습니다 .

Int : I see. What do you want to be doing 5 and 10 years from now?

面 : 是吗？你觉得自己 5 年后及 10 年后会变成什么样子？

면접관 : 그렇습니까 . 그럼 당신은 5 년 후 10 년후에는 어떻게 되고 싶습니까 ?

Miller : In five years, I would like to be making people happy as a wedding planner, and I would like to be an independent person who can work with confidence. In ten years, I want to be a wedding planner who continues to take on new challenges while training her juniors.

米勒 : 5 年后，成为一位有自信、能独当一面满足顾客需求的婚礼策划师。10 年后我希望提携后辈并持续挑战新课题。

밀러 : 네 . 5 년 후는 웨딩 플래너로 많은 분들을 기쁘게 하고 , 저도 자신을 가지고 일할 수 있는 자립된 존재가 되고 싶습니다 . 10 년 후는 후배를 양성하면서 새로운 과제에 계속 도전하는 웨딩 플래너가 되고싶다고 생각합니다 .

通し練習：3. 結婚式場

面接官：そうですか。では、成長を続けるためには何が必要だと思いますか。

ミラー：成長を支え合い、競い合い、認め合うことができる仲間の存在だと思います。そういった仲間意識がある職場環境が組織および個人の成長を可能にすると思います。

面接官：ところで、他にはどんな企業を受けていますか。

ミラー：はい。今まで20社ほどの説明会に参加し、ブライダル関係とアミューズメントパークの10社を受験しました。どの企業も人に幸せを提供するという点で魅力を感じました。

面接官：そうですか。すでに内定したところは、どこかありますか。

ミラー：いえ、まだありません。一社、数日前に最終面接を受けましたが、結果はまだいただいていません。ただ、私としては御社が第一志望です。

面接官：そうですか。では、最後に何か聞きたいことはありますか。

ミラー：はい。今、ブライダル産業は多角化の傾向にあると言われていますが、新しいアイデアやサービスを企画するのは御社ではどういった部署でしょうか。

面接官：そうですね。企画営業課というところが中心になってやっていますけど、新しいアイデアやお客様の声といったものはすぐに企画営業課に上げるようにしています。若い女性の発想はこの業界では大事ですからね。みんな自由に活発に提案していますし、採用されることも多いですよ。

ミラー：そうですか。女性が活躍できる業界ということですね。私も頑張りたいです。

面接官：ぜひ頑張ってください。では、これで面接を終わります。ご苦労様でした。

ミラー：はい。本日はありがとうございました。どうぞよろしく願いいたします。

[椅子から立ち上がる]　失礼いたします。

Full Conversation Practice ／完整练习／전체연습

Int	I see. So, what do you think is necessary for your continued growth?	面	嗯。那么，你认为什么是持续成长的重要关键？	면접관	그래요 . 그럼 성장을 계속하기 위해서는 무엇이 필요하다고 생각하시나요 ?
Miller	I think it's having people around me who can mutually support, compete with, and accept each other. I think a work environment that has that kind of camaraderie makes institutional and personal growth possible.	米勒	我认为是拥有能够互相勉励、相互竞争和相互尊重的工作伙伴。在职场中，每个职员都抱持着上述理念，组织及个人才能成长。	밀러	성장을 서로 뒷받침하고 경쟁하고 서로 인정할 수 있는 동료의 존재라 생각합니다 . 그런 동료의식이 있는 직장환경이 조직 및 개인의 성장을 가능하게 한다고 봅니다 .
Int	By the way, what other kinds of companies are you applying to?	面	你还应征了什么其他企业？	면접관	그런데 , 그 밖에 어떤 기업을 희망하셨나요 ?
Miller	Thus far, I have attended about 20 companies' explanatory seminars, and I have applied to 1 0 bridal-related and amusement park companies. I was attracted to the fact that all the companies offer happiness.	米勒	到目前为止，我参加了大约 20 家公司的说明会，10 家婚庆公司和主题乐园的考试。每家企业都是给顾客提供欢乐的公司，这点很吸引我。	밀러	네 , 지금까지 스무개 정도의 회사 설명회에 참가해 웨딩관계와 놀이공원의 10 개 회사 입사시험을 봤습니다 . 어느 기업이나 사람에게 행복을 제공한다는 점에서 매력을 느꼈습니다 .
Int	I see. Have you already had unofficial offers from anywhere?	面	嗯，拿到内定了吗？	면접관	그래요 . 이미 내정된 곳은 어디가 있습니까 ?
Miller	No, not yet. I did the final interview for one company a few days ago, but the results aren't back, yet. For me, your company is my first choice.	米勒	不，还没有。前几天，有家公司的最终面试刚结束，但还不知道结果。不过我的第一志愿是贵公司。	밀러	아니요 , 아직 없습니다 . 한 군데 며칠전에 최종면접을 보았습니다만 결과는 아직 오지 않았습니다 . 저로서는 귀사가 제 1 지망입니다 .
Int	I see. Then, finally, is there anything you would like to ask?	面	是吗？那么，最后你有没有什么想问的？	면접관	그렇습니까 . 그럼 마지막으로 물어보고 싶은 것이 있나요 ?
Miller	Yes. Currently, it is said that there is a trend in the bridal industry toward diversification. In your company, what division comes up with new ideas and service plans?	米勒	有，现在的婚庆业界渐渐采取多角化经营，贵公司哪个部门负责策划新构思及服务项目？	밀러	네 . 지금 웨딩산업은 다각화 경향에 있다고 합니다만 새로운 아이디어나 서비스를 기획하는 것은 귀사의 어떤 부서입니까 ?
Int	Ah, yes. We're using the Planning and Operations Division for that. We're immediately sending any new ideas and customer comments there. Young women's ideas are important to this industry. They're all giving us ideas freely and actively, and we hire them a lot, too.	面	嗯，主要是企划营业科。崭新的构想或顾客需求会立刻送到企划营业科。年轻女性的想法在这个行业内很受重视，许多女性积极提出自己的想法，被采用的也不少。	면접관	글쎄요 . 기획 영업과라는 곳이 중심이 되어 하고 있는데요 , 새로운 아이디어나 고객의 소리등은 바로 기획영업과에 올리도록 하고 있습니다 . 젊은 여성의 발상은 이 업계에서는 중요하니까요 . 모두 자유롭고 활발히 제안하고 있고 채용되는 경우도 많습니다 .
Miller	I see. It is an industry in which women can flourish. I plan to work hard, too.	米勒	是吗？这是个注重女性能力的行业啊。我得多多努力了。	밀러	그렇습니까 . 여성이 활약할 수 있는 업계라는 것이군요 . 저도 열심히 하고 싶습니다 .
Int	Yes, please do. Well, that's the end of the interview. Thank you.	面	你加油吧。那么，面试就到此为止。辛苦你了。	면접관	꼭 노력해 주세요 . 그럼 이것으로 면접을 마치겠습니다 . 수고하셨습니다 .
Miller	Thank you very much for interviewing me today.	米勒	今天真的很谢谢您。	밀러	네 . 오늘은 대단히 감사합니다 . 아무쪼록 잘 부탁드립니다 .
	[Stand up, and from beside your chair say…] Excuse me.		［起身，站到椅子旁边］ 那我先告辞了。	면접관	〔일어나서 의자 옆에서〕실례합니다 .

My Page ◆ マイページ

Case 1

質問に対する自分なりの答えを作り、音声に合わせて実際の面接シミュレーションをしましょう。

Think up your own answers to the questions and, matching the recording, simulate a real interview.
针对问题写出自己的答案，配合 CD 模拟实际的面试。
질문에 대한 자신만의 대답을 작성해 음성에 맞춰 실제 면접 시뮬레이션을 합시다 .

あなた：［ノック×３回］

面接官：どうぞ、お入りください。

あなた：＿＿＿＿＿＿＿＿＿＿＿＿＿＿＿＿＿＿＿＿。

面接官：どうぞ、そちらにおかけください。

あなた：＿＿＿＿＿＿＿＿＿＿＿＿＿＿＿＿＿＿＿＿。

面接官：では、まず最初に、当社を志望される動機をお話しください。

あなた：＿＿＿＿＿＿＿＿＿＿＿＿＿＿＿＿＿＿＿＿
＿＿＿＿＿＿＿＿＿＿＿＿＿＿＿＿＿＿＿＿。

面接官：そうですか。具体的にどのようなことをお考えですか。

あなた：＿＿＿＿＿＿＿＿＿＿＿＿＿＿＿＿＿＿＿＿
＿＿＿＿＿＿＿＿＿＿＿＿＿＿＿＿＿＿＿＿。

面接官：なるほど。では、今在籍している大学で、あなたが最も真剣に取り組んでいらっしゃることは何ですか。

あなた：＿＿＿＿＿＿＿＿＿＿＿＿＿＿＿＿＿＿＿＿
＿＿＿＿＿＿＿＿＿＿＿＿＿＿＿＿＿＿＿＿。

面接官：そうですか。分かりました。では、どんなことでもいいですから、あなた自身について自己 PR してください。

あなた：＿＿＿＿＿＿＿＿＿＿＿＿＿＿＿＿＿＿＿＿
＿＿＿＿＿＿＿＿＿＿＿＿＿＿＿＿＿＿＿＿。

面接官：そうですか。分かりました。ではこれで終わります。

あなた：＿＿＿＿＿＿＿＿＿＿＿＿＿＿＿＿＿＿＿＿。

My Page ✍ ◆ マイページ

Case 2

あなた ： [ノック×３回]

面接官(めんせつかん) ： はい、どうぞ、お入りください。

あなた ： ＿＿＿＿＿＿＿＿＿＿＿＿＿＿＿＿＿＿＿＿＿＿＿＿＿＿＿＿。

面接官 ： はい。どうぞおかけください。

あなた ： ＿＿＿＿＿＿＿＿＿＿＿＿＿＿＿＿＿＿＿＿＿＿＿＿＿＿＿＿。

面接官 ： では、面接を始めます。早速(さっそく)ですが、わが社を志望(しぼう)される理由について一分程度でお願いします。

あなた ： ＿＿＿＿＿＿＿＿＿＿＿＿＿＿＿＿＿＿＿＿＿＿＿＿＿＿＿＿＿

＿＿＿＿＿＿＿＿＿＿＿＿＿＿＿＿＿＿＿＿＿＿＿＿＿＿＿＿。

面接官 ： そうですか。ところで、あなたが日本に留学した理由を教えていただけますか。

あなた ： ＿＿＿＿＿＿＿＿＿＿＿＿＿＿＿＿＿＿＿＿＿＿＿＿＿＿＿＿。

面接官 ： あなたが感じる、日本の良いところと悪いところはどんなところだと思いますか。

あなた ： ＿＿＿＿＿＿＿＿＿＿＿＿＿＿＿＿＿＿＿＿＿＿＿＿＿＿＿＿。

面接官 ： そうですか。では、あなたは5年後、10年後にどうなっていたいと思いますか。

あなた ： ＿＿＿＿＿＿＿＿＿＿＿＿＿＿＿＿＿＿＿＿＿＿＿＿＿＿＿＿。

面接官 ： ところで、弊社以外(へいしゃいがい)にはどのような企業(きぎょう)を受けていますか。

あなた ： ＿＿＿＿＿＿＿＿＿＿＿＿＿＿＿＿＿＿＿＿＿＿＿＿＿＿＿＿。

面接官 ： そうですか。すでに内定(ないてい)したところは、どこかありますか。

あなた ： ＿＿＿＿＿＿＿＿＿＿＿＿＿＿＿＿＿＿＿＿＿＿＿＿＿＿＿＿。

面接官 ： そうですか。では、これで面接を終わります。ご苦労様(くろうさま)でした。

あなた ： ＿＿＿＿＿＿＿＿＿＿＿＿＿＿＿＿＿＿＿＿＿＿＿＿＿＿＿＿。

My Page ◆ マイページ

Case 3

あなた：[ノック×3回] ____________________。

面接官（めんせつかん）：はい。では、どうぞそちらにおかけください。

あなた：____________________。

面接官：日本在住はどのくらいですか？

あなた：____________________。

面接官：そうですか。では、まず、あなたの日本語能力（のうりょく）について教えてください。

あなた：____________________。

面接官：はい、では、次にあなたの長所（ちょうしょ）と短所（たんしょ）について教えてください。

あなた：____________________

____

____________________。

面接官：では、あなたの大学の専攻（せんこう）を教えてください。

あなた：____________________。

面接官：具体的（ぐたいてき）にはどんなことを勉強したんですか。

あなた：____________________

____________________。

面接官：そうですか。では、勉強以外で何か頑張（がんば）ってきたことはありますか。

あなた：____________________

____________________。

面接官：そうですか。では、弊社（へいしゃ）を志望（しぼう）する理由を教えてください。

あなた：____________________

____________________。

My Page

面接官 ： そうですか。ところで、弊社（へいしゃ）のような日本企業で働く時に、一番大切なことは何だと思いますか？

あなた ： ______________________________

______________________________。

面接官 ： なるほど。では、あなたはそのような働き方の中で、自分の力を発揮（はっき）し、会社に貢献（こうけん）できると思いますか？

あなた ： ______________________________

______________________________。

面接官 ： あなたが自分の力を発揮するために、専門知識（せんもんちしき）以外には何が必要（ひつよう）だと思いますか？

あなた ： ______________________________

______________________________。

面接官 ： なるほど。それはとても大切だと思いますが、あなたはこれまでそのような実践（じっせん）はしてきましたか？

あなた ： ______________________________。

面接官 ： なるほど、いろいろ考えてやってきたわけですね。では、弊社（へいしゃ）に入社したとして、その経験をどのように生かせると思いますか？

あなた ： ______________________________

______________________________。

面接官 ： そうですか、わかりました。では、面接はここまでということで、ご苦労様（くろうさま）でした。今後の予定については別室（べっしつ）で担当の者が説明しますので、控え室（ひかえしつ）で待っていてください。

あなた ： ______________________________。

この課の表現・ことば

〈動〉= Verbs／动词／동사　〈名〉= Nouns／名词／명사　〈表〉= Expressions／表现／표현

〈動〉	～に努める to work to ~ ／力求~ ／~에 힘쓰다	p.80
	新たなスキルの向上に努めます。	
〈表〉	違和感を覚える to feel that something is wrong ／有违和感 ／위화감을 느끼다	p.88
	来日直後は日本の習慣に違和感を覚えました。	
〈表〉	エネルギーを注ぐ to pour energy into ／集中精力 ／힘을 쏟다	p.88
	新規事業の推進にエネルギーを注ぎます。	
〈動〉	～を取得する to acquire / earn ~ ／取得~ ／~을 취득하다	p.88
	ウェディングプランナーの資格を取得しました。	
〈表〉	最後までやり抜く to carry through to the end ／坚持到底 ／끝까지 해내다	p.98
	辛くても最後までやり抜くことが大切です。	
〈表〉	～ようにに心がけている to aim to ~ ／对~留意 ／~하도록 유의하다	p.98
	毎日８時間は寝るように心がけています。	
〈動〉	～を活かす put ~ to use ／活用~ ／~을 살리다	p.128
	私の語学力を貿易業務に活かしたいです。	
〈表〉	～に魅力を感じる to be attracted by ~ ／~很吸引人 ／~에 매력을 느끼다	p.128
	市場開発業務に魅力を感じます。	
〈動〉	～を務める to serve as ~ ／任职于~ ／~을 맡다	p.136
	ゼミの幹事を務めています。	
〈動〉	～に関わる to get involved with ~ ／与~有关 ／~에 관여하다	p.138
	新事業立ち上げに関わる業務が希望です。	
〈表〉	責任を果たす to fulfill one's responsibilities ／尽责任 ／책임을 다하다	p.158
	一社員としての責任を果たすべく努力します。	

困(こま)ったときの答え方・フレーズ集

Collection of phrases and answers for when you have trouble
感到困扰时的回答方式、各种表现　곤란할 때 대답하기・문장 표현

面接で

◉すぐに答えられないとき(時間稼(かせ)ぎ)

When you can't answer immediately (buying time) ／无法立刻回答时（争取时间）／바로 대답할 수 없을 경우 (시간 벌기)

「えー、そうですね…」

「あ、はい、私の場合には…」

「いろいろなケースが考えられますが…、そうですね。例えば…」

「うまく説明(せつめい)できるかどうか分かりませんが…」

◉質問が聞き取れなかったとき

When you couldn't make out the question ／没听清楚问题时 ／질문을 알아듣지 못했을 경우

「すみません…、もう一度お願いできますでしょうか。」

「申し訳ありません。コンプラ…？　恐(おそ)れ入りますが、もう一度お願いできますでしょうか。」（※コンプライアンスという言葉が聞き取れなかったとき）

◉質問の内容が理解(りかい)できなかったとき

When you didn't understand the question's meaning ／不明白问题内容时 ／질문내용이 이해가 안 되었을 경우

「申し訳ありませんが、○○と言うのは、例えばどのようなことでしょうか。」

◉グループ面接で、自分の言いたいことを前の人が言ってしまったとき

In a group interview, when someone has already said what you want to say
在小组面试中，前面的人先讲了自己想讲的内容时
그룹 면접에서 자신이 이야기하고 싶은 내용을 앞 사람이 말해 버렸을 경우

「○○さんと同じ意見なんですが、…」

「○○さんもおっしゃいましたように、…」

「私も○○さんの意見と同様(どうよう)に、…」

電話で

●途中で電話が切れてしまったとき

When you are cut off mid-call ／讲到一半电话断线时 ／도중에 전화가 끊어져 버렸을 경우

「先ほど○○様とお話ししていましたが、お電話が途中で切れてしまいました。恐れいりますが、○○様をお願いできますでしょうか。」

●電話に出られず、折り返すとき

When you call back after not being able to answer the phone ／没接到电话，回电时 ／전화를 받지 못 해 다시 걸었을 경우

「ご担当の○○様からお電話いただきました○○大学（※所属）の○○（※名前）と申します。恐れいりますが、○○様はいらっしゃいますでしょうか。」

●折り返したものの、担当者が不在なとき

When you call back and the main person is not there ／回电后，负责人却不在时 ／전화를 다시 걸었지만 담당자가 부재중일 경우

「恐れいりますが、○○から電話があったと、ご担当の○○様にお伝えいただけませんでしょうか。」

「ご担当の○○様は、いつ頃お戻りになりますでしょうか。」

面接の前に

●会場に遅れそうなとき

When it looks like you might be late ／来不及到会场时 ／면접에 늦어질 경우

「申し訳ありません、3時に面接の予定のワンと申します。電車の事故（※遅れる理由）がありまして、○○分ほど遅れてしまいそうなんですが…」

●遅れて受付する、または遅れて入室するとき

Greeting when you are late to reception or entering the room ／迟到后，在办理手续及进入面试房间时的应对话语 ／
지각해서 접수할 경우 , 또는 지각해 입실할 경우의 인사

「遅くなって申し訳ありません。」

著者紹介

斎藤仁志　（さいとうひとし）　ふじやま国際学院・校長
深澤道子　（ふかざわみちこ）　カイ日本語スクール・講師
酒井理恵子（さかいりえこ）　カイ日本語スクール・講師
中村雅子　（なかむらまさこ）　カイ日本語スクール・講師

協力　山口聖孝：キャリアデベロップアドバイザー（CDA）

シャドーイング 日本語を話そう
就職・アルバイト・進学面接編　音声ダウンロード付
英語・中国語・韓国語訳版

2016年　3月　1日　初版（CD付き）
2023年　6月　2日　第1刷（音声ダウンロード付き）

著者　斎藤仁志・深澤道子・酒井理恵子・中村雅子

発行人　岡野秀夫

発行　株式会社 くろしお出版
〒102-0084 東京都千代田区二番町 4-3
TEL 03-6261-2867　FAX 03-6261-2879
URL https://www.9640.jp
E-mail kurosio@9640.jp

印刷所　シナノ書籍印刷株式会社

装丁　スズキアキヒロ

イラスト　須山奈津希

翻訳者　Kendall Huffhines（英語）
嚴馥（中国語）
郭旻惠（韓国語）

音声　VOICE PRO

ISBN978-4-87424-947-5 C0081

音声について

おんせい

Audio Files/关于音频/음성에 대해

音声はこちらからダウンロードして、
練習してください。

Please download audio files and use them for practice.
请从此处下载音频进行练习。
음성은 여기에서 다운받아 연습하세요.

■音声ダウンロードページ

https://www.9640.jp/shadowing-interview/

■パスワード

mensetsu55